경매
100계명

목차

PART 1
사이클·지표 파트

1. 서울 주택구입부담지수의 "심장박동" 추이 – 금리와 집값의 교차점   9
2. K-HAI와 금리의 상관관계 – "금리 1%p 변화 = HAI 10~20p 변동"   11
3. 경매시장의 후행 지표: 진행 건수 급증과 낙찰률 급락   13
4. PIR 지표로 본 세계 최고 수준의 주택 구입 부담, 서울 – 내 집 마련의 어려움   16

PART 2
경매 절차 파트

1. 경매 종류와 절차   20
   (1) 법원경매·공매·신탁공매
   (2) 부동산 경매 절차 개요

2. 안전한 경매 투자를 위한 실전 전략과 체크 리스트   27
   (1) 경매 실전 전략과 체크 리스트 – 초보자를 위한 7단계 실전 가이드
   - 초보자를 위한 경매 7단계 실전 가이드 FLOW CHART
   - 간단 체크 리스트 & 주의사항

   (2) 경매 투자의 성공을 위한 핵심 기술 세 가지
   (3) 상권 및 수익성 분석
   (4) 부동산 경매 낙찰 후 납부해야 할 세금
   (5) 경매 낙찰 시 유의해야 할 사례들

3. 유형별 물건 분석 및 사례별 전략　　　　　　　　　　　　　　　　　72

(1) 토지 경매 시 유의점
- 토지 경매 입찰 체크 리스트

(2) 모텔·돈사 경매 – 건물뿐 아니라 영업권까지 따져라

(3) 상가 경매 입찰 전략 및 필수 점검 사항
- 경매 상가 매입 실사 요령 체크 리스트
- 경매 상가 매입 시 세금 리스크 체크 리스트

4. 층별 주차장 낙찰 후 활용 전략　　　　　　　　　　　　　　　　　　89

(1) 층별 주차장 실전 활용 가이드
(2) 관리비와 유지 보수비용
(3) 임대차계약 시 협상 전략 및 유의사항
(4) 지역 상권에 따른 유망 업종과 비유망 업종
(5) 투자 성공과 실패 사례의 시사점

PART 3
권리분석·임차인 파트

1. 권리 유형과 현장 실전 대응 전략　　　　　　　　　　　　　　　　115

(1) 부동산 경매에 등장하는 권리 유형과 주의사항
(2) 경매 토지 위 무단 컨테이너·비닐하우스 대응 전략
- 무단 컨테이너·비닐하우스 대응 FLOW CHART & 체크 리스트

2. 임차인의 대항력: 경매 초보자를 위한 핵심 가이드　　　　　　　　132

(1) 대항력: 세입자의 권리를 지키는 힘
(2) 말소기준권리: 권리가 사라지는 경계선
(3) 우선변제권: 내 보증금을 먼저 돌려받는 권리
(4) 최우선변제권: 소액 세입자의 든든한 보호막
- 임차인의 대항력 핵심 요약

3. 임차권 등기와 대항력 실전 가이드　　　　　　　　　　　　　　　142

(1) 임차권 등기의 정의와 제도적 목적 – "이사 가도 권리 지키는 안전장치"
(2) 2023년 법 개정 – 절차 간소화로 등기 신청 신속화
(3) 경매에서 임차권 등기의 효과 – "그대로 살아 있는 대항력과 우선변제권"
(4) 최악의 시나리오 – 일부만 배당되고 남은 보증금이 계속 인수되는 경우
(5) 입찰 전 필수 체크 포인트 – "임차권 등기 물건, 이렇게 분석하라"
(6) 제도 개선이 필요한 부분과 실전 대응 전략
- 임차권 등기 FLOW CHART

4. 채권 소멸시효 개념과 실전 대응 전략　　　　　　　　　　　　　154
- (1) 채권 소멸시효의 개념
- (2) 채권 소멸시효 사례와 대응 전략
  - 채권 소멸시효 FLOW CHART

PART 4
특수리스크

1. 유치권　　　　　　　　　　　　　　　　　　　　　　　　　　161
- (1) 경매 공시 관행과 유치권 피해
- (2) 유치권 부존재 확인 소송
- (3) 허위 유치권 신고 대응 전략
- (4) 초보자에게 위험한 유치권 사례
  - 유치권 성립 요건 체크 리스트

2. 살아 있는 건축허가가 붙은 토지 낙찰 – 법적 착시와 실전 함정　171
- (1) 건축허가가 살아 있는 토지의 함정: "토지를 낙찰받았다고 끝이 아니다"
- (2) 건축허가의 법적 비승계성과 제도적 공백
- (3) 소송의 길: 법적 권리를 찾아가는 고통스러운 순례
- (4) 실전 사례: 협상의 붕괴와 허가권 인질화
- (5) 실전 리스크 요인 분석
- (6) 대응 전략: 절차와 순서의 전략화
- (7) 전문가 조언과 교훈

3. 공유물 경매와 공유자 우선매수권 실무　　　　　　　　　　　181
- (1) 공유자 우선매수권의 정의와 핵심 개념
- (2) 공유자 우선매수권 행사 절차
- (3) 차순위매수신고인 전환과 포기각서 활용
- (4) 지분 경매 입찰 시 예상되는 위험 요소
- (5) 실제 사례로 배우는 위험과 교훈
- (6) 투자자가 반드시 알아야 할 대응 전략

4. 사해행위 취소 가처분: 경매 낙찰자의 법적 리스크와 대응 전략　195
- (1) 사해행위 취소 가처분이란 무엇인가?
- (2) 경매 낙찰자에게 닥치는 법적 위험
- (3) 입찰 전 체크 포인트와 전략
- (4) 낙찰 후 대응 전략
- (5) 대법원 판례로 살펴본 위험과 교훈
  - 〈사해행위 취소 가처분〉 경매 리스크 대응 FLOW CHART

5. 단행 가처분과 경매 실무　　　　　　　　　　　　　　　　　　　　207
(1) 부동산 인도·철거·수거 단행 가처분의 개념과 법적 근거
(2) 재건축·경매 현장에서의 단행 가처분 활용 사례
(3) 단행 가처분 제도의 한계와 실무상 문제점
(4) 제도의 실효성과 한계: 사례로 보는 교훈
(5) 단행 가처분을 고려하는 신청자(채권자)를 위한 전략
　　・〈부동산 인도·철거 단행 가처분〉 실전 FLOW CHART

6. 시행사 vs 지주, '알박기' 전쟁의 현실과 전략　　　　　　　　　　　　222
(1) 매도청구제도 – 시행사의 법적 무기와 한계
(2) 지주의 알박기 전략 – 지뢰를 밟게 하라!
(3) 시행사의 대응 – 법과 협상의 이중 전략
(4) 개발사업의 현실 – 사람과의 싸움, 시간과의 싸움
(5) 알박기 현상의 비판적 시선
　　・시행사 vs. 지주 – '알박기' 분쟁 대응 전략

7. 임대차계약서 실전 전략과 예방 조치　　　　　　　　　　　　　　　232
(1) 초보 임대인의 흔한 착각과 실수
(2) 임대인을 지켜주는 다섯 가지 필수 특약
(3) 문제 발생 시 법적 대응 절차
　　・임대차계약서 실전 전략과 예방 조치

8. 법정지상권 이해와 대응 전략　　　　　　　　　　　　　　　　　　240
(1) 법정지상권의 개념과 성립 요건
(2) 법정지상권이 붙은 경매 물건의 특징과 입찰 전략
(3) 법정지상권의 활용 또는 제거 방법(합의, 소송 등 실무 대응)
(4) 법정지상권 관련 분쟁 사례 및 최근 판례 동향
(5) 법정지상권 악용 및 유의해야 할 함정들
　　・법정지상권 이해와 대응 전략

PART 5
전세사기·HUG/LH 개입

1. 경매 투자자를 위한 경매사기 예방 지침서　　　　　　　　　　　　260
(1) 전세사기 피해와 경매의 관계
(2) 경매사기 수법의 주요 유형과 특징
　　・수도권 '이중 임차인' 사기 + 경매 갭투자 수법 FLOW CHART
(3) 경매 컨설팅의 숨겨진 위험 – 초보 투자자를 위한 경매사기 예방 가이드
　　・경매 컨설팅 사기의 전형적인 진행 시나리오

(4) 공유지분 가등기 수법으로 본 경매시장 부조리
(5) 사기 방지를 위한 제도 개선 방향
(6) 사기 예방 5계명

PART 6
결론

1. 경매 투자에 숨은 위험과 정보 비대칭 — 289
   (1) 제한된 정보와 전문성 부족으로 인한 착시
   (2) 낙후된 경매 현장 입찰: 브로커들의 놀이터
   (3) 모든 리스크는 낙찰자의 몫
   (4) 가계 파산과 눈물
   (5) 과열 경쟁과 고가 낙찰
   (6) 담합과 시장 교란
   (7) 절차상의 변동 위험
   (8) 법률 분쟁 가능성

2. 영끌의 눈물과 경매의 함정들 — 297

3. 안전한 경매 투자를 위한 조언 — 300

4. 경공매 실전 10계명 — 303
   (1) 준비 없이 경매장에 서지 마라
   (2) 권리분석은 생명선이다
   (3) 현장 임장은 선택이 아닌 필수다
   (4) 감정 버리고 숫자로 승부하라
   (5) 실탄부터 충분히 마련하라
   (6) 명도는 전쟁, 전략 없이 이기지 못한다
   (7) 시장 흐름과 입지를 무시하지 마라
   (8) 제도의 허점까지 계산에 넣어라
   (9) 달콤한 유혹과 거짓말에 속지 말라
   (10) 탐욕을 버리고 생존을 우선하라

부록
부록 1. 경매 절차 종합: 11단계
부록 2. 경매 10문 10답
부록 3. 〈법정지상권〉 주요 판례 및 사례 요약

PART 1
사이클·지표 파트

1.
서울 주택구입부담지수의 "심장박동" 추이
- 금리와 집값의 교차점

서울 주택구입부담지수(K-HAI)는 부동산 시장의 맥박과도 같습니다. 2008년 글로벌 금융위기 직전 서울 K-HAI는 164.8로 최고점을 찍었지만, 이후 집값 침체와 저금리로 떨어지기 시작했습니다. 2013년경에는 지수 90대 중반까지 내려갔고, 2015년 1분기에는 83.7로 사상 최저치를 기록했습니다. 당시에는 서울에서 집을 사는 것이 그만큼 수월해졌다는 뜻입니다. 그러나 이후 부동산 경기가 회복되자 K-HAI도 상승 곡선을 그리면서 2016년 4분기에는 다시 100을 넘겼습니다. 특히 초저금리와 자산시장 호황에 힘입어 2020~2021년에 집값이 폭등하면서 지수는 가파르게 올랐습니다. 결국 2022년 3분기 서울 K-HAI는 214.6으로 역대 최고치를 기록했으며, 그해 4분기에도 198.6에 달해 위험 수위를 유지했습니다.

고금리의 영향으로 2023년부터 다소 진정되어, 2024년 2분기에는 147.9까지 내려왔지만 여전히 장기 평균을 크게 웃돌아 부담이 높은 수준입니다. 서울 K-HAI(4분기)의 추이를 살펴보면 마치 심장이 뛰는 듯 주기적인 등락이 보입니다. 저금리기에는 일시적으로 상환 부담이 완화되어 K-HAI가 떨어지지만 곧바로 집값 급등으로 다시 지수가 치솟습니다. 반대로 고금리기에는 이자 부담으로 K-HAI가 급등했다가 거래절벽 속 집값 하락으로 지수가 내려오는 양상을 보입니다. 가계 소득 대비 주택구매 부담의 증감을 한눈에 보여주는 서울 K-HAI의 변동은 가계의 숨통이 죄였다 풀렸다 하는 모습과 직결됩니다.

K-HAI 지수 100은 '중간소득 가구가 소득의 25%를 주택 대출의 원리금을 상환에 사용한다는 의미로 '중간소득 가구가 감당할 수 있는 주택구입 부담의 적정 수준'의 기준이 됩니다. 따라서 지수가 150이라면 소득의 37.5%를 원리금 상환에 사용해야 하므로 가계 부담이 커집니다. 비록 2022년 최고치에서 다소 낮아졌지만 중산층조차 소득의 3분의 1 이상을 대출 상환에 쏟아부어야 집을 살 수 있는 것입니다. 이를 감안하면 2024년 현재 서울 K-HAI가 150 안팎이라는 것은 가계의 재정적 부담이 여전히 위험 수위에 있음을 보여줍니다.

2. K-HAI와 금리의 상관관계
– "금리 1%p 변화 = HAI 10~20p 변동"

　주택구입부담지수와 금리 사이에는 뚜렷한 연동성이 관찰됩니다. 2020~2021년 초저금리 시기에 서울 K-HAI는 앞서 언급한 대로 폭등했습니다. 당시 한국은행 기준금리가 0%대 후반에서 1%대로 역대 최저 수준이었지만 시중에 돈이 풀리고 대출 여건이 완화되자 서울의 집값이 천정부지로 뛰었고, 결과적으로 소득 대비 상환부담 지수도 역설적으로 악화되었습니다. 반대로 2022~2023년에는 기준금리가 0.5%에서 3.5%로 가파르게 인상되면서 부동산 시장이 급랭했고, 그 여파로 K-HAI 지수가 최고점 대비 다소 낮아졌습니다. 실제 전국 평균 K-HAI는 2022년 3분기 89.3에서 불과 반년 만인 2023년 1분기에 71.9까지 내려갔습니다. 다만 서울의 경우 같은 기간 214.6에서 175 안팎으로 떨어지긴 했지만 여전히 전국 최고 수준을 유지하여, 금리가 올라도 서울의 주택구입 부담은 쉽게 개선되지 않음을 보여주었습니다.

　금리 변동에 따른 K-HAI 변화를 수치로 환산해 보면, 금리 1%p 변화가 HAI 약 10~20p 변동을 유발하는 것으로 추정됩니다. 2020년 초 주택담보대출 금리가 약 2% 안팎이던 것이 2022년 말 5% 가까이 올랐는데, 그 사이 서울 K-HAI는 약 100에서 200 이상으로 2배 급등했습니다. 반대로 만약 금리를 다시 1%p 낮추면 K-HAI가 10~20p 정도 떨어질 것으로 예상할 수 있습니다. 한국주택금융공사 자료에 따르면, 2022년 말 주택담보대출 금리가 분기 평균 4.6%에서 2023년 초 4.4%로 0.2%p 하락하고 가구 소득이 소폭 증가하자 전국 K-HAI가 81.4에서 71.9로 약 9.5p 개선된 사례도 있습니다. 이처럼 통화정책과 가계 주택부담 간의 직결성은 정책 당국에 시사하는 바가 큽니다. 금리를 큰 폭 낮추면 가계 부담이 완화되어 K-HAI 지수가 내려가지만, 동시에 그런 저금리가 다시 주택가격 상승을 부추겨 K-HAI를 치솟게 만드는 양날의 검 효과도 있습니다. 실제로 우리가 지난 사이클에서 경험했듯이, '금리 인하 → 거래 활성화 및 집값 급등 → K-HAI 재상승'의 순환이 반복될 수 있음을 유념해야 합니다.

3.
경매시장의 후행 지표:
진행 건수 급증과 낙찰률 급락

　최근 금리 인상으로 대출 이자를 견디지 못한 집주인들이 늘면서 부동산 법원경매시장의 지표에도 적신호가 켜졌습니다. 2023~2024년에 들어 서울 아파트의 경매 진행 건수가 폭증세로 돌아선 것이 대표적입니다. 불과 한 해 전만 해도 월 100여 건 수준이던 것이 2024년 하반기에는 급격히 늘어 2024년 10월에 서울 아파트 경매 380건이 진행되었습니다. 이는 2015년 4월(401건) 이후 9년 만의 최고치로, 직전 달인 9월(169건)의 2배를 넘는 물량입니다. 부동산 침체기에도 비교적 안정적이던 서울 경매시장이 갑자기 출혈을 일으키기 시작한 것입니다. 전문가는 이를 두고 "'영끌족(영혼까지 끌어모아 대출받은 사람들)'이 더 버티지 못하고 경매시장으로 쏟아져 나오고 있다"라고 설명합니다. 실제 부동산 호황기 높은 가격에 집을 샀던 고액 대출자들이 고금리 국면에서 이자 부담을 감당하지 못해 집을 잃는 사례가 속출하고 있습니다. 2024년 11월 서울·경기 지역 아파트 경매 진행 건수가 최근 10년 만에 최고치를 기록했고,¹ 2023년 전

---
¹ 노경운, "대출 못 갚아 경매로 내몰리는 서울·경기 아파트 10년래 '최다'", 시사저널, 2024. 11. 17.

국 신규 경매 신청 건수는 12만 건에 육박해 전년 대비 18% 증가했습니다.¹ 이는 2009년 글로벌 금융위기 이후 15년 만에 최대치로 부동산발 가계 위기가 본격화되고 있음을 나타냅니다.

경매 낙찰률(진행 대비 낙찰 비율)도 거래 침체를 반영하며 급락했습니다. 호황기에는 서울 아파트의 경매 낙찰률이 70%를 웃돌기도 했지만, 2023년 이후 현저히 떨어져 현재 약 40%에 머무르고 있습니다. 앞서 언급한 2024년 10월의 경우, 진행 380건 중 157건만 낙찰되어 '낙찰률 41.3%'를 기록했습니다. 불과 한 달 전 45.6%에서 4%p 넘게 더 하락한 수치입니다. 이는 경매에 붙여지는 물건 10건 중 6건은 팔리지 않고 유찰된다는 뜻입니다. 실제로 2025년 서울 지역 경매 평균 낙찰률은 40%대를 벗어나지 못하고 있습니다. 한때 인기 지역의 경매 물건에 수십 명이 몰리던 열기가 무색하게 요즘은 응찰자 구경조차 어려운 곳이 많습니다. 심지어 2025년 8월, 강남구 아파트 경매 18건이 전부 유찰되는 일도 있었습니다. 매수심리 위축이 극에 달해 '거래절벽의 한파'가 경매 법정까지 덮친 모습입니다.

흥미로운 대목은 경매 낙찰가율(감정가 대비 낙찰가 비율)의 양극화 현상입니다. 경매 물건이 적체되는 상황에서 전체 평균 낙찰가율이 떨어질 것이라는 예상과 달리, 서울 아파트는 2024년 하반기에도 90% 중후반대의 이례적으로 높은 낙찰가율을 유지했습니다. 다시 말해, 2024년 10월 서울 아파트 평균 낙찰가율은 97.0%로 오히려 전달(94.3%)보다 상승했습니다. 특히 강남3구 등 입지가 좋은 고가 아파트 경매에 응찰자가 많이 몰려 감정가보다 높은 가격에 낙찰되는 경우가 속출했습니다. 해당 월에 낙찰가율 100% 초과 건수가 서울에서 48건이나 되었고, 이 중 절반이 강남3구에 집중되었습니다. 개포동의 재건축 단지 60㎡ 경매에는 9명이 참여해

1　오세성, "12만건 육박한 법원경매 신청…금융위기 이후 최다", 한경닷컴(집코노미), 2025. 1. 29.

감정가 19.5억을 훌쩍 넘긴 25.26억 원(낙찰가율 129.5%)에 낙찰되기도 했습니다. 반면 서울 외곽 노원구 등의 저가 아파트들은 연거푸 유찰되며 낙찰률이 바닥을 쳤습니다. 요컨대 '살 사람은 비싸도 사고, 살 사람 없는 물건은 끝까지 안 팔린다'는 극단적 양극화 현상이 경매시장에 뚜렷하게 나타나고 있습니다. 이런 괴리는 주택 수요가 선별적으로만 살아있음을 의미하며 부동산 시장 전반의 불안 심리를 그대로 보여줍니다.

전반적으로 경매 진행 건수의 증가는 부동산 시장 침체의 후행 지표로 해석됩니다. 일반 매매시장이 먼저 얼어붙고, 가격이 하락한 뒤에 몇 분기 정도 시차를 두고 경매 물건이 늘어나는 경향이 있기 때문입니다. 이번 사이클도 마찬가지입니다. 2022년 말부터 시작된 거래절벽과 집값 조정의 후폭풍이 2023~2024년에 걸쳐 경매시장에 터져 나오고 있는 셈입니다. 경매 지표들은 거시경제 변화에 한 박자 늦게 반응하면서, 부동산 시장의 경고등 역할을 톡톡히 하고 있습니다. 미국에서도 2007년 서브프라임 위기 이후 주택 차압(foreclosure)이 폭증했는데, 연간 65만 건이던 차압이 2010년에는 약 290만 건으로 4년 만에 3배 넘게 늘어 사상 최고치를 기록했습니다. 일본 역시 90년대 버블 붕괴 후에 부실채권이 쌓이며 경매·공매로 넘어간 부동산이 급증했습니다. 일본 은행권의 부실채권(NPL)은 1998년경 공식 추산으로 GDP의 20% 이상에 달했을 정도입니다. 이처럼 '금리 급등 + 경기 침체 = 부동산 경매 쓰나미'는 어느 나라를 막론하고 반복되는 현상입니다. 한국도 예외가 아니라는 점에서 현재 경매시장의 급증은 우리 경제의 위험 신호임을 직시해야 합니다.

PIR 지표로 본 세계 최고 수준의 주택 구입 부담, 서울
– 내 집 마련의 어려움

    주택가격 대비 소득 비율인 PIR(Price-to-Income Ratio)은 K-HAI와 더불어 주택구입 부담을 보여주는 핵심 지표입니다. 서울의 PIR은 국내 최고일 뿐 아니라 국제적으로도 최상위권에 해당합니다. 국토교통부 주거실태조사에 따르면, 2022년 서울 중위소득 가구의 PIR는 15.2배까지 치솟았다가 2023년 집값 하락으로 13.0배 정도로 낮아졌습니다. 그래도 여전히 월급 한 푼 안 쓰고 13년을 모아야 집 한 채 살 수 있는 수준입니다. 반면 전국 평균 PIR는 6배 남짓에 불과하고, 수도권 평균도 8~9배 정도입니다. 다시 말해, 서울에서 내 집 마련은 지방에 비해 2배 이상 어려운 셈입니다. 최근 서울의 K-HAI 지수를 PIR로 환산하면 12~13배 수준으로 통계 수치들이 서로 부합합니다.

    서울의 주택 구입 부담 수준은 세계 주요 도시들과 비교해 봐도 뒤지지 않습니다. 글로벌 컨설팅 Demographia의 보고서에 따르면, 2024년 세계에서 집값 부담이 가장 큰 도시는 홍콩(중간소득 대비 집값 14.4배)이고, 그 뒤

| Wendell Cox, Demographia International Housing Affordability (2025 Edition), Chapman University.

를 시드니(13.8배)가 바짝 추격하고 있습니다. 그리고 미국 실리콘밸리의 San Jose(12.1배), 캐나다 밴쿠버(11.8배), 미국 LA(11.2배) 등이 그 뒤를 이었습니다. 전통적으로 물가가 비싼 뉴욕과 런던도 이들보다는 낮은 5~8배 수준일 정도로, 홍콩·시드니 등의 수치는 예외적으로 높습니다. 서울은 조사대상에 포함되지 않았지만, 최근 PIR이 약 13배라는 결과로 볼 때 홍콩·시드니에 버금가는 세계적으로 높은 주택 구매 부담을 지닌 도시로 볼 수 있습니다. 실제 홍콩은 부동산 침체로 2021년 23배에 달했던 수치가 14배대로 내려온 상태라 '머지않아 시드니가 세계 1위, 서울이 2위 될 것'이라는 말까지 나옵니다. 요컨대 '서울에서 집 사기 얼마나 힘든지'를 세계 다른 도시와 비교해 봐도 세계 최고 수준임을 알 수 있습니다. 이는 서울의 주택 구입 부담 문제가 비단 국내적 어려움이 아니라 글로벌하게 손꼽히는 심각한 수준임을 방증합니다.

지역별 K-HAI 및 PIR 격차도 큽니다. 서울을 제외한 다른 시·도의 주택구입부담지수는 대체로 50 이하의 수준이 많습니다. 가령 세종시 K-HAI는 90도 안 되고, 경기도는 80대, 인천은 60대, 부산·대전은 60 안팎, 대구·광주는 50 전후입니다. 전국에서 K-HAI가 100을 넘는 지역은 서울뿐이라는 점은 서울의 독보적인 주택 구입 부담을 다시 한번 보여줍니다. PIR도 마찬가지로 지방 중소도시는 4~6배에 불과해 13배의 서울과 격차가 큽니다. 이러한 지역별 수치는 부동산 양극화를 여실히 보여줍니다. 즉, '서울은 대한민국에서 소득 대비 집 사기 가장 어려운 곳'으로 '그만큼 서울 집값 거품과 가계부채의 위험이 높다'고 해석할 수 있습니다.

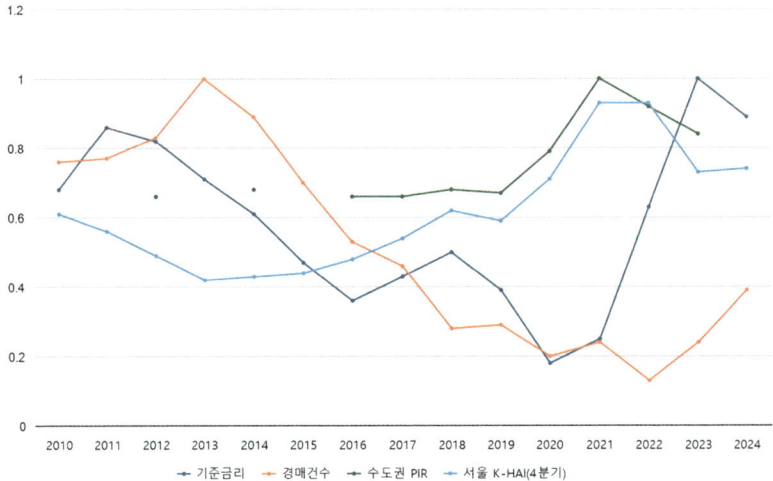

주: * 파란색: 기준금리, 주황색: 임의경매 신청건수, 초록색: 수도권 PIR, 하늘색: 서울 K-HAI(4분기)
** 서로 다른 단위의 지표들의 상대적인 변화 추세로 보여주기 위해 최댓값을 1로 맞춤.
출처: 한국은행, 한국의 사회지표(www.index.go.kr), 국토교통부「주거실태조사」, 주택금융통계시스템(https://houstat.hf.go.kr/)

'부동산 → 금리 → 소득 → 경매'의 사슬로 본 전망

[2021~2022] 초저금리 + 자산버블 → K-HAI · PIR 폭등 → 부채 축적
↓
[2023~2025] 고금리 장기화 + 집값 조정 → 경매 반등 시작
↓
[2026~2030] 경기침체 지속 또는 물가+금리 고착 시 → 연 체 · 경매 확대

    2010년부터 2024년 서울 K-HAI, 수도권 PIR, 기준금리와 경매건수의 추이와 이들의 상관관계를 살펴봤을 때, 2026~2030년 수도권 경매는 고금리 지속과 소득 정체, 주택가격 조정이 맞물릴 경우 연간 3,000건 이상으로 급등할 가능성이 높습니다.

PART 2

경매 절차 파트

1.
경매 종류와 절차

(1) 법원경매·공매·신탁공매

부동산 경매라고 하면 법원경매를 떠올리지만 경매는 주관기관에 따라 크게 세 종류가 있습니다. 법원경매, 한국자산관리공사(KAMCO, 이하 캠코)의 공매(온비드), 그리고 신탁공매입니다. 각각 절차와 권리구조에 차이가 있으므로 구분해서 살펴보겠습니다.

법원경매

법원경매는 「민사집행법」에 근거하여 법원이 주관하는 경매입니다. 주로 은행 등 채권자가 대출금 회수를 위해 법원에 경매 신청을 하면 시작됩니다. 입찰은 정해진 매각기일에 법원경매법정에 직접 나와 밀봉 입찰(기일입찰)로 진행됩니다. 낙찰되면 '법원의 매각허가결정 → 잔금납부 → 소유권이전 절차'를 거칩니다. 중요한 것은 권리 인수 범위인데, 법원경매 낙찰자는 말소기준권리보다 후순위인 거의 모든 권리가 소멸된 깨끗한 권리를 인수합니다. 예를 들어 소유자의 근저당이나 압류 등은 경매로 말소되고, 세입자의 대항력 등 일부 예외만 남습니다. 따라서 법원경매는 권리 하자 위험이 상대적으로 적다는 장점이 있습니다. 점유자 명도도 비교적 수월한 편인데, 낙찰자가 잔금을 내면 법원에 인도명령을 신청해 강제로 퇴거시킬 수 있습니다. 불응 시 집행관이 강제집행을 해주므로 낙찰자가 직접 몸으로 부딪칠 필요가 적습니다. 또한 법원경매는 유찰 시 가격조정 규칙이 명확합니다. 1회 유찰될 때마다 최저입찰가를 감정가 대비 20~30% 낮춰 재경매를 진행하며 유찰 횟수의 제한 없이 반복됩니다. 마지막으로 담보대출 승계 여부를 보면, 법원경매 낙찰자는 이전 소유자의 담보대출을 인수하지 않습니다. 낙찰대금으로 기존 대출채권을 모두 변제하고 말소하기 때문에 필요하다면 새로운 대출을 받아 잔금을 치르면 됩니다. 즉, 법원경매 낙찰자는 '깨끗한 등기'를 얻는 대신에 경매 절차에 시간이 걸리고, 현장 입찰의 번거로움을 감수해야 합니다.

공매(OnBid)

공매는 국가기관이 주관하는 온라인 경매로 캠코의 온비드 시스템에서 진행됩니다. 주로 세금 체납으로 압류된 재산이나 공공자산 매각, 금융권 부실채권 담보물 등을 팔 때 활용됩니다. 입찰은 신청 기간 내에 인터넷으로 입찰가를 접수받는 전자입찰 방식입니다. 참여가 편리하지만 권리 인수주의라는 중요한 차이가 있습니다. 즉, 공매로 낙찰을 받은 부동산에 대해서는 낙찰자가 해당 자산에 달린 각종 채무나 권리를 그대로 떠안는 경우가 많습니다. 세금 체납으로 진행된 공매라면 체납된 지방세가 수천만 원 있든, 선순위 임차인의 보증금이 남았든, 법원경매처럼 소멸되지 않고 낙찰자에게 인수 조건이 붙는 식입니다. 온비드 공고문에 이런 '인수해야 할 권리내역'이 명시되지만 초보자는 놓치기 쉬워 자칫 잘못하면 낙찰가 이외에 숨은 비용 폭탄을 맞을 수 있습니다. 또한 공매에서는 법원이 개입하지 않으므로 낙찰 후 점유자 명도를 스스로 해결해야 합니다. 세입자가 버티면 직접 인도소송을 내서 강제집행을 해야 합니다. 유찰 시 가격조정도 공매는 정형화된 규칙이 없습니다. 매각기관 재량에 따라 바로 재입찰하기도 하고, 최저가를 내리거나 아예 매각 취소하기도 합니다. 마지막으로 공매 진행 중 원채무자가 밀린 채무나 세금을 전액 납부하면 경매 절차가 취소되는 위험도 있습니다. 낙찰 예정자는 보증금을 돌려받고 끝나지만 그 사이 시간과 자금이 묶이는 불편을 겪습니다. 다시 말해서 공매는 편리한 대신 낙찰자 리스크가 크기 때문에 주의가 필요합니다.

신탁공매

신탁공매는 부동산담보신탁 등으로 신탁된 부동산을 신탁회사가 처분하는 경우입니다. 채무자가 부동산을 신탁사에 맡기고 대출을 받은 뒤 연체하면, 법원경매를 거치지 않고 신탁계약에 따라 신탁사가 물건을 매각합니다. 입찰은 신탁사별로 다른데 자체 온라인 입찰 시스템을 쓰거나 부동산중개사를 통해 수의계약 입찰을 받기도 합니다. 법적 근거는 신탁법이며, 공매와 유사하게 사적 절차입니다. 신탁공매도 신탁사가 해당 부동산 소유권을 들고 매각하기 때문에 등기상 대부분 권리를 말소해 줄 수 있습니다. 근저당 등 담보권도 신탁사가 대개 정리합니다. 다만 임차인이나 유치권 등 점유 관련 권리는 낙찰자가 부담해야 할 수 있습니다. 신탁사는 등기상의 권리만 정리해 줄 뿐 실제로 건물에 살고 있는 사람을 내보내는 건 낙찰자의 몫입니다. 따라서 낙찰자는 별도로 명도소송 등의 절차를 진행해야 합니다. 유찰 시에는 신탁사가 가격을 조정해 재공매하거나 다른 매각 방법을 시도합니다. 담보대출 승계 측면에서는 신탁공매에서 기존 대출을 인수 조건으로 넘기는 특약이 붙는 사례도 드물게 있으나 일반적이지 않습니다. 거의 대부분 낙찰자가 잔금을 내면 신탁사가 그 돈으로 대출 잔금을 상환하고 근저당을 말소해 준 뒤 소유권을 이전해 줍니다. 요컨대 신탁공매는 법원경매와 공매의 중간쯤 되는 성격으로, 권리정리는 비교적 잘되는 편이지만 절차 투명성이나 정보 제공 면에서 부족한 점이 있습니다.

경매 유형별 특징

구분	법원경매	공매(온비드)	신탁공매
주관/근거	법원/민사집행법	캠코(KAMCO)/ 국세징수법 · 지방세징수법	신탁사/신탁법
입찰방식	기일입찰(밀봉)	전자입찰(기간입찰)	신탁사별 전자/수의 혼합
권리처리	후순위 일괄 소멸, 선순위 · 대항력 예외	인수주의 (체납세 · 선순위 임차 등 인수 가능)	등기권리 정리 대체로 원활, 점유 · 유치권은 남을 수 있음
명도지원	인도명령 제도 있음	없음(자력 소송 · 합의)	없음(자력 소송 · 합의)
유찰/최저가	1회 유찰마다 20~30% 인하	기관 재량(규칙 없음)	신탁사 재량 (재공매/가격조정)
취소 · 변경 리스크	낮음 (절차 안정)	있음 (채무 · 세금 완납 시 취소)	있음 (중간 변경 · 재공매)
정보투명성	높음 (명세서/현황조사서)	공고문 권리 인수 항목 주의	비표준/편차 큼
자금/대출	경락잔금대출 활용 용이	인수 권리로 대출 애로 가능	케이스 바이 케이스
장점	깨끗한 등기, 절차 명확	접근 용이, 온라인	권리정리 속도, 신속 매각
핵심위험	선순위 · 대항력 임차, 유치권	숨은 인수 (체납세 · 선순위 임차), 취소	점유 · 명도, 정보 비대칭
적합 투자자	절차 학습한 초 · 중급	고수(인수 감내형)	중급 이상(실사형)

투자자 입장에서는 경매라고 다 같은 게 아니므로 경매 유형별 장단점을 이해하고 접근해야 합니다.

(2) 부동산 경매 절차 개요

부동산 경매는 채무자가 담보 제공 등에 동의하여 채권자가 진행하는 '임의경매'와 채권자가 법원에 신청하는 '강제경매'로 나뉩니다. 두 경우 모두 진행 절차는 거의 동일하며, 일반적으로 다음의 절차를 따릅니다.

▶ **경매 신청 및 개시결정**: 채권자가 관할 지방법원에 경매를 신청하면, 법원은 서류를 검토하여 경매개시 여부를 결정합니다. 결정과 함께 해당 부동산의 경매개시결정 등기를 하고, 채무자 부동산을 압류합니다(임의·강제 모두 동일).

▶ **매각 준비 및 공고**: 법원은 집행관에게 해당 부동산의 현황과 점유 관계, 임대차 내용을 조사하도록 명합니다. 집행관은 현황조사보고서를 작성하고, 감정평가사가 감정평가서를 제출하면 법원이 이를 바탕으로 최저매각가격을 결정합니다. 매각물건명세서, 현황조사서, 감정평가서는 매각기일 1주일 전까지 법원에 비치되어 열람할 수 있습니다. 법원은 매각 방식(기일입찰 또는 기간입찰)과 매각기일·매각결정기일을 정해 공고합니다.

▶ **입찰 준비 및 참여**: 입찰 희망자는 법원경매 사이트나 공고를 통해 관심 물건을 찾습니다. 해당 물건의 권리분석과 현장 실사를 실시한 후,

필요한 매수신청보증금(입찰보증금)을 수표로 준비합니다. 정해진 입찰 방식에 따라 기일입찰이라면 매각기일에 법원을 방문하여 입찰하고, 기간입찰이라면 지정 기간 내에 입찰 서류를 제출합니다.

▶ **낙찰자 선정 및 매각허가**: 매각기일에 집행관이 입찰을 마감하고 최고가매수인을 선정합니다. 차순위매수신고인이 있는 경우 함께 확정됩니다. 며칠 후 매각결정기일에 법원이 채무자 등 이해관계인의 이의가 있는지 확인하고 매각허가 여부를 결정합니다. 이 결정에 불복이 있으면 즉시 항고할 수 있습니다.

▶ **대금 납부 및 권리이전**: 낙찰자는 법원이 정한 기한 내에 낙찰 금액(잔금)을 모두 납부해야 합니다. 납부를 완료하면 매각 목적물의 소유권 등 권리가 매수인에게 이전되고, 경매개시결정 등기와 매수인이 인수하지 않는 후순위 권리들은 말소됩니다. 낙찰자가 대금을 다 내더라도 부동산을 점유 중인 사람이 자진 인도하지 않는다면 법원에 인도명령을 신청해 강제로 명도할 수 있습니다. 단, 주택임대차보호법상 대항력이 인정되는 임차인은 인도명령 대상에서 제외됩니다.

▶ **배당 절차**: 경매로 낙찰자가 잔금을 모두 납부하면, 법원은 배당표를 작성하고 배당기일을 열어 경매로 확보된 돈을 채권자들과 권리자들에게 나누어 줍니다. 이를 배당 절차라고 합니다. 채권자들의 배당요구 신청과 채권 조사 후 배당표를 확정하고, 이에 따라 채권자 및 일부 임차인에게 금액을 지급합니다. 우선순위가 높은 채권자부터 차례로 배당됩니다. 이 우선순위는 주로 등기부등본상의 권리 순서와 법률 규정에 따라 정해집니다.

〈경매 절차 흐름도〉

경매 절차 단계별 유의사항

단계	핵심문서/행위	체크포인트
공고	현황조사서 · 명세서	**말소기준권리** · 인수권리 확인
입찰	입찰표 · 보증금	상한가(내규) · 공동/대리서류
개찰	최고가 결정	동일가 추첨 · 차순위 확인
매각허가	항고 7일	허가 취소 리스크
잔금	완납 증명	취득세 · 채권매입
등기 촉탁	말소목록	접수번호 · 일자 오탈자 금지
배당/명도	배당표 · 인도명령	소액임차 · 유치권 · 점유자 대응

2.
안전한 경매 투자를 위한 실전 전략과 체크 리스트

부동산 경매는 위험과 기회가 교차하는 시장입니다. 정보와 준비가 부족한 초보자에게는 가시밭길일 수 있지만 남들이 기피하는 위험을 지혜롭게 해소한다면 저렴하게 부동산을 살 기회이기도 합니다.

(1) 경매 실전 전략과 체크 리스트
- 초보자를 위한 7단계 실전 가이드

부동산 경매에 참여할 때는 사전 조사부터 명도(부동산 인도)까지 여러 단계를 거칩니다. 경매는 일반 매매와 달리 정보의 비대칭성이 크고 돌발 위험 요소도 많기 때문에 '손품·발품'은 필수라고 할 수 있습니다. 등기부등본 및 공적 장부 확인, 전입세대 열람(점유자 파악), 현장 답사(물건 상태 점검), 세금 및 각종 비용 리스크 확인, 임차인 권리 인수 여부 판단, 주변 시세 및 수익성 분석 등 주요 항목을 면밀히 검토하고 조사해야 합니다.

7단계로 구분하여, 단계별로 어떻게 조사하고 대비해야 하는지 구체적으로 살펴보겠습니다.

1단계 | 물건 조사 시작 - 관심 지역 선정과 경매 여부 확인

부동산 경매 투자를 시작할 때는 우선 관심 지역을 정하는 것이 좋습니다. 잘 아는 지역의 경매 물건을 집중적으로 살피면 시세 파악과 물건의 특성을 이해하는 것이 수월합니다. 너무 넓은 지역을 한꺼번에 욕심내기보다는 '내 집 앞마당'처럼 익숙한 동네부터 시작하여 경험을 쌓는 것이 좋습니다.

부동산이 경매에 넘어갔는지 가장 확실히 아는 방법은 부동산 등기사항전부증명서(등기부등본)을 조회하는 것입니다. 등기부등본은 누구나 쉽게 발급받을 수 있습니다. 인터넷등기소 사이트나 가까운 등기소를 방문하여 등기부등본을 열람하면 됩니다. 등기부등본의 갑구(소유권 사항)에 '경매개시결정 2022 타경 12345'처럼 사건 번호와 결정일, 법원명이 등재되어 있다면 해당 부동산은 현재 경매 절차가 진행 중이라는 뜻입니다. 등기부등본에 압류나 가압류만 있고 경매개시결정 등기가 없다면 아직 경매가 개시된 것은 아닙니다. 임차인(세입자) 입장에서는 이런 집을 피하는 것이 상책이고, 입찰자라면 등기부 기재를 통해 사건번호를 확인한 후 법원경매정보 사이트나 매각공고를 찾아 더 자세한 정보를 확인해야 합니다.

| 대한민국 법원 인터넷등기소, https://www.iros.go.kr

2단계 | 철저한 권리분석
- 등기부등본·현황조사서·매각물건명세서 활용

경매 투자의 성패를 좌우하는 가장 중요한 요소는 권리분석입니다. 부동산에 얽힌 권리관계를 제대로 파악하지 못하면 낙찰 후에 예상치 못한 비용이나 법적 분쟁을 떠안을 수 있습니다. 따라서 권리분석 시 등기부등본, 현황조사서, 매각물건명세서 등 주요 서류를 확인하고, 전입세대 열람, 전세보증금 규모, 보증보험 가입 여부 등을 종합적으로 검토해야 합니다.

부동산 등기사항전부증명서(등기부등본)

등기부등본은 부동산의 모든 권리가 시간 순서대로 기록된 공식 문서로 부동산의 공적 권리관계를 알 수 있는 가장 중요한 서류입니다. 표제부에서는 토지/건물의 표시(주소, 면적, 용도, 구조 등)와 건축 일자를 확인하고, 갑구에는 소유권 변동 내역, 을구에는 저당권, 전세권, 임차권, 지상권, 지역권, 가압류·압류, 가처분 등 권리 설정 내역이 시간 순으로 나열되어 있습니다. 현재 소유자와 점유자의 변동 사항(소유권이전이나 점유자 변경 내역)이 있는지 파악합니다.

▶ **말소기준권리 파악**: 등기부등본에서 가장 먼저 살펴볼 것은 말소기준권리입니다. 근저당권, 가압류, 압류, 경매개시결정 등 말소기준권리가 될 만한 권리가 있는지 확인합니다. 말소기준권리란 경매로 소멸될 권리와 인수될 권리의 경계를 결정하는 권리로, 보통 해당 부동산에 설정된 최초의 담보권(1순위 근저당권)이나 법원의 압류 등이 이에 해당하며,

설정일자[i]와 채권최고액[ii]을 확인합니다. 그리고 말소기준권리보다 후순위인 모든 권리들(전세권[iii], 임차권[iv], 지상권[v], 가처분[vi] 등)을 목록화하여 정리합니다. 경매 낙찰로는 이 말소기준권리 이후에 설정된 모든 후순위 권리들은 일괄 소멸되는 반면에 말소기준권리보다 먼저 설정된 선순위 권리는 소멸되지 않고 낙찰자가 그대로 인수합니다. 이를 통해 어떤 권리가 낙찰로 소멸하고, 어떤 것이 남을지 판단할 수 있으므로 선순위 권리가 있는지 등기부등본을 통해 반드시 확인해야 합니다.

▶ **법정지상권**[vii] 등 법률상 권리 검토: 법정지상권이나 분묘기지권[viii]처럼 등기 여부와 관계없이 인정되는 권리가 있는지 살핍니다. 예를 들어, 대지와 건물 소유자가 달라 경매로 토지만 낙찰을 받는 경우 건물주에게 법정지상권이 발생하며 이는 낙찰자가 인수하는 권리입니다. 또 토지에 분묘(묘지가) 존재한다면 분묘기지권이 인정되어 새 소유주는 그 사용을 감내해야 합니다. 등기부등본만 보고는 법정지상권 성립 여부

---

[i] 오래된 부동산의 경우 과거 권리가 제대로 정리되지 않아 분쟁 소지가 남은 경우도 있으므로 등기부등본으로 말소기준권리와 각 권리의 설정일자를 하나하나 대조하는 것이 안전합니다.

[ii] 채권최고액은 실제 채무액보다 높게 책정되어 있는 경우가 대부분인데, 일반적으로 은행 대출의 경우 실채무액의 110~130% 정도로 설정됩니다. 따라서 채권최고액의 약 70~90% 수준이 실제 부채일 가능성이 높습니다. 예를 들어, 채권최고액이 1억 원이라면 실제 대출금은 약 7천만~9천만 원 수준일 수 있습니다. 이런 계산법을 활용하면 해당 부동산에 걸린 총부채 규모를 가늠하고, 낙찰 후 남는 실질 가치(잔존 지분)를 예측해 볼 수 있습니다.

[iii] 말소기준권리 이전에 설정된 전세권은 낙찰자가 인수합니다. 그러나 전세권자가 배당을 요구하여 배당을 받게 되면 그 전세권은 소멸되어 낙찰자가 전세보증금을 돌려줄 의무가 없어집니다. 말소기준권리 이후에 설정된 전세권은 경매로 소멸됩니다.

[iv] 전세권과 같은 원리가 적용됩니다. 선순위(말소기준권리 이전) 임차권은 인수되나, 후순위 임차권은 소멸됩니다.

[v] 등기된 지상권이나 지역권도 선순위인 경우에만 인수되고, 후순위이면 소멸됩니다. 법정지상권은 등기와 무관하게 항상 인수된다는 점이 중요합니다.

[vi] 일반적인 채권자들의 처분금지가처분은 경매로 소멸됩니다. 그러나 토지 소유자가 건물 철거를 구하는 가처분처럼 특정한 가처분은 낙찰 후에도 효력이 유지되는 예외가 있습니다. 또한 가처분의 원인이 소유권 분쟁인 경우, 최종 판결이 나기 전까지는 낙찰자도 완전한 소유권 행사를 못 할 수 있으므로 유념해야 합니다.

[vii] 법정지상권 관련하여 PART 3, 4를 참고하십시오.

[viii] 분묘기지권은 토지에 분묘가 있는 경우 분묘를 유지하기 위해 필요한 범위의 토지 사용권을 말하는데, 이는 등기되지 않아도 새 소유자가 인수해야 하는 권리입니다. 자세한 내용은 PART 3을 참고하십시오.

를 완벽히 판단하기 어려울 때는 해당 부동산의 건축물대장이나 토지대장도 발급받아 소유관계나 구조를 함께 검토해야 합니다. 건축물대장을 보면 건물의 구조, 용도, 면적, 증개축 이력 등을 알 수 있어 무허가 증축 여부 등도 유추할 수 있습니다.

▶ **유치권**[1] 존재 여부: 등기부등본에는 나타나지 않지만 유치권이 주장된 경우도 체크해야 합니다. 매각물건명세서나 현장에 '유치권 주장 중'이라는 표시가 있다면 공사대금 미지급 등으로 점유자가 유치권을 행사하고 있을 가능성이 있습니다. 유치권은 담보물권보다도 우선해서 낙찰자가 인수해야 하는 권리이므로 성립 요건(경매 대상 물건을 점유하고 있을 것, 그 점유가 채권과 관련 있을 것, 채권 변제 기한이 도래했을 것, 당사자 간 유치권 배제 특약이 없을 것)을 면밀히 따져보고 인수 여부를 판단해야 합니다.

▶ **권리관계의 특이사항 및 사기 징후 점검**: 수상한 권리설정 내역이 있는지도 유심히 살펴야 합니다. 경매 직전에 근저당권이 설정되었다거나 임대인과 이해관계가 얽힌 인물이 최근에 가압류를 걸어놓는 등 가짜 채권을 설정한 흔적은 없는지 확인합니다. 주변 시세에 비해 터무니없이 높은 전세보증금으로 계약이 되어 있다면 이 또한 '깡통전세'나 전세사기를 의심해야 할 신호입니다.

현황조사서

현황조사서는 법원 집행관이 해당 부동산을 방문하여 작성하는 현장조사 보고서입니다. 집에 누가 살고 있는지, 임대차 내용은 무엇인지를

---

[1] 경매 물건에 유치권이 성립되어 점유자가 이를 주장하는 경우, 등기 순위와 관계없이 낙찰자가 그 권리를 책임져야 합니다. 유치권부 채권에 대한 변제가 이루어지기 전까지 해당 점유를 해제시키기 어렵습니다. 유치권 관련해서는 PART 3을 참고하십시오.

파악할 수 있는 자료로 등기부에는 드러나지 않는 점유 현황 정보가 담겨 있습니다. 특히 현황조사서의 '관계인 진술' 부분을 주의 깊게 읽어야 합니다. 여기에는 현 거주자(점유자)가 누구인지, 임차인이라면 보증금과 전입일자, 확정일자 유무 등의 진술이 적혀 있습니다. 만약 '점유자 미상'이나 '점유자와 연락되지 않음' 같은 문구가 있다면 정체불명의 사람이 거주하거나 협조를 거부하는 상황일 수 있습니다. 이는 낙찰 후 명도(인도) 과정에서 큰 어려움을 겪을 수 있으므로 각별히 유념해야 합니다. 또한 현황조사서에는 법정지상권 등 일부 권리관계가 드러나지 않을 수 있으므로 다른 서류들과 교차 검토해야 합니다.

매각물건명세서

매각물건명세서는 법원이 등기부, 현황조사서, 감정평가서 등의 정보를 종합하여 작성하는 공식 경매 안내서입니다. 물건의 지번, 동·호수, 면적, 구조, 용도 등 기본 정보와 점유자 현황(임차인 이름, 점유 기간, 전입 일자), 임대차 보증금·월세, 관리비 현황, 말소기준권리 및 매수인이 인수해야 할 권리 등이 표시됩니다. 기일, 입찰방식도 안내되어 있습니다. 낙찰자가 인수해야 할 권리가 무엇인지 최종적으로 정리되어 있으므로 경매 직전 반드시 확인해야 하는 문서입니다. 매각물건명세서에는 '매각으로 소멸되지 않는 권리'가 명시되는데, 여기에 기재된 권리는 경매로도 소멸되지 않아 새 소유자인 낙찰자가 떠안게 됩니다. 예를 들어, '선순위 전세권 존재(배당요구 하지 않음)' 또는 '유치권 신고 있음' 등의 항목이 있다면, 전세보증금이나 유치권(공사대금 청구권)을 낙찰자가 인수할 수 있다는 뜻입니다. 반대로 '소멸되지 않는 권리: 없음'이라고 적혀 있다면 일단 권리 인수 면에서는 안전한 물건입니다. 매각물건명세서는 보통 매각기일 7일 전후에 법원에 비치되니 입찰 직전에 열람하여 위험 요소가 없는지 최종 점검해야 합니다. 만약 명세서에 이해하지 못하는 내용이나 의심스러운 권리가 있다면 과감히 그 경매를 포기하거나 추가 조사 후 확신이 설 때만 입찰에 참여하는 것이 바람직합니다. 이 명세서에 중요한 오류나 누락이 발견되면 매각허가 전에 법원이 매각을 불허할 수도 있으므로 유의해야 합니다.

감정평가서

감정평가서는 법원이 지정한 감정평가사가 산정한 평가액과 그 산출 근거가 담긴 보고서입니다. 비교사례 접근, 원가법, 수익환원법 등 사용된 평가방법, 건물의 하자나 특이 사항, 인근 유사 부동산의 시세 정보 등이 기재됩니다. 이를 통해 최저매각가격의 책정 이유를 알 수 있으며, 감정가와 실제 낙찰가 차이를 감안해 입찰 전략을 세울 수 있습니다.[I]

전입세대 열람

▶ **점유자 파악**: 전입세대 열람[II]을 통해 현 *거주자*(점유자)*가 누구인지*를 확인합니다. 물건지 관할 주민센터[III]에 경매 진행을 증명하는 서류(경매개시 결정 서류나 법원경매 사이트 출력물)를 제출하고 전입세대 열람 신청을 합니다. 그러면 해당 주소에 현재 주민등록상 등재된 세대주 및 세대원 이름, 전입일자를 확인할 수 있습니다. 먼저 세대주 이름을 등기부상 소유자 이름과 비교합니다. 세대주로 소유자 본인이나 그 가족이 올라 있다면 임차인은 없다고 볼 수 있습니다. 이를 통해 현재 거주자의 이름과 전입 날짜를 알 수 있고, 경우에 따라 세대주의 가족(동거인) 여부도 파악됩니다. 다가구주택이나 건물 전체 경매라면 동·호수별로 따로 열람

[I] 감정평가 후 수개월 시간차가 있으므로 시장 변동이 반영되지 않았을 수 있습니다.
[II] 개인정보보호 때문에 열람만 가능하고, 서류 발급은 제한되니 스마트폰 카메라 등으로 촬영해 기록해 두는 것이 일반적입니다.
[III] 2016년 행정복지센터로 명칭이 바뀌었으나 이 글에서는 보편적으로 사용되는 '주민센터'를 사용하겠습니다.

해서 전입세대를 확인해야 합니다. 한국 주택임대차보호법상 주택의 임차인은 주민등록 전입신고와 실제 점유를 갖추면 대항력을 취득합니다. 예를 들어, 부모와 살던 자녀가 따로 전입했다 합가하는 경우 등 주소 변동이 여러 번 있다면 누가 언제부터 실제 점유 중인지 헷갈릴 수 있습니다. 이런 경우 처음 전입한 날짜를 기준으로 대항력 유무를 판단하면 됩니다. 가령 어떤 임차인이 2019년에 전입하고, 2022년에 일시 전출한 후 곧 재전입했다면, 최초 전입(2019년) 시점이 중요합니다. 그때 이미 점유를 시작해 대항력을 취득한 상태였다면 잠깐 전출했다 돌아왔어도 대항력이 소멸하지 않을 수 있기 때문입니다.[i] 임차인이 확정일자를 갖고 있는지도 확인해야 합니다. 확정일자가 있다면 임차인은 우선변제권을 가지게 됩니다. 일반적으로 대항력(전입+점유)과 확정일자를 모두 갖춘 임차인은 경매 시 우선적으로 배당을 받고, 잔액이 남으면 낙찰자가 인수할 가능성이 매우 높습니다.[ii]

주택(아파트, 빌라 등)이나 오피스텔, 상가 등 대부분의 경매 물건에는 누군가가 거주하거나 사용 중인 경우가 많습니다. 점유자가 임차인인지, 소유자 본인인지, 임차인이라면 전입신고를 했는지 등에 따라 낙찰 후 권리 인수 범위가 결정되므로 이를 사전에 파악해야 안전한 입찰가를 정할 수 있습니다.

▶ **가장임차인 색출 및 배당요구 여부 확인**: 전입세대 열람은 또한 가장임차인 색출에도 도움이 됩니다. 전입자 명단에 수상한 정황이 있다면 위장 세입자일 가능성을 의심해야 합니다. 예를 들어, 경매개시 한 달 전에 느닷없이 전입한 세대가 있는데, 그 이름을 검색해 보니 그 지역에서 여

---

[i] 임차인의 대항력 관련해서는 PART 3을 참고하십시오.
[ii] 다만 확정일자가 없더라도 대항력만 있으면 사실상 낙찰자가 보증금 반환 책임을 지게 되는 경우가 많으니 보증금 규모가 크다면 각별히 주의해야 합니다.

러 경매 물건에 등장한 적이 있는 사람이라면 전문 가장임차인일 수 있습니다. 이러한 경우에는 절대 방심하지 말고 낙찰 후에 바로 법적 조치를 준비해야 합니다(인도명령 신청 등). 또한 전입세대 열람을 통해 해당 임차인이 배당요구를 했는지 여부를 간접적으로 알 수 있는 경우도 있습니다. 임차인이 배당요구를 했다면 법원경매정보에 그 내용이 공개되므로 전입자 이름과 일치하는 신청 내역을 찾을 수 있습니다. 배당요구를 해둔 임차인은 경매 낙찰대금에서 일정 금액을 받아 갈 생각이므로 *비교적 순순히 이사하는 경우*가 많지만 배당요구를 안 한 임차인은 오히려 끝까지 새 집주인에게 전액을 받겠다며 버틸 위험이 있습니다. 그런 부분까지 고려하여 명도협상 전략을 세워야 합니다.

기타: 전세보증금 규모 및 보증보험 확인

임차인의 보증금이 법에서 보호하는 소액임차인 기준 이내인지 확인합니다. 보증금이 이 기준을 넘는지 여부에 따라 경매 시 최우선변제를 받을 수 있는 액수가 결정되므로 임차인의 배당순위와 반환 가능 금액을 예측할 수 있습니다. 또, 임대인(소유자)이 HUG 전세금 반환보증 같은 전세보증보험에 가입했다면 세입자는 경매로 보증금을 떼이게 되더라도 보험회사로부터 돌려받을 수 있습니다. 이런 경우 낙찰자가 떠안을 보증금 위험도는 보험으로 상당 부분 커버된다고 볼 수 있습니다. 물론 보증보험에 가입한 물건이라 해도 안심은 금물입니다. 보험 한도 내에서만 보호되기 때문에 보증금이 보험금보다 크면 차액은 낙찰자 부담일 수 있고, 보험 처리가 되더라도 보험회사가 구상권을 낙찰자에게 청구할 수도 있습니다. 요컨대 임차인의 보증금 규모와 보호 장치를 사전에 파악해 두면 낙찰 후 재무적 리스크를 예측하고 대비하는 데 큰 도움이 됩니다.

현재 수도권 기준 약 1.65억 원 이하 보증금일 경우 소액임차인으로 분류합니다.

권리분석은 복잡한 퍼즐과 같아 한 번의 실수가 큰 손해로 이어질 수 있기 때문에 반복 숙달하여 정확도를 높이는 것이 중요합니다.

입찰 전 서류 점검

서류	핵심확인	리스크
부동산 등기사항전부증명서 (등기부등본)	말소기준·선순위	인수
현황조사서	점유·진술	위장임차
매각물건명세서	인수권리 기재	누락·변경
감정평가서	시점·물건누락	괴리율
전입세대	세대·일자	대항력

3단계 | 현장답사(임장)와 시세 조사

1) 현장답사(임장)

서류 검토로 권리관계를 파악했다면 현장답사(임장)에 나서야 합니다. 부동산 현장을 방문하면 서류만으로는 알 수 없었던 중요한 정보들을 얻을 수 있습니다. 현장답사는 단순히 건물의 물리적 상태뿐만 아니라 그 부동산의 가치와 활용 가능성을 판단하는 과정이기도 합니다.

현장 체크 포인트

일반 주택(거주용 부동산)의 경우 '내가 가족과 함께 이곳에 살아도 괜찮을까?'라는 시선으로 주변 환경을 확인합니다. 학군, 치안, 편의시설, 대중교통 접근성, 소음 공해 여부 등 실거주 입장에서의 장단점을 평가합니다. 상가나 오피스텔(수익용 부동산)은 '내가 이곳에서 장사하거나 임대 놓을 때 수익이 나겠는가?'라는 시선으로 봐야 합니다.

▶ **점유자 확인**: 해당 부동산을 실제 누가 점유하고 있는지 확인합니다. 점유 형태(임차인 거주, 소유자 거주, 무단점유 등)를 파악하여 명도(인도) 때 문제의 소지가 없는지 판단합니다. 세입자의 경우 가능하면 직접 만나 임대차계약 내용(보증금, 월세, 계약 기간 등)과 전입신고/확정일자 여부를 물어보는 것이 좋습니다. 전입세대 열람을 통해 공식적으로 전입일자와 세대주, 확정일자 유무를 확인하면 보다 정확합니다. 또한 임차인의 연체 임대료나 (공용)관리비 체납 유무도 확인해¹ 낙찰 후에 인수해야 할 부담이 있는지 미리 파악해 둡니다.

▶ **건물 및 토지 실물 상태 점검**: 건물의 외관 상태와 관리 상태를 확인하고, 주변 환경은 어떤지, 소음이나 악취는 없는지, 일조량이나 조망은 괜찮은지 살펴봅니다. 건물의 내·외부의 균열이나 누수, 곰팡이 등이 있는지, 무허가 증축이나 무단용도 변경이 이루어졌는지도 확인합니다. 건축물대장과 대조하여 증축 부분이 허가를 받았는지 점검합니다. 토지의 경우 지형이나 진입로 상황, 지상에 설치된 시설물 등을 파악합니다.

▶ **주변 환경 체크**: 부동산 외부 환경도 꼼꼼히 살핍니다. 진입 도로의 폭과 상태를 확인하여 차량 접근이 편리한지, 현장에 주차 공간은 충분한지 알아봅니다. 대중교통 이용 편의성도 살펴봅니다. 주변에 소음을 유발하는 시설(공장, 철로 등)이나 악취/분진을 발생시키는 환경 요소(쓰레

---

1 공동주택의 경우 이전 소유자가 남긴 최대 3년 치 공용관리비를 낙찰자가 인수해야 하므로 예상치 못한 비용을 피하려면 꼭 짚고 넘어가야 합니다.

기장, 축사 등)는 없는지 확인합니다. 또 해당 지역이 과거에 침수된 적은 없는지, 지반 침하 위험은 없는지 등의 재해 이력도 주민들을 통해 알아볼 수 있다면 알아봅니다.

▶ **경계 및 권리관계 현황**: 현장에서 토지의 경계 표시를 확인하여 인접 토지와 경계 분쟁 소지가 없는지 봅니다. 담장이나 울타리가 경계를 넘었거나 애매하면 차후 분쟁이 될 수 있습니다. 또한 토지 위에 타인의 분묘(묘지)가 있는지, 무단으로 설치된 시설이 있는지 확인합니다. 건물이 경매 대상 토지 위에 있다면 다행이지만 혹시 경매 대상 건물이 있는 토지의 소유자가 따로 있다면 법정지상권 문제가 생길 수 있으므로 현장 표지판이나 관계자에게 토지/건물 소유관계를 다시 한번 확인합니다.

▶ **상가나 오피스텔(수익용 부동산)의 경우**: 유동인구, 접근성 외에, 현재 공실률이나 주변 임대 시세도 확인 대상입니다. 인근에 유사 평형·용도의 점포나 오피스텔이 얼마에 임대되고 있는지 부동산에 물어보거나 임대 표시 현수막 등을 보면 감을 잡을 수 있습니다. 또한 반경 500m~1km 내에 향후 신규 공급 계획이 있는지도 살펴보십시오. 대형 쇼핑몰이 곧 들어선다거나 대단지 아파트 상가가 신축될 예정이라면 현재 상권에 큰 변화가 올 수 있습니다. 새로운 공급이 기존 물량의 15% 이상으로 늘어나면 공급 과잉으로 임대료 하락이 우려되고, 반대로 새로운 인프라(예: 지하철역 개통, 대형 기업 입주) 등 호재성 개발이 있다면 향후 가치 상승을 기대해 볼 만합니다. 이런 중장기 변수까지 고려한다면 단순히 싸게 잘 샀다가 아니라 '앞으로 돈 벌 기회가 많겠다'라는 판단을 할 수 있게 됩니다.

점유자 접촉 전략

경매 물건의 점유자와 접촉할 때는 상대의 심리와 권리관계를 고려해 신중한 접근 전략을 세워야 합니다. 크게 직접적인 접근과 우회적인 접근 두 가지 방법이 있습니다.

▶ **직접 접근(정직형)**: 자신이 '이 집을 낙찰받을 예정인 사람'임을 밝히고 협조를 구하는 방법입니다. 투명하게 상황을 설명하면 신뢰를 얻을 수 있고 신속한 합의를 기대할 수 있습니다. 다만 점유자에 따라서는 거부감이나 불안감을 느껴 반발할 수 있으므로 말투와 태도를 정중하게 유지해야 합니다. 협조를 약속받았다면 나중을 대비해 문자 메시지 등 서면 증거로 확인받는 것이 좋습니다.

▶ **간접 접근(우회형)**: 자신을 경매 예정자라고 밝히지 않고 "이 동네로 이사 올까 하는데 집은 어떤가요?", "관리비가 어느 정도 나오나요?" 등 자연스러운 대화를 통해 정보를 얻는 방법입니다. 이렇게 하면 점유자가 경계심을 덜 느끼게 되어 임차 보증금이나 이사 계획 등 속마음을 알아낼 수 있습니다. 우회 접근 시에도 예의 있게 대화하며 얻은 정보는 빠짐없이 기록해 둡니다.

주변 이웃 및 중개업소 활용 전략

이웃 주민과 인근 공인중개사는 경매 물건에 대한 현장 정보를 얻을 수 있는 귀중한 자원입니다. 다만 경매 물건이라는 사실이 드러나면 일부 정보가 왜곡되거나 숨겨질 수 있으므로 질문할 때도 요령이 필요합니다.

▶ **이웃 주민/경비원에게 묻기**: 해당 건물이나 주변에 거주하는 이웃이나

경비원에게 "곧 이사 오는 사람인데 이 동네 살기 어때요?", "혹시 여기 최근에 누수 같은 문제는 없었나요?"처럼 일반적인 관심사인 듯 대화를 시작합니다. 해당 건물의 누수 이력, 층간소음, 관리비 수준, 주민들 분위기 등을 물어볼 수 있습니다. 한 명의 말만 듣지 말고 여러 사람에게 반복하여 물어보면 혹시 누군가 특정 사실을 숨기거나 과장하는지 교차 검증할 수 있습니다.

▶ **공인중개사 통해 알아보기**: 물건 인근 부동산 중개업소를 찾아가 시세나 수요 등을 문의하는 것도 효과적입니다. 이때 바로 해당 경매 물건의 주소나 경매라는 사실을 밝히지 않는 것이 요령입니다. 투자자 행세를 하며 "이 주변에 비슷한 아파트 매물이 얼마에 나오나요?", "전세 수요는 어떤가요?", "근처에 개발 호재가 있나요?" 등으로 대화를 유도합니다. 주소를 노출하면 중개사가 눈치를 채고 정보를 피할 수 있기 때문에 유사 매물을 예로 들어 시세와 임대차 동향을 알아냅니다. 경험자들에 따르면 일부 중개사는 경매 물건임을 알면 협조는커녕 오히려 방해하거나 시세를 축소하여 보고하는 경우도 있다고 합니다. 따라서 최대한 자연스럽게 정보를 얻고, 필요하다면 두세 곳 이상의 중개업소를 방문해 정보를 종합합니다.

이웃과 중개업소로부터 얻은 정보를 교차 확인하면 현장에서 놓쳤던 사항이나 서류에 없던 사실을 알아낼 수 있습니다. 현장 정보는 입찰 가격을 결정하고 명도 전략을 세우는 데 큰 힘이 됩니다.

시간대별, 요일별 임장의 필요성

시간대와 요일을 달리하여 여러 번 임장하면 같은 장소라도 낮과 밤,

평일과 주말은 분위기가 크게 다르기 때문에 첫 방문 때는 보이지 않던 환경 변화와 문제점을 발견할 수 있습니다.

- ▶ **주간 vs. 야간 환경**: 평일 낮에는 주변이 한적하고 조용했더라도 밤이 되면 가로등 밝기나 치안 상태, 주변 소음 등 야간 환경의 특성이 드러납니다. 낮에는 들리지 않던 인근 공장 기계음이나 철도 소리가 밤에는 조용한 가운데 선명히 들릴 수 있습니다. 반대로 밤에는 조용했지만 낮에는 아이들 뛰노는 소리나 차량 통행량이 많아 복잡하게 느껴질 수도 있습니다. 낮에는 간과하기 쉬운 야간 조명 문제나 치안 상태 등도 확인할 수 있습니다. 임장을 반복하면서 이러한 소음, 조도(照度), 안전 요소를 모두 직접 체험해 보는 것이 중요합니다.

- ▶ **평일 vs. 주말 상황**: 평일과 주말의 생활 패턴도 비교해야 합니다. 평일에는 인근 상권이 한산해 보여도 주말에는 시장과 상가가 붐비고 주차난이 심각할 수 있습니다. 반대로 주말에는 조용하던 주택가가 평일 출퇴근 시간대에는 교통 체증이나 통학 차량으로 번잡할 수도 있습니다. 이렇게 요일별로 달라지는 인구 흐름과 상권 활성도를 모두 살펴야 실제 거주환경을 정확히 이해할 수 있습니다. 주말과 평일의 상권 유동인구가 다를 수 있으니 시간대를 달리해 관찰하면 더 좋습니다.

여러 차례 임장하면 점유자의 태도 변화나 숨은 리스크 요인을 포착할 기회도 늘어납니다. 임장을 반복하면 그 지역과 물건의 '두 얼굴'을 모두 경험하게 되어 입찰 여부와 명도 전략에 대해 보다 입체적인 판단을 내릴 수 있습니다.

현장 자료 수집 및 기록 방법

반복 임장과 기록의 병행은 매우 중요합니다. 사람의 기억은 불완전하기 때문에 기록할 때 객관적인 정보뿐만 아니라 느낀 점까지 상세히 기록해 둡니다. 임장에서 수집한 자료와 기록은 해당 물건의 종합적인 투자 가치와 리스크를 판단하는 중요한 근거가 되며 분쟁 해결이나 협상에서 강력한 무기가 됩니다.

▶ **사진 촬영**: 현장에 여러 번 갈 수 없으니 방문했을 때 건물 외관과 가능하면 내부 주변 도로와 건물 배치 등을 사진으로 남겨두면 나중에 검토하기 좋습니다. 거실과 방은 물론 천장, 욕실 모서리, 창틀 주변까지 꼼꼼히 찍어두십시오. 육안으로 볼 때는 멀쩡해 보여도 사진을 확대하면 곰팡이 자국이나 균열을 발견할 수도 있고, 육안으로 확인한 누수·균열 흔적이나 노후 설비 등은 사진으로 기록해 두었다가 낙찰 후 수리비용 견적을 받을 때 활용할 수 있습니다. 건물 입구의 우편함도 찍어둡니다. 우편물이 쌓여 있다면 해당 집이 장기간 비어 있었을 수 있습니다. 전기·가스계량기 숫자도 촬영해 최근 사용량을 파악해 둡니다. 급격한 사용량 변화는 거주 여부와 활동 내역을 짐작하게 합니다.

▶ **동영상 기록**: 현장과 주변 환경을 영상으로 남기면 나중에 입체적으로 재확인할 수 있습니다. 집 주변 골목을 걸으며 영상을 촬영하면, 거리의 소음, 차량 통행량, 인근 상가의 번화함, 골목의 밝기 등이 고스란히 담겨 사진만으로 파악하기 어려운 현장의 분위기를 보완해 줍니다.

▶ **녹음 및 메모**: 점유자나 이웃과 나눈 대화의 핵심 내용은 반드시 기록해 둡니다. 대화 도중에 휴대전화로 녹음하기 곤란하다면 적어도 대화 직

후 스마트폰 메모장이나 수첩에 키워드를 적어놓는 것이 좋습니다. 한국에서는 당사자 간 통화나 대화 녹음은 합법이므로 중요한 대화는 음성 녹음을 해두면 분쟁 시 결정적 증거로 활용할 수 있습니다.

처음 한 번 다녀왔을 때는 괜찮아 보였던 곳도 나중에 모은 증거들을 검토하면 '왜 싸게 나왔는지 알겠다'는 결론이 나올 수 있습니다. 임장 기록은 단순히 정보 저장을 넘어 명도 협상이나 법적 분쟁에서 협상력을 높이는 역할을 합니다. 낙찰 후 점유자가 '낙찰자와 연락된 적 없다'고 말하거나 '들어와서 집을 보라고 한 적 없다'고 발뺌할 경우 직접 만나 대화한 날짜와 주요 내용을 근거로 제시할 수 있습니다. 또는 명도 협상 시 이전 대화에서 '○○일까지 이사하겠다'고 한 약속을 상기시키며 협상을 유리하게 이끌 수 있습니다. 이러한 자료는 거짓 주장이나 기억 왜곡을 바로잡아 분쟁 해결에 강력한 증거로 활용할 수 있습니다.

2) 시세 조사

현장 방문과 함께 시세 조사도 철저히 해야 합니다.

- ▶ **감정평가 시기와 적정성**: 경매 진행 시 첨부된 감정가(감정평가액)가 언제 산정된 것인지 확인합니다. 감정평가 이후 시장 상황이 변했을 수 있으므로 현재 시점에서 가격이 적절한지 검토해야 합니다. 감정가 산정 시기가 오래되었거나 시장 변동성이 큰 경우 감정가가 시세와 동떨어졌을 수 있습니다.

- ▶ **인근 시세 조사**: 경매 물건과 유사한 인근 부동산의 실거래가나 현재 호

가(매물로 나온 가격)를 조사합니다. 특히 아파트의 경우 같은 단지 내 동일 평형대의 최근 매매가를 확인하고, 다세대나 단독주택은 인근 지역의 유사 매물의 가격과 비교해 봅니다. 부동산 중개소에 전화해 "이 부동산과 비슷한 물건이 얼마에 거래됐나요?"라고 물어보면 유용한 정보를 얻을 수 있습니다. 그리고 국토교통부 실거래가 공개시스템이나 부동산 거래 사이트를 활용하여 해당 지역의 시세와 감정가를 비교합니다. 필요하다면 공시지가나 경매 정보 사이트에 나와 있는 인근 낙찰 사례나 평균 낙찰가율 데이터를 참고하여 가격의 적정성을 판단합니다.

구분		확인 항목	기록 방법
외관	➡	균열 · 누수 · 곰팡이	사진/영상
공용	➡	엘리베이터 · 주차	동영상
내부	➡	하자 · 구조 (균열 · 누수 · 곰팡이)	체크 리스트
소음 · 일조	➡	시간대별, 요일별 (주간/야간, 평일/주말)	메모
주변시세	➡	중개 2~3군데	호가 · 거래
점유자	➡	대화 · 메모	전입 · 이사계획
위험표식	➡	유치권 현수막	사진 · 진술서

현장답사(임장) 7단계 체크 리스트

| 국토교통부 실거래가 공개시스템, https://rt.molit.go.kr/

4단계 | 입찰가 결정과 자금 계획

현 시세와 물건 상태를 파악했다면 얼마에 입찰할지 결정을 내려야 합니다. 초보 입찰자들은 대개 가능한 한 싸게 사고 싶은 마음에 아주 낮은 가격을 쓰고 싶어 합니다. 그러나 너무 낮게 써내면 경쟁자에게 낙찰을 빼앗기기 쉽습니다. 반면 높은 가격을 써내면 낙찰은 되겠지만 수익이 크게 줄거나 손해를 볼 수 있습니다. 따라서 합리적인 입찰가를 산정하는 것이 중요합니다.

▶ **최대 입찰가 산정**: 해당 물건의 예상 가치를 산출합니다. 낙찰 후 되팔거나 임대할 경우 받을 수 있는 가격(또는 임대 시 보증금과 월세 수준)을 추정합니다. 그리고 거기에서 낙찰 후 들어갈 모든 비용을 빼고도 수익이 남도록 입찰가 상한을 정해야 합니다. 고려해야 할 비용에는 취득세 등의 세금, 부동산 중개수수료, 명도비용(점유자에게 줄 이사비 등), 리모델링/수리비 등이 모두 포함됩니다. 권리분석 결과 인수해야 할 임차인의 보증금이 있다면 그 금액도 사실상의 매입비용입니다. 예를 들어, 선순위 세입자의 보증금 2천만 원을 떠안아야 한다면 시세보다 최소 2천만 원을 저렴하게 낙찰 받아야 본전입니다. 전세보증금과 선순위 채권 금액의 합계가 매매가(시세)의 70%를 넘는다면 보증금과 선순위 근저당·가압류 등의 총액이 시세 대비 과도하게 크므로 그 부동산은 흔히 말하는 '깡통'이 될 가능성이 높습니다. 이렇게 총비용을 추산한 뒤, 투자 수익을 얻기 위해 필요한 최소한의 마진을 추가하면 자신만의 손익분기점이 나옵니다. 이 금액을 넘기지 않도록 입찰 상한가 즉, 최대 입찰가를 산정합니다. 보통 시세 대비 70~80% 선을 목표 입찰가로 삼지만 물건 상태와 권리 위험에 따라 할인 폭을 조절해야 합니다. 그리고 실제로 입찰표에

적을 금액은 그 최대치보다 5~10% 정도는 낮게 써내는 것이 안전합니다. 약간 낮게 써야 낙찰 후 예기치 못한 추가 비용이 발생해도 수익을 확보할 수 있는 여유 마진이 생기기 때문입니다.

▶ **자금 조달 계획**: 입찰가를 결정할 때는 자신의 자금 조달 능력도 반드시 따져야 합니다. 낙찰 후 보증금을 제외한 잔금(보통 낙찰가의 90%)을 30일 안팎의 짧은 기간 내에 마련해야 하므로 현실적으로 준비할 수 있는 자금의 한계를 고려해야 합니다. 대부분 경락잔금 대출을 활용하지만 모든 경매 물건에 대출이 나오는 것은 아닙니다. 예를 들어, 지분 경매나 불법 건축물의 경우 담보 가치가 낮아 은행 대출이 어렵습니다. 미리 여러 은행에 문의하여 해당 물건의 대출 가능 여부와 경락잔금대출 가능액을 타진해 둬야 합니다. '낙찰만 받으면 은행에서 대출해 주겠지' 하고 안일하게 높은 금액을 써냈다가 막상 대출이 안 나와 잔금을 못 치르는 사례가 종종 발생하니 유의합니다. 그런 경우 입찰보증금(통상 최저가의 10%)을 그대로 몰수당하고, 경매는 재진행되니 무리한 금액을 적어내었다가 낭패 보는 일이 없도록 합니다.

▶ **입찰 포기선 정하기**: 무엇보다도 사전에 입찰가 전략을 세워두는 것이 중요합니다. 경쟁이 예상되는 경우를 대비해 자신이 지불할 최대한도 금액(Plan A)과 현장에서 마음이 흔들릴 때를 대비한 한계선(Plan B)을 정해둬야 합니다. 현장 분위기에 휩쓸려 충동적으로 무리한 가격을 써내는 일을 방지하기 위함입니다. 입찰 전 자금 계획을 철저히 세우고, 그 계획 내에서 가장 높은 금액을 입찰가로 쓰고, 계획을 넘어서는 금액은 설령 그로 인해 낙찰을 못 받더라도 과감히 포기할 줄 알아야 합니다.

5단계 | 법원경매 참여 - 공고 확인부터 개찰까지

▶ **경매 공고 확인**: 경매 공고는 대법원경매정보 사이트나 지방법원 게시판을 통해 확인합니다. 공고문에는 사건번호, 부동산 목록, 최저입찰가격(최저매각가격), 입찰 일시와 장소, 입찰보증금 등 입찰에 필요한 핵심 정보가 담겨 있습니다. 보통 1회차 경매의 최저입찰가는 감정가와 동일하며, 유찰되면 두 번째 경매부터 최저가가 내려갑니다. 법원마다 다르지만 통상 직전 최저가 대비 20% 또는 30% 저감된 가격이 새로운 최저가가 됩니다. 예를 들어, 감정가가 1억 원인 물건이 1회 유찰되면 서울중앙지법 관할의 경우 8천만 원(20%↓)이 최저가가 되고, 인천지법처럼 30% 저감 지역에서는 7천만 원이 최저가가 됩니다. 두 번 유찰되면 각각 6400만 원, 혹은 4900만 원까지 떨어져 반값 수준이 되기도 합니다. 다만 인기 지역의 물건은 여러 번 유찰되기 전에 낙찰되는 경우가 많아 무조건 반값이 될 때까지 기다리기 어렵다는 점도 알아두십시오.

▶ **입찰**: 입찰 준비를 마쳤다면 정해진 매각기일에 법원경매법정에 가서 입찰에 참여합니다. 입찰 당일에는 신분증, 인감도장, 입찰보증금 등을 빠뜨리지 않고 지참합니다. 입찰보증금은 원칙적으로 최저매각가격의 10%로 보통 은행에서 자기앞수표로 발행받아 가는 것이 편리합니다. 법원에 도착하면 경매계 직원이 입찰표와 봉투를 나눠줍니다. 입찰표에는 사건번호와 물건번호, 자신의 이름과 주민번호, 연락처, 그리고 입찰금액을 정확히 작성합니다. 그런 다음 입찰표와 보증금 수표를 함께 봉투에 넣고 밀봉합니다. 이 봉투를 정해진 입찰함에 넣으

이전 경매에서 낙찰 후 잔금 미지급으로 재경매가 진행되는 물건이라면 공고에 기재된 대로 보증금 비율이 20%로 상향되니 주의해야 합니다.

면 접수됩니다. 접수 마감 시간 이전까지만 제출하면 되며, 번호표를 받아 순서대로 투입하는 경우도 있으니 현장 안내에 따르면 어렵지 않습니다. 이때 입찰표 기재 사항을 한 번 더 확인해야 합니다. 사건번호나 입찰금액, 이름 등을 한 자리라도 틀리게 쓰면 무효가 되니 침착하게 작성하십시오.

입찰 당일 준비물

- 신분증: 주민등록증 또는 운전면허증(본인 확인용)
  ※ 대리 입찰 시 위임장과 대리인의 신분증, 인감증명서
- 인감도장(입찰표 서명 날인용)
- 입찰보증금 수표(최저입찰가의 10%)
  ※ 현금 X, 은행 발행 수표(액수, 유효기간 확인 필수)
- 필기구(입찰표 작성용 검정 볼펜)와 메모지
- 계산기 또는 스마트폰 계산기 앱(최종 입찰가 재확인용)
- 기타 서류: 해당 물건의 간단한 메모(등기부 등본 요약 등)나 매각물건명세서, 공동입찰의 경우 공동입찰참가신청서 등

▶ **개찰**: 마감 시간이 되면 법원 직원들이 입찰함을 열고 봉투를 꺼내 개찰을 진행합니다. 개찰은 제출된 입찰금액을 모두 공개하여 곧바로 최고가매수신고인(최고가격을 적어낸 사람)을 가려냅니다. 최고가를 쓴 사람이 한 명이면 그 사람이 낙찰 후보자가 됩니다. 동액 최고가가 둘 이상이면 그 사람들만 바로 현장에서 재입찰을 실시합니다. 재입찰도 같은 방식으로 진행하되 이전에 쓴 금액보다 높은 금액으로 다시 적어내야 합니다. 그래도 동점이면 추첨으로 낙찰자를 결정합니다. 최종적으로 낙찰자가 정해지면, 법원은 다른 입찰자들의 입찰보증금을 즉시 전액 돌려줍니다.[1] 다만, 낙찰자가 잔금을 기한 내에 납부하지 않으면 보증

---

[1] 최저가 미만의 금액을 써낸 사람은 입찰자격 미달로 간주되어 개찰 단계에서 제외되므로 보증금을 반환받습니다. 반환받은 보증금은 경매 법원에 입점한 은행 창구에서 바로 수표를 환불받을 수 있습니다.

금이 몰수되니 유의해야 합니다. 낙찰자로 선정된 최고가매수신고인은 법원으로부터 추후 일정을 안내받는데 통상 1~2주 내에 매각허가 결정기일이 잡힙니다. 이때 낙찰자는 인수인계 서류(낙찰 허가서 등)를 받고, 잔금 납부 기한과 절차를 안내받습니다.

입찰 절차 및 유의사항

☑ **여유 있게 도착**
경매 당일에는 보통 입찰 시간이 오전이므로 늦지 않도록 여유를 두고 법원 경매계에 도착합니다. 입찰 법정 앞 게시판이나 출입문에 해당 물건의 입찰 시간, 연기/취소 여부 공지가 붙어 있으니 가장 먼저 확인합니다. 간혹 일정이 변경되거나 취소되는 경우가 있으므로 반드시 체크합니다.

☑ **최종 서류 점검**
입찰 개시 전에 법원에서 비치한 매각물건명세서 또는 추가 자료가 있는지 확인하고 한 번 더 훑어봅니다. 간밤이나 당일 아침에 임차인이 배당요구를 했거나, 신청자가 취하했거나, 중요한 내용 변경이 있을 수 있으니 챙깁니다.

☑ **입찰표 작성**
법원이 나눠주는 입찰표 용지에 경매 사건번호, 물건번호, 물건 소재지 등을 정확히 기재합니다. 그리고 입찰가를 한글과 아라비아 숫자로 모두 병기하여 씁니다. 이때 보증금 수표의 일련번호도 기입하도록 되어 있으므로 가져온 수표의 번호를 확인하여 정확히 적습니다. 이름(입찰자)과 연락처 등도 빠짐없이 적고 인감도장을 찍습니다. 작성 내용을 다시 한 번 확인한 후 입찰 봉투에 입찰표와 보증금 수표를 함께 넣고 봉투를 밀봉합니다.

☑ **입찰함에 투입**
작성 및 봉투 준비가 끝났으면 입찰 마감 시간 전에 입찰함에 봉투를 투입합니다. 마감 시각이 지나면 투입이 불가능하니 시간을 엄수합니다. 일반적으로 마감 시간이 다가오면 진행 요원이 구두로 안내하니 그 전에 반드시 투입해야 합니다.

☑ **개찰 및 낙찰자 결정**
정해진 시각에 개찰(봉투 개봉)이 시작되면 법원 직원들이 입찰함에서 봉투를 꺼내 한 건씩 개봉하며 입찰 가격을 호명합니다. 최고가액을 제시한 사람이 낙찰 예정자로 결정됩니다. 법원 직원이 낙찰자를 호출하면 앞으로 나가 신분증을 제시하고 간단한 안내를 받습니다. 만약 동일 가격으로 최고가 입찰자가 2인 이상이면 통상 추첨으로 낙찰자를 정합니다. 낙찰이 되지 않은 입찰자들은 개찰 종료 후 보증금 수표를 돌려받고 귀가하면 됩니다.

이 경우 경매 법원은 몰수한 낙찰자의 보증금을 채권자들에게 배당합니다. 그리고 그 부동산은 재경매로 넘어갑니다.

6단계 | 낙찰 후 매각허가 및 잔금 납부

　최고가매수신고인으로 결정되었다 해도 바로 소유자가 되는 것은 아닙니다. 낙찰자가 되면 정해진 기한 내에 잔금을 납부하고 소유권이전등기를 해야 합니다. 낙찰 이후 진행할 주요 절차는 다음과 같습니다.

▶ **매각허가결정**: 법원은 매각기일 이후 통상 1~2주 이내에 매각허가결정기일을 열어 매각허가 여부를 결정합니다. 이 자리에서 판사는 경매절차상 문제가 없었는지, 낙찰 가격이 현저히 불공정하지는 않은지 등을 검토합니다. 대부분의 경우 문제가 없다면 매각허가결정이 내려지고 낙찰이 최종 확정됩니다.[i] 매각허가결정이 떨어진 후 7일간 이해관계인의 이의제기나 항고 기간을 거쳐 낙찰이 확정됩니다. 매각허가가 확정되는 순간부터 낙찰자는 법적으로 소유권 취득자가 됩니다. 남은 절차는 낙찰자가 돈을 모두 내고 실제 등기에 자기 이름을 올리는 일입니다.

▶ **잔금 및 세금 납부**: 법원이 정하는 기한 내(일반적으로 매각허가 확정 후 약 30일 이내)[ii]에 잔금을 완납해야 합니다. 잔금 납부는 법원이 지정한 은행 계좌로 송금하거나 직접 법원에 수표를 가져가서 납부하는 방식입니다. 대부분 낙찰자들은 은행의 경락잔금대출을 활용하여 부족한 자금을 충당합니다. 낙찰 사실을 가지고 은행과 상담하면 해당 부동산을 담보로 대출을 실행해 주는데, 낙찰가의 일정 비율(LTV)에 맞춰 대출금이 나오고, 그 돈으로 잔금을 치르면 은행이 새 소유권 등기에 맞춰 근저

---

[i] 과거에는 낙찰가가 감정가 대비 지나치게 낮으면 불허하는 경우도 있었지만 최근에는 특별한 사유가 없으면 허가하는 추세입니다.

[ii] 기한은 물건에 따라 다를 수 있으므로 법원의 안내를 따릅니다.

당권을 설정하는 식입니다. 만약 30일 이내에 자금 마련이 어려울 경우 법원에 잔금 납부 기한 연장을 신청해 볼 수 있지만, 받아들여질지는 장담할 수 없습니다. 따라서 잔금 기한 내 완납을 전제로 계획을 세우는 것이 안전합니다.

정해진 기한 내 잔금을 모두 납부하면 법원으로부터 매각대금완납증명원을 발급받습니다. 매각대금완납증명원은 낙찰자가 법원에 잔금을 모두 냈다는 공식 증명서로 취득세 신고나 등기 촉탁 신청 때 제출해야 하는 중요한 서류입니다. 그리고 법원은 소유권이전등기 절차를 진행해 줍니다. 매각허가결정 정본을 등기소에 보내 새 소유자 명의로 등기를 촉탁해 주거나 필요한 서류를 교부해 주기도 합니다. 낙찰자는 관할 시·군·구청에 취득세를 신고하고 납부하는데 주택의 경우에는 취득세율이 보통 낙찰가의 1~3% 정도(가격대와 면적에 따라 다름)입니다. 취득세 영수증과 법원 서류를 갖춰 등기소에 소유권이전등기를 신청하면, 며칠 내로 등기부등본에 이름이 등재됩니다. 경매로 취득한 경우에는 이전 소유자의 협조나 서명이 필요 없이 법원의 권한으로 소유권을 이전해 주므로 일반 매매보다 간편합니다. 경매 낙찰로 소유권을 취득하면서 등기부에 남아 있던 각종 권리들은 등기관이 일괄 정리(말소)해 줍니다. 말소기준권리보다 뒤에 있던 후순위 권리들은 모두 사라지고, 매각물건명세서에 기재되었던 인수할 권리만 남게 됩니다. 따라서 별도로 돈을 들여 근저당을 말소할 필요가 없습니다.

---

i 잔금을 모두 납부하고 법원보관금 영수필통지를 받아 법원경매계 담당자에게 가면 매각대금완납증명원과 매각허가결정문 정본을 받을 수 있습니다. 참고로 잔금 납부 시 인지세와 등기 신청 수수료도 함께 납부합니다. 기본 수수료는 15,000원 정도이며, 말소해야 할 권리가 많은 경우 추가 수수료(권리 한 건당 3,000원씩)가 붙습니다.

ii 낙찰자는 권리분석 단계에서 인수해야 할 권리가 남아 있는지 미리 점검하고 입찰에 참여했을 것이며, 제대로 권리분석을 했다면 낙찰 후 추가로 떠안아야 할 권리는 없을 것입니다. 그래도 마지막으로 등기부등본을 열람하여 혹시 말소되지 않고 남은 권리가 없는지 확인하는 것이 좋습니다. 앞에서 언급했듯이 경매로 소멸되지 않고 남은 권리가 있다면(법정지상권, 분묘기지권 등) 그것이 제대로 인수한 권리인지 파악하고 대응하면 됩니다.

▶ **국민주택채권 매입 및 매도**: 낙찰 금액이 일정 금액 이상이면 법령에 따라 국민주택채권을 의무 매입해야 합니다. 세무과에서 취득세를 계산할 때 매입해야 할 채권 금액도 고지해 주며, 보통 구청 건물 안 은행 창구에서 채권을 즉시 매입할 수 있습니다. 대부분의 낙찰자는 편의상 채권을 매입하자마자 할인 매도하여 현금화합니다.¹ 은행에서 채권을 매입하고 나면 채권매입필 확인서를 발급해 주는데 이것도 등기 신청 서류에 포함됩니다.

▶ **소유권이전등기 촉탁 신청**: 필요한 서류들을 모두 갖추어 법원경매계에 가서 소유권이전등기 촉탁 신청서를 제출해야 합니다. 신청서에 미리 인지(수입인지)를 붙이고, 그동안 준비한 각종 서류를 모두 첨부합니다. 법원은 이 신청서를 받아 관할 등기소에 등기 촉탁 공문을 보내게 되고, 등기소가 실제 등기 이전 절차를 진행합니다. 보통 촉탁 신청 후 며칠 내에 등기소에서 새 소유자 명의로 소유권이전등기가 완료됩니다. 완료 후에는 등기소에서 등기필증(소유권이전 증서)을 교부합니다. 직접 법원을 방문해 등기필증을 찾아올 수 있고, 법원에 우편 수령용 봉투를 보내면 우편으로 받을 수 있습니다. 모든 대금을 납부하고 등기까지 마쳤다면 법적으로도 새 집주인이 됩니다.

---

1 100만 원짜리 채권을 90만 원 정도에 즉시 팔고 현금을 받는 방식으로 약 10% 내외의 할인 손실이 발생합니다.

> **등기 촉탁 신청 시 필요한 주요 서류**
>
> ☐ 등기 촉탁 신청서(경매계 양식)
> ☐ 부동산 표시 목록(이전 등기할 부동산의 소재지, 면적 등 표시 사항을 적은 서류)
> ☐ 말소 대상 권리 목록(근저당권, 가압류 등 접수번호와 일자를 정확히 기재)
> ☐ 부동산의 등기부등본(말소할 권리 확인용)
> ☐ 부동산의 건축물대장과 토지대장 사본
> ☐ 낙찰자 본인의 주민등록등본과 초본(신분 및 주소 확인용)
> ☐ 매각대금완납증명원
> ☐ 취득세 및 등록세 영수증
> ☐ 국민주택채권 매입 확인서
> ☐ (선택사항) 등기필증 우편 수령용 봉투(5,000원 상당 우표를 붙인 봉투)

7단계 | 명도 완료와 낙찰 부동산 사후 관리

1) 명도

등기까지 완료하여 명실상부한 집주인이 되었지만, 집을 실제로 내 손에 넣는 일(명도)이 남아 있습니다. 명도란 해당 부동산의 점유자를 내보내고 내게 인계하는 과정을 뜻합니다. 명도 단계는 경매 과정의 마지막 관문이지만 가장 현실적인 어려움이 있을 수 있는 부분입니다. 점유자의 대항력 유무에 따라 명도 전략이 달라지기 때문입니다. 명도 방법에는 크게 협의에 의한 명도와 법적 절차에 의한 명도 두 가지가 있습니다.

▶ **협의에 의한 명도**: 명도의 최선의 방법은 당사자와의 협의하는 것입니다. 낙찰자는 점유자(전(前) 소유자나 세입자)에게 직접 연락하여 경매로

---

1 등기부등본에 적힌 권리의 접수번호와 등기 일자를 실수로 누락하거나 오기하면 해당 권리가 말소되지 않고 등기상에 남아 골치 아픈 문제가 될 수 있습니다.

자신이 새 집주인이 되었음을 알리고 원만한 이사를 제안합니다. 일반적으로 전 소유자나 세입자는 경제적 어려움으로 집을 비우지 못하는 경우가 많으므로 이사비를 지원해 주거나 밀린 공과금을 일부 대신 정산해 주는 등의 조건을 제시하여 자진 이사를 유도합니다. 특히, 세입자가 경매로 보증금을 날린 처지라면 심적으로 큰 충격을 받았을 테니 낙찰자가 일정 금액의 위로금 또는 새 거처 지원비를 제안하며 협조를 요청하면 원만하게 해결되기도 합니다. 실제 경매 투자자들은 이사비 명목의 명도 비용을 투자비용의 일부로 미리 감안하기도 합니다. 협의가 이루어지면 '점유자 ○○○는 ○월 ○일까지 집을 비우고 명도한다. 명도 완료 시 낙찰자 ○○○는 이사비 ○만 원을 지급한다'와 같이 명도 기한과 조건을 넣은 간단한 합의서나 명도확인서를 작성해 서명해 두는 것이 좋습니다. 협의 명도의 가장 큰 장점은 시간과 비용을 절약할 수 있다는 것입니다. 법적 대응에 따르는 비용이나 시간을 들이지 않고도 신속하게 내 부동산을 인도받을 수 있고, 불필요한 감정싸움도 줄일 수 있습니다.

명도확인서 작성 예시

명 도 확 인 서		
사건번호	:	○○지방법원 ○○경매 ○○호
부동산표시	:	○○시 ○○구 ○○동 ○○번지 ○○호
[당사자]		
매수인(낙찰자)	:	○○○ (주소: ○○시 ○○구 ○○동, 연락처: 010-XXXX-XXXX)
점유자(임차인)	:	○○○ (주소: ○○시 ○○구 ○○동, 연락처: 010-XXXX-XXXX)
[확인 내용]		
본인은 위 사건 부동산 중 점유하고 있던 부분을 20○○년 ○월 ○일자로 매수인 ○○○에게 모두 명도(인도)하였음을 확인합니다.		
이 명도확인서는 임차보증금 배당 및 향후 분쟁 방지의 증빙으로 작성됩니다.		
20○○년 ○월 ○일		
매수인(낙찰자)	:	_____ (서명/날인)
점유자(임차인)	:	_____ (서명/날인)

▶ **법적 절차에 의한 명도**: 협의가 잘되지 않거나 점유자가 협조를 거부한다면 법적인 강제 절차를 진행할 수밖에 없습니다. 경매로 낙찰을 받은 경우 낙찰자는 별도의 소송 없이도 법원에 부동산 인도명령을 신청할 수 있는 제도가 있습니다. 인도명령은 경매 법원이 낙찰자(매수인)의 신청을 받아 해당 부동산의 점유자에게 '새 소유자에게 부동산을 인도하라'고 명령을 내리는 것입니다. 인도명령 신청에는 인지대와 송달료 등 수천 원의 비용밖에 들지 않고, 비교적 신속하게 결정이 나기 때문에 협의가 어렵다면 고려해 볼 만합니다. 다만 인도명령에도 점유자가 이에 불복해 버티며 이의를 제기하면 명도소송(부동산 인도 청구 소송)을 제기하고 강제집행 절차를 밟아야 할 수 있습니다. 명도소송은 정식 민사소송이므로 시간과 비용이 더 들지만 판결문을 받아두면 그것이 곧 강제집행을 할 수 있는 집행권원이 됩니다. 집행권원을 얻었거나 인도명령이 확정되었다면 강제집행을 통해 실력으로 명도를 이행할 수 있습니다. 법원 집행관에게 강제집행을 신청하면 집행관이 직접 현장에 나가 점유자를 퇴거시키고, 집 문을 열어 내부 동산(짐)을 밖으로 철거해 줍니다. 필요한 경우 열쇠 수리공이나 경찰 입회하에 집행이 이루어지며 점유자가 끝까지 저항하면 공권력을 동원해 내보낼 수도 있습니다. 강제집행 비용은 신청인이 부담해야 하지만 추후 점유자에게 청구할 수도 있습니다. 이처럼 법적 명도 절차는 시간과 비용이 많이 들고, 점유자의 거센 저항이 있을 수 있어 최후의 수단으로 고려됩니다.

▶ **명도 시 유의사항**: 명도 과정에서 절대 피해야 할 것은 낙찰자 스스로 폭력이나 불법적인 방법을 동원하는 것입니다. 점유자를 몰래 내보내려고 밤중에 자물쇠를 바꿔치기하거나 점유자의 짐을 함부로 밖으로

| 평균적으로 아파트 한 가구당 몇백만 원 정도 소요됩니다.

내던지는 식의 행동은 엄연한 불법이며 형사처벌 대상입니다. 아무리 억지를 부리는 점유자라 해도 법 절차에 따라 대응해야 나중에 문제가 없습니다. 상황에 따라서는 집행관이나 변호사 등 전문가의 도움을 받는 것도 고려합니다.

명도는 경매 투자의 마지막 관문으로 초보자에게는 가장 난감한 단계입니다. 이 고비를 잘 넘겨야 비로소 경매에서 유종의 미를 거둘 수 있습니다. 평화롭고 원만한 명도를 위해서는 점유자의 입장을 이해하는 공감과 협상력이 필요하고, 다른 한편으로는 법에 따른 단호한 대응도 준비해야 합니다. 몇 번의 경험을 쌓고 나면 요령이 생기므로 지나치게 두려워할 필요는 없습니다.

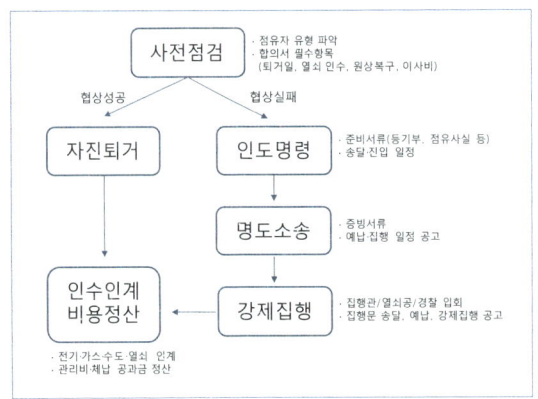

명도 절차와 실무 프로세스

2) 부동산 활용

명도가 완료되면 비로소 해당 부동산을 온전히 인도받아 자유롭게 이용할 수 있게 됩니다. 경매로 부동산을 취득한 후에는 해당 물건을 어떻게 활용할지, 그리고 투자 수익은 얼마나 되는지를 따져봐야 합니다.

▶ **내부 점검 및 수리/리모델링 검토**: 내부를 인도받자마자 집 상태를 꼼꼼히 점검하고 필요하다면 집수리 및 리모델링도 검토합니다. 전 소유자나 세입자가 집을 비우면서 시설을 망가뜨렸거나 물건을 두고 갔을 수 있으므로 벽면 균열이나 누수 흔적, 곰팡이, 전기·수도 작동 상태 등을 하나하나 살펴봐야 합니다. 문이나 창문의 잠금장치를 교체하고, 도어록도 새것으로 바꾸는 것이 안전합니다. 낙찰을 받은 집이 너무 낡았다면 일부 투자로 가치를 높일 수 있습니다. 간단한 도배·장판 교체부터 욕실, 싱크대 등 설비를 교체하는 리모델링을 거치면 새로운 세입자를 받기도 수월해지고, 매도할 때도 더 좋은 가격을 받을 수 있습니다. 물론 추가 비용이 들지만 향후 임대료 상승이나 매도가격 상승으로 충분히 회수할 수 있다면 해볼 만한 작업입니다. 반대로 집 상태가 양호하다면 청소만 하고 바로 활용에 들어가면 됩니다. 연체한 관리비나 체납 공과금이 있는지 확인해서 처리합니다. 전기·가스·수도 요금도 각 공급자에게 문의해 남은 금액을 납부하고 명의를 변경합니다. 이렇게 인수 후 정리를 마쳐야 비로소 깨끗한 출발을 할 수 있습니다.

▶ **활용 계획 결정**: 모든 정비를 마쳤다면 부동산을 어떻게 활용할지—보유할지 매도할지—계획에 따라 움직이면 됩니다. 직접 거주할 계획이라면 천천히 이사 준비를 하면 되고, 임대를 줄 생각이라면 적정 임대가격을 책정해 부동산에 매물로 내놓으면 됩니다. 바로 매도(되팔기)하여 차익 실현을 할 수도 있고, 일정 기간 임대를 놓아 임대수익을 얻다

| 원칙적으로 새 소유자는 전 소유자가 미납한 공용 부분 관리비 중 최근 3년 치까지만 부담하면 됩니다. 전용 부분 관리비나 나머지 금액, 연체료 등은 법적으로 청구할 수 없지만 실무에서는 관리사무소와 원만히 합의하여 처리하기도 합니다.

가 나중에 매도할 수도 있습니다. 낙찰가가 시세 대비 충분히 저렴했다면 주변 시세 수준으로 세를 놓고도 수익을 낼 수 있습니다. 단기 매매할 경우에는 양도소득세 등 세금 문제를 고려해야 합니다.

▶ **총투자비용 정산 및 실제 수익률 계산**: 낙찰가 외에도 각종 세금(취득세 등), 등기 비용, 명도 비용(이사비 지원 등), 수리비 등이 모두 들어갔다면 이를 합산하여 총투자비용을 산출합니다. 애초에 세운 예상 비용과 비교하여 초과분은 없는지 점검하고, 비용 관리에 문제가 없었는지 돌이켜봅니다. 총투자비용 대비 현재 부동산의 가치 상승분이나 매각 대금을 계산하여 투자 수익률을 산출합니다. 예를 들어, 총비용 2억 원을 들여 낙찰을 받은 부동산을 2억 2천만 원에 처분했다면, 약 10%의 수익을 얻은 것이 됩니다. 임대를 할 경우 월세 수익과 자산 가치 상승 등을 모두 고려해 종합 수익률을 따져봅니다.

▶ **피드백 및 다음 투자 준비**: 경매 투자의 과정을 복기하여 배운 점을 정리합니다. 권리분석 단계에서 부족했던 점은 없었는지, 입찰가 산정은 적절했는지, 명도 과정에서 실수는 없었는지 등을 돌아보고 개선점을 메모해 둡니다. 이러한 피드백은 다음 경매 투자에 소중한 밑거름이 됩니다.

경매 절차의 전 과정을 1단계부터 7단계까지 차례로 살펴보았습니다. 처음 경매에 도전하는 초보자에게는 하나하나가 낯설고 복잡하게 느껴질 수 있습니다. 그러나 큰 흐름은 결국 '물건 조사 → 입찰 → 낙찰 → 명도 → 내 것으로 만들기'로 요약됩니다. 단계별 체크 포인트만 잘 지킨다면 리스크를 최소화하고 경매 투자의 기쁨을 맛볼 수 있을 것입니다.

초보자를 위한 경매 7단계 실전 가이드 FLOW CHART

START ──▶

① 1단계: 물건 조사 시작
- ▶ 관심 지역 선정과 경매 여부 확인
- ▶ 등기부등본 조회, 법원 경매 정보 사이트나 매각 공고에서 자세한 정보 확인

▼

② 2단계: 권리분석
- ▶ 등기부등본, 현황조사서, 매각물건명세서, 감정평가서 등 서류를 꼼꼼히 읽고 권리분석 철저, 전입세대 열람, 전세보증금 규모 및 보증보험 가입 여부 확인 등 종합적으로 검토

▼

③ 3단계: 현장답사(임장)와 시세 조사
- ▶ 현장답사(임장): 점유자 확인, 건물 및 토지 실물 상태 점검, 주변 환경 체크, 토지 경계 및 권리관계 현황 파악 등
- ※ 점유자 접촉 전략, 주변 이웃 및 중개업소 활용 전략, 현장 자료 수집 및 기록 방법 등 미리 확인
- ▶ 시세조사: 감정평가 시기와 적정성 판단, 인근 시세 조사

▼

④ 4단계: 입찰가 결정과 자금 계획
- ▶ 최대 입찰가 산정
- ▶ 자금 조달 계획
- ▶ 입찰 포기선 정하기

▼

⑤ 5단계: 법원 경매 참여
- ▶ 경매 공고 확인 → 입찰 → 개찰
- ※ 〈입찰 당일 준비물〉, 입찰 절차 및 유의사항 유념

▼

⑥ 6단계: 낙찰 후 매각허가 및 잔금 납부
- ▶ 매각허가결정기일(매각기일 이후 통상 1~2주 이내)에 매각허가 여부 결정
- ▶ 잔금 및 세금 납부(통상 매각허가 후 약 30일 이내)
- ▶ 국민주택채권 매입 및 매도
- ▶ 소유권이전등기 촉탁 신청 ※ 〈등기 촉탁 신청 시 필요한 주요 서류〉 확인

▼

⑦ 7단계: 명도 완료와 낙찰 부동산 사후 관리
- ▶ 명도: 협의에 의한 명도, 법적 절차에 의한 명도, 명도 시 유의사항
- ▶ 부동산 활용: 내부 점검 및 집수리/리모델링 검토, 직접 거주 또는 매도 계획 결정, 총투자비용 정산 및 실제 수익률 계산, 피드백 및 다음 투자 준비

간단 체크 리스트 & 주의사항

- ☑ **등기부에서 말소기준권리 찾기**: 가장 먼저 등기된 근저당권·압류 등을 기준권리로 특정하고, 이후 권리의 소멸 여부 판단, *선순위 권리 인수 여부 꼭 확인!*

- ☑ **임차인 전입일과 확정일자 체크**

  | 전입
신고일 | >
< | 말소기준
권리 | **대항력 O**(낙찰자 인수 위험)
확정일자 O → **우선변제권 O**(배당 순위상 유리)
대항력 X(명도 가능) |

- ☑ **보증금 규모 및 소액임차인 여부**: 임차인 보증금이 수도권 기준 **1.65억 이하**이면 **최우선변제권** 해당 – 일정 금액까지 경매 배당 최우선 보호

- ☑ **배당요구 여부 확인**: 대항력 있는 임차인이 **배당요구를 안 했다면** 보증금 **전액**을 새로 인수해야 함. 배당요구 했으면 받은 금액만큼 부담 감소

- ☑ '점유 + 전입' = **대항력**(※ 둘 다 갖춰야 낙찰자에게 대항 가능)

- ☑ '말소기준권리 이전 전입' = **선순위 임차인!**(권리 인수)

- ☑ '배당요구 종기 후 신고' = 배당 불능 → 보증금 통째로 낙찰자 책임 우려.

- ☑ '경매 직전 전입 + 소액보증금' = **위장임차인 의심!**
  (※ 수상한 전입 패턴은 철저히 조사)

- ☑ **현장방문 & 임차인 면담 권장**(결정적 단서 확보 가능)

- ☑ **명도 대비 전략**: 낙찰 전부터 명도 소요 기간·비용을 예상하고, **인도명령/명도소송 카드 준비**, 대항력 있으면 **이사비용 별도 책정** 고려

▎(2) 경매 투자의 성공을 위한 핵심 기술 세 가지

앞서 살펴본 경매 실전 전략을 통해 경매 초보자가 반드시 길러야 할 세 가지 역량을 정리해 보겠습니다. 이 기술만 잘 갖추어도 경매 투자 성공 확률을 크게 높일 수 있습니다.

권리분석 능력

안전한 물건을 골라내는 안목입니다. 낙찰 후 인수해야 할 임차인의 보증금이나 법적 문제를 미리 걸러내는 것이 무엇보다 중요합니다. 등기부등본과 매각물건명세서를 통해 말소기준권리, 대항력, 우선변제권 등을 정확히 파악해야 합니다. 처음에는 어렵더라도 실제 사례를 통해 여러 물건의 권리내역을 공부하면서 낙찰 결과를 예상하는 등 연습을 많이 하면 점차 공식이 보입니다. 권리분석을 소홀히 하면 투자 수익은커녕 예상치 못한 빚을 질 수도 있다는 점을 항상 명심해야 합니다.

시세 판단 능력

부동산의 가치를 정확히 읽어내는 눈입니다. 경매에서 얼마를 써낼지는 곧 그 물건의 현재 가치와 미래 가치를 얼마나 정확히 평가하느냐에 달려 있습니다. 평소에 관심 지역의 부동산 시세를 꾸준히 모니터링하고 실거래 사례를 면밀하게 연구해 시세 감각을 익혀두는 것이 중요합니다. 시세 판단을 잘못하면 경매에서 번번이 실패하거나 운 좋게 낙찰을 받아도 남는 게 없을 수 있습니다. 대부분 경매 참가자들은 시장 가격을 잘 파악하고 있기 때문에 홀로 높은 가격을 써내면 결국 손해를 보게 됩니다. 반대로 시장 가격에 한참 밑도는 금액만 고집하면 아예 낙찰 자체가 어려워집니다. 결국 꾸준한 공부와 현장 조사만이 정확한 시세 판단 능력을 키워줍니다.

명도 대처 능력

사람을 상대하는 문제를 해결하는 능력입니다. 명도 과정에서는 법률 지식과 함께 협상력과 실행력이 필요합니다. 점유자의 형편과 심정을 이해하고 윈윈(win-win)이 될 방안을 찾는 지혜가 협상의 열쇠입니다. 경우에 따라 약간의 금전적 양보로 시간을 절약하고 큰 갈등을 피할 수 있다면 그게 최선의 선택일 수 있습니다. 반면 상식 밖의 요구를 하며 시간을 끌면 법적으로 대응하는 결단도 중요합니다. 명도 경험이 없는 초보자는 처음부터 점유 관계가 복잡한 물건은 피하는 것도 좋습니다. 혹시라도 명도 분쟁이 발생하면 겁먹지 말고, 변호사 등 전문가의 도움을 받아 합법적인 절차로 해결하십시오. 명도를 깔끔하게 마무리하는 경험이 쌓이면 경매 투자가 한층 수월해질 것입니다.

(3) 상권 및 수익성 분석

투자의 최종 목적은 수익 창출입니다. 따라서 낙찰하려는 부동산이 장차 어떤 수익을 안겨줄지 분석하는 단계가 반드시 필요합니다. 주거용 부동산은 시세차익이나 임대소득을, 상가·오피스텔 같은 수익형 부동산은 월세 임대료나 사업 수익을 얻을 수 있습니다. 상권 및 수익성 분석은 사실 현장 조사와 맞물려 있습니다. 현장 조사 때 파악한 유동인구, 경쟁 현황 등을 바탕으로 예상 임대료와 공실률을 계산합니다.

먼저 임대 시세를 알아봅니다. 해당 지역, 해당 평형대와 유사한 부동산의 월 임대료를 부동산 중개업소에 문의하거나 온라인 매물 사이트에서 검색해 봅니다. 임대 시세를 알면 월세 수입이 대략 얼마인지 예상할 수 있습니다. 다음으로 공실 가능성을 고려합니다. 임대수익 계산 시, 보수적으로 '연간 1~2달 치 공실(약 10% 공실률)'을 예상하는 것이 좋습니다. 예를 들어, 월세 100만 원짜리 상가라도 1년에 한두 번 비면 실질 월평균 수입은 80~90만 원 수준이 될 수 있습니다.

그런 다음 '수익률(ROI)'을 계산해 봅니다.

$$수익률(ROI) = (연간\ 임대수익/총투자비용) \times 100$$

연간 임대수익(월세×12개월, 공실 반영) 나누기 총투자비용 × 100으로 산출합니다. 총투자비용에는 낙찰가뿐 아니라 취득세, 수리비 등도 포함해야 정확합니다. 계산 결과 연 수익률이 예금 이자나 대출 이자보다도 낮다면 굳이 투자할 가치가 없습니다. 투자 업계에서는 보통 연 5~6% 이상의 순수익률은 되어야 부동산 투자에 메리트 있다고 봅니다.[1] 예를 들어, 총비용 3억 원을 들여 연 1800만 원(6%)의 순익이 예상된다면 괜찮은 편이지만, 연 900만 원(3%) 정도면 굳이 고생해서 경매할 필요 없이 안전한 금융상품에 투자하는 것을 생각해 봐야 합니다.

미래 전망도 중요합니다. 상권 분석에서 빼놓을 수 없는 것이 향후 공급과 수요 변화입니다. 앞서 현장 조사에서 언급했듯이 근처에 대단지 신축이나 대규모 상가 개발이 예정되어 있다면 공급 증가로 임대수익이 악화될 위험이 있습니다. 단기간에 상가 면적이 15~20% 이상 증가할 계획이 있는 지역은 공급 과잉으로 임대료 하락 압박을 받게 됩니다. 반면에 지하철 개통, 업무지구 조성, 대학교 신설 등 수요 증대 요인이 있다면 상권이 커지고 임대료가 상승할 가능성이 큽니다. 예를 들어, 역세권으로 편입된다면 그 호재만으로도 부동산 가치가 수백만 원에서 수천만 원까

---

[1] 물론 시세차익 기대까지 합치면 판단이 달라지지만 일단 현금 흐름의 관점에서 그렇습니다.

지 뛰어오르기도 합니다. 이러한 정보는 국토교통부 개발계획 발표나 지자체 도시계획 문서를 통해 얻을 수 있으니 미리 조사해 두면 좋습니다.

상권 전문가는 "상권에도 생애주기가 있다"라고 말합니다. 신도시 입주 초기 → 성숙기 → 노후화 단계를 거치며 상권의 크기와 구성, 수익성이 변화한다는 것입니다. 투자하려는 부동산이 속한 상권이 지금 어느 단계인지 판단하는 것도 수익성 분석의 일부입니다. 입주 초기라 아직 한산한 곳이라면 공실이 많더라도 향후 발전 가능성이 크고, 이미 상권이 포화 상태라면 월세가 잘 나오더라도 곧 쇠퇴할 수 있습니다. 따라서 '현재의 수익성 + α(미래 전망)'를 모두 고려해 투자 결정을 내려야 합니다.

경매 투자는 싸게 사는 것만이 능사가 아니라 사서 잘 굴려야 합니다. '내가 이 물건을 낙찰받으면 과연 얼마나 벌 수 있을까?'라는 질문에 답할 수 있을 때 비로소 적정한 입찰가격을 결정할 수 있습니다. 이 질문에 대한 답이 '별로 못 벌 것 같은데…'라면 입찰을 포기하는 담대함도 필요합니다. 언제나 수익 대비 위험을 저울질하면서 판단해야 장기적으로 성공하는 투자자가 될 수 있습니다.

▌ (4) 부동산 경매 낙찰 후 납부해야 할 세금

부동산 경매·공매에서 낙찰을 받은 후에는 소유권이전과 함께 각종 세금과 부담을 처리해야 합니다. 초보 투자자가 놓치기 쉬운 부분들을 정리해 보겠습니다.

1) 부동산 취득 단계

경매나 공매로 부동산을 낙찰받아 소유권을 이전할 때 납부하는 대표적인 세금은 취득세이며, 그 외 부가가치세, 인지세 등이 있습니다.

▶ **취득세**: 잔금 지급을 완료하고 보통 60일 이내에 관할 시·군·구청에 취득세를 신고하고 납부해야 합니다. 농어촌특별세와 지방교육세가 함께 부과되며, 기한 내 납부하지 않으면 가산세가 붙습니다. 주택의 경우 보유 주택 수와 지역(조정대상지역 여부)에 따라 취득세율의 차이가 큽니다. 예를 들어, 1주택자가 주택을 취득할 때 취득세율은 가격 구간별 1~3% 정도지만, 조정대상지역에서 2주택자가 추가 주택을 취득하면 8%, 3주택 이상은 12%의 중과세율이 적용됩니다. 취득세에는 지방교육세(취득세액의 10%)와 농어촌특별세(과세대상일 경우 취득세액의 10% 또는 일정 비율)가 부과되며, 이는 함께 고지서에 표시됩니다. 다만 일부 감면 규정도 있습니다. 예컨대 생애 최초로 1주택(85㎡ 이하, 5억 이하 등 요건) 취득 시 취득세를 50~100% 감면해 주는 제도가 한시적으로 시행 중입니다. 이러한 세제 혜택은 해당되는 경우만 적용되므로, 사전에 지자체 세정과에 문의하거나 인터넷으로 확인이 필요합니다.

▶ **등록면허세**: 등기 신청 시 납부하며 경매의 경우 소유권이전등기 외에 말소되는 권리들(근저당 등)의 말소 등기에도 건별로 등록면허세가 소액 부과됩니다.

▶ **부가가치세(VAT)와 인지세**: 일반 주택을 낙찰받는 경우 부가가치세(이

현재 일시적으로 다주택자 취득세 중과 제외 조치가 거론되고 있으나, 이는 아직 확정된 사항이 아닙니다.

하 부가세)는 없지만 상가나 오피스텔 등 과세 자산의 경우 낙찰가에 10%의 부가세를 별도로 내야 할 수 있습니다. 특히 매각 주체가 국가기관 (공매)이나 부가세 과세업자인 경우 매각 대금과는 별도로 부가세를 고지하는데 이는 낙찰자의 부담입니다. 따라서 경매 공고에서 부가세 포함 여부를 반드시 확인해야 합니다. 다만 낙찰자가 부동산 임대업 등 사업자등록을 하면 그 부가세를 추후 환급받을 수 있습니다. 다음으로 인지세는 부동산 거래 계약서에 부과되는 세금인데, 거래 금액 규모별로 2~35만 원 등의 인지를 첨부하게 돼 있습니다. 이는 취득세 신고 시 함께 처리하거나 등기 접수 시 수입인지 형태로 납부하게 됩니다. 또한 부동산 소유권이전등기 시 부동산 가액 일정 이상이면 국민주택채권 의무적으로 매입해야 하며, 매입 후 바로 할인 매도하여 현금화합니다. 할인 매도 시 발생하는 손실은 일종의 추가 비용으로 대략 취득가의 13% 수준이지만 지역과 금액에 따라 다릅니다.

아래 표는 부동산 취득 단계에서의 주요 세금의 과세 기준과 세율, 납부시기를 정리한 것입니다.

취득 단계에서의 납부해야 할 세금 종류와 특징

세금 종류	과세 기준/세율	납부 시기	비고 (감면 등)
취득세	낙찰가의 1~3% (주택 6억 이하 1%, 6~9억 1~2%, 9억 초과 3%) ※ 다주택자 중과: 조정지역 2주택 8%, 3주택 이상 12%	낙찰일로부터 60일 이내	무주택자의 생애최초 주택 구입 등 일정 요건 충족 시 일부 감면
농어촌특별세	취득세의 10% (부과 대상 한정) ※ 일반 주택은 전용 85㎡ 초과 등 경우 0.2% 추가	취득세 신고·납부 시 함께	취득세 감면 대상 등은 면제
지방교육세	취득세의 10% (예: 취득세 1%→교육세 0.1%)	취득세 신고·납부 시 함께	지방교육재정 확충 목적 부가세
등록면허세	건별로 7,200원(등록면허세 6,000원 + 지방교육세 1,200원) 정액 부과 ※ 등기신청수수료 별도	권리 말소 등기 시 ※ 소유권 이전 등기 신청 시 함께 처리	등기 종류에 따라 차이, 말소 등기는 저액의 정액 세율 적용
부가가치세 (VAT)	매각 대상이 부가세 과세 자산인 경우 낙찰가의 10%	잔금 납부 시 (매각 조건에 따라)	매도인이 과세사업자인 상가·오피스텔 등은 부가세 발생, 낙찰자 사업자등록 시 추후 환급 가능
인지세	거래 금액별 정액 (예: 1천만 원 초과 3천만 원 이하 2만 원, 10억 원 초과 35만 원 등)	과세문서 작성일이 속하는 달의 다음 달 10일 ※ 2023년 1월 1일 이후 작성하는 과세문서부터 적용	취득가액 규모에 따라 차등

2) 부동산 보유 단계

▶ **재산세 및 종합부동산세**: 취득 후 보유 단계에서는 매년 재산세와 경우에 따라 종합부동산세(이하 종부세)가 과세됩니다. 재산세는 매년 6월 1일 현재 소유자에게 부과되므로, 6월 1일 이후에 낙찰을 받았다면 해당 연도의 재산세와 종부세는 이전 소유자가 부담합니다. 재산세율은 과세표준 구간에 따라 대략 0.1~0.4% 수준이며, 1세대 1주택자의 경우 세율 특례 등 우대가 있습니다. 종부세는 인별로 전국 주택 공시가격 합이 일정 기준(2025 기준, 1주택 12억, 다주택자(개인) 9억) 초과 시 부과되

며, 세율은 0.5%부터 다주택자 최고 5%까지 누진 적용됩니다.[i] 종부세에도 농어촌특별세가 붙는데 산출세액의 20%를 추가로 냅니다.

3) 부동산 처분(양도) 단계

▶ **양도소득세**[ii] : 처분(양도) 단계에서는 양도소득세(이하 양도세)가 가장 중요합니다. 부동산을 양도하여 차익이 발생하면 기본적으로 6~45%의 누진세율(보유 기간 등에 따라 세율이 달라질 수 있음)로 양도세를 내며, 양도일이 속하는 달의 말일부터 2개월 이내에 신고·납부해야 합니다. 다만 1세대 1주택 비과세 요건을 충족하면 양도차익에 세금이 면제됩니다. 현재 실거래가 12억 원 이하 1주택은 2년 이상 보유 시 전액 비과세이고, 12억 초과분에 대해서만 과세됩니다. 고가주택의 경우라도 장기보유특별공제 등으로 세 부담이 낮지만, 투자 목적 단기 보유 주택은 중과 대상입니다. 구체적으로 보유 기간 1년 미만이면 70%, 2년 미만이면 60%라는 매우 높은 세율이 적용됩니다.[iii]

정리하면 낙찰 후에는 취득세(교육세, 농어촌특별세 포함)를 우선 신경 써야 하고, 보유 중에는 재산세·종부세, 팔 때는 양도세를 염두에 둬야 합니다. 특히 다주택 상태로 추가 주택을 취득하거나 단기에 되팔 경우 세금 부담이 매우 크므로 수익 계산 시 이를 반드시 고려해야 합니다. 세법은 수시로 개정되니 실제 낙찰 시점의 규정을 다시 확인하는 것도 잊지 말아야 합니다.

---

[i] 2022년 이후 다주택 중과세율이 한시 완화되어 현재는 2주택자까지 기본세율 적용 중입니다.

[ii] 양도소득세 관련해서는 다음 장의 (3) 상가 경매 입찰 전략 및 필수 점검 사항에서 2) 세금 리스크 점검을 참고하십시오.

[iii] 한때 조정지역 다주택자는 기본세율에 20%p 또는 30%p를 가산하는 중과가 있었으나, 2022년 발표된 한시 조치로 2023~2024년에는 다주택 중과를 유예하여 기본세율을 적용하고 있습니다.

(5) 경매 낙찰 시 유의해야 할 사례들

실전에서는 권리분석이나 현장 조사를 소홀히 해 예상치 못한 문제를 겪는 일이 종종 발생하므로 실례를 통해 주의점을 살펴보겠습니다.

말소기준권리 착오로 인한 추가 비용 부담

등기부에 여러 권리가 얽혀 있을 때 어떤 것이 말소기준권리인지 혼동하면 큰 손해를 볼 수 있습니다. 예를 들어, 낙찰자가 자신이 인수해야 할 선순위 권리가 없다고 판단했는데 실제로는 선순위 전세권이 등기되어 있었다면 임차인의 전세보증금을 낙찰자가 돌려줘야 하는 상황이 생깁니다. 이는 수천만 원대의 추가 부담으로 이어질 수 있습니다. 「민사집행법」에 따라 말소기준권리보다 먼저 등기된 권리는 매수인이 인수하고, 이후에 설정된 권리는 소멸합니다. 낙찰을 받고 나면 취소하기 어렵기 때문에 등기부상 권리 순위를 정확히 파악하고 말소기준권리를 찾는 작업을 소홀히 하지 말아야 합니다. 전문가와 상의하거나 교육을 통해 이러한 오류를 예방하는 것이 최선입니다.

현황조사서 과신에 따른 명도 문제

법원이 제공하는 현황조사서에 '임차인 없음' 또는 '점유자 미상'이라고 되어 있어도 100% 안심해서는 안 됩니다. 어떤 낙찰자는 이를 믿고 별다른 확인 없이 입찰했다가 낙찰 후 해당 부동산에 세입자가 살고 있어 명도

「민사집행법」 제91조(인수주의와 잉여주의의 선택 등)를 참고하십시오(타법개정 2024. 9. 20. [법률 제20434호, 시행 2025. 1. 31.]).

소송을 해야 했습니다. 현황조사서는 집행관이 방문하는 시점의 상황을 담고 있어 조사 시 부재중인 가족이나 나중에 전입한 사람이 있을 수도 있고, 조사 누락이 있을 수 있습니다. 또한 관리비나 공과금의 체납 여부도 현황조사서만으로는 알 수 없어서 수백만 원의 체납 관리비를 떠안는 경우도 있습니다. 따라서 불필요한 명도 분쟁과 추가 비용을 예방하기 위해서는 현황조사서는 참고자료로만 여기고 반드시 직접 현장 답사를 해야 합니다. 주민센터에서 전입세대 열람을 하거나 해당 건물 관리인에게 문의하여 실제 거주자가 누구인지, 밀린 관리비는 없는지 미리 확인해야 합니다.

유치권 간과로 인한 소송 발생

경매 물건에 유치권이 붙어 있는지 간과하면 낙찰 후 곤란한 상황에 놓입니다. 유치권자가 있다는 것은 그 사람이 공사대금 미수 등의 이유로 해당 부동산을 이미 점유하고 있으며 돈을 받을 때까지 버티겠다는 뜻입니다. 이런 경우 낙찰자는 보통처럼 인도명령을 이용해 강제집행을 할 수 없고, 명도소송을 따로 제기해 해결해야 합니다. 소송에는 수개월에서 길게는 수년이 걸릴 수 있고, 그동안 해당 부동산을 이용하지 못해 기회비용과 소송비용이 증가합니다. 무엇보다 유치권은 경매로 소멸되지 않으므로 낙찰자는 결국 유치권자의 채권을 해결해 줘야 하는 상황이 옵니다. '경매 물건의 유치권은 매수인이 인수한다'는 취지의 판례도 있습니다. 따라서 경매 공고에 유치권 신고가 기재되어 있거나 현장에 유치권을 주장하는 현수막이 있다면 특별한 주의를 기울여야 합니다. 권리분석 단계에서 해당 물건의 채무 관계를 파악하고 공사대금 미납 등이 있었는지 확인해야 하며, 필요하다면 경매 참여 전에 법률 전문가나 공사 관계자에게 문의해 유치권 성립 여부를 점검해야 합니다.

공유자 우선매수권 미인지로 인한 낙찰 무효

부동산이 공동소유(지분소유)인 경우, 다른 공유자가 낙찰자를 대신해 그 지분을 우선매수 할 권리가 있습니다. 「민사집행법」 제140조에 따라 공유자는 경매에서 최고가 입찰가격과 같은 가격을 제시하여 해당 지분을 가져갈 수 있습니다. 문제는 일부 낙찰자가 이런 우선매수권 존재를 모르고 있다가 본인이 최고가로 낙찰되었음에도 공유자가 같은 가격에 우선매수 신고를 하여 낙찰이 취소되는 경우입니다. 이때 법원은 기존 낙찰을 취소하고 그 공유자에게 매각을 허가합니다. 낙찰자로서는 갑자기 물건을 놓치게 될 뿐만 아니라 이미 냈던 입찰보증금을 돌려받지 못할 위험이 있습니다. 이를 방지하려면 해당 물건의 등기부와 매각물건명세서에서 공유지분 여부를 확인하고, 현장 답사 시 다른 공유자의 존재와 매수 의향을 파악해야 합니다. 공유자가 우선매수권을 행사할 가능성이 있다면 입찰을 신중히 결정하거나 사전에 공유자와 협의해 두는 편이 안전합니다.

3. 유형별 물건 분석 및 사례별 전략

▌ (1) 토지 경매 시 유의점

토지 경매 물건은 아파트나 주택보다 권리관계 파악과 현장 조사가 훨씬 어렵습니다. 특히 토지 위에 타인 소유의 건물이나 비닐하우스 같은 구조물이 있는 경우에는 법정지상권 문제가 발생할 위험이 크므로 토지 경매에 참여하려는 초보자는 반드시 아래 사항들을 점검해야 합니다.

▶ **토지 위 타인 소유의 건물 여부**: 토지만 경매로 낙찰을 받았는데 정작 그 땅 위에 다른 사람 소유의 건물이나 시설물이 남아 있다면 어떻게 될까요? 낙찰자는 토지 소유권만 얻을 뿐 그 건물에 대한 권리는 없습니다. 멋모르고 건물을 철거했다가는 큰일 납니다. 보통 이런 경우 건물주는 법정지상권을 주장하며 계속 그 토지를 사용할 수 있지만 새 토지주인인 낙찰자는 땅을 온전히 활용하지 못하게 됩니다. 결국 토지 위 건물을 제거하려면 건물주와 협의하여 매수하거나 보상을 해줘야 하고, 최악

의 경우 건물을 그대로 둔 채 불편을 감수해야 할 수도 있습니다.

대응: 경매 공고문과 현황조사서에 그 토지 위에 '제시외 건물'이나 미등기 건물이 있다고 적혀 있는지 반드시 확인합니다. '제시외'란 경매 대상에 포함되지 않는 물건이라는 뜻입니다. 만약 제시외 건물이나 수목 등이 표시되어 있다면 그것들은 매각 대상이 아니므로 낙찰을 받아도 소유권을 가져오지 못하며 마음대로 철거할 수도 없습니다. 또한 등기부등본을 통해 그 토지에 근저당권을 설정할 당시 이미 건물이 있었는지를 살펴보면 법정지상권 성립 가능성을 어느 정도 가늠할 수 있습니다.

▶ **공법상의 제한사항**: 토지는 그 용도지역이나 용도지구에 따라 개발이나 건축이 법적으로 제한될 수 있습니다. 해당 토지가 개발제한구역(그린벨트)이나 군사시설보호구역에 속해 있다면 건축 행위가 극히 제한되거나 아예 금지됩니다. 또 지목이 농지(전(田), 답(畓), 과수원 등)라면 농지취득자격증명이 있어야 매입 가능하고, 임야라면 산지전용허가 등이 추가로 필요합니다. 이런 공법상의 제한을 모르고 덜컥 입찰했다가는 낙찰 후 계획했던 개발이나 이용을 전혀 못 하게 되어 낭패를 볼 수 있습니다.

대응: 물건 정보를 볼 때 토지의 지목(대지, 전, 답, 임야 등)과 함께 토지이용계획 확인서를 반드시 발급받아 확인해야 합니다. 그 땅의 용도지역(주거지역, 농림지역 등)과 각종 도시계획 사항(향후 도로 개설 예정, 개발 제한 여부 등)을 알 수 있습니다. 아울러 해당 토지가 토지거래허가구역인지도 체크해야 합니다. 허가구역 내에서 일정 면적 이상 토지를 낙찰받으면 관할 지자체의 허가를 받아야 하고, 만약 허가를 받지 못하면 애써 낙찰을 받아도 소유권 취득 자체가 불가능합니다. 반드시 경매 공고문의 안내 사항과 관할

시·군·구청에 문의하여 허가 절차를 미리 숙지해 둬야 합니다.

▶ **토지 경계 및 진입로 확인**: 토지는 서류상 정보만으로 판단하기 어렵습니다. 서류에 적힌 면적과 실제 사용 면적이 다른 경우도 흔합니다.

대응: 반드시 직접 현장을 찾아가 경계와 진입로를 확인합니다. 현장에서 토지 경계점 표식(말뚝 등)이 있는지 보고, 울타리나 담장 위치를 살펴 실제 경계와 일치하는지 점검합니다. 간혹 서류상 500평인 땅이 실제로는 일부가 이웃 땅에 잠식되어 있거나 도로로 편입되어 실제 사용 면적이 줄어든 경우도 있습니다. 그리고 땅에 접근할 도로(진입로)가 확보되어 있는지도 꼭 살펴봐야 합니다. 대상 토지가 주변 다른 토지로 둘러싸여 고립되어 있지는 않은지 지형을 확인하고, 전기·상수도 같은 기반 시설 접근성도 점검합니다. 이른바 맹지(주변 공도와 접하지 못한 땅)의 경우 건축허가나 활용이 거의 불가능해 가치가 크게 떨어집니다. 차량 출입이 가능한지, 도로 폭은 충분한지도 확인하십시오. 공도(公道)가 아닌 타인 소유 토지를 통해서만 진입할 수 있는 땅이라면 통행을 위한 지역권 문제도 미리 점검해야 합니다.

▶ **기타 특이사항**: 간과하기 쉬운 위험 중 하나가 분묘(묘지) 여부입니다. 잡초가 우거진 토지라면 어딘가에 오래된 묘가 숨어 있을 수 있으니 유심히 살펴봐야 합니다. 만약 분묘가 있다면 훗날 개장(이장) 절차를 밟아야 하고, 유족이 반대하면 법적 분쟁으로 번질 수 있습니다. 주택 임차인과 달리 토지의 경우 현재 그 땅을 사용 중인 경작자나 점유자가 있을 수도 있습니다. 경매로 소유권이 변경되면 이전의 임대차나 사용대차 계약은 법적으로 소멸하므로 토지를 비워줘야 하는 게 원칙입니

다. 그러나 현실적으로 현장에서 농사를 짓고 있는 사람이 있다면 설득하여 토지를 인도받는 데 시간이 걸리고 마찰이 생길 수 있습니다. 이처럼 숨은 위험 요소까지 모두 고려하여 위험 요인이 적은 토지를 골라 입찰하는 것이 바람직합니다.

토지 경매 입찰 체크 리스트

- ☑ **토지의 지목 및 용도지역**: 대상 토지의 지목(대지, 전, 답, 임야 등)과 도시계획상의 용도지역(주거지역, 상업지역, 녹지지역 등) 정확히 확인

- ☑ **토지 위 구조물 존재 여부**: 미등기 제시외 건물, 비닐하우스, 분묘 등 확인

- ☑ **등기부상 권리관계**: 등기부에 기재된 지상권, 지역권, 가처분 등 토지 이용에 영향을 줄 수 있는 권리 면밀히 분석

- ☑ **법정지상권 성립 가능성**: 과거에 토지와 건물 소유자가 달랐던 이력이 있는지, 근저당권 설정 당시 건물 존재 여부 등을 검토하여 법정지상권 성립 여부 판단

- ☑ **진입로 유무 및 도로 접근**: 대상 토지가 맹지인지, 도로를 통한 접근권이 확보되어 있는지 확인

- ☑ **경계 현황**: 현장에서 실제 토지 경계대로 사용 중인지 살펴보고, 이웃 토지와 경계가 어긋나거나 침범된 곳은 없는지 확인

- ☑ **공법상 제한사항**: 개발제한구역, 문화재보호구역 등 해당 토지에 적용되는 개발·건축 규제와 농지취득증명 등 인허가 요건 사전 점검

- ☑ **토지거래허가구역 여부**: 해당 지역이 거래허가구역인지 확인하고, 허가 대상일 경우 낙찰 후 허가 취득 가능성 미리 검토

- ☑ **현장 점유자 존재 여부**: 무단 경작자나 기타 점유자가 있는지 현장 조사로 파악하고, 향후 명도 문제 확인

- ☑ **특약사항 확인**: 경매 매각 공고문에서 인수해야 할 사항이나 특별 조건 정확히 이해하고 입찰 여부 결정

(2) 모텔·돈사 경매
– 건물뿐 아니라 영업권까지 따져라

숙박업소인 모텔이나 돼지 사육시설인 돈사 같은 특수 부동산을 낙찰받을 때에는 각별한 주의가 필요합니다. 건물의 외관만 보고 입찰했다가는 낭패를 볼 수 있습니다. 건물 소유권과 실제 영업 허가권은 별개의 문제이기 때문입니다. 모텔과 돈사 경매 물건은 단순한 부동산이 아니라 '하나의 영업장(사업체)'입니다. 따라서 권리분석뿐만 아니라 그 영업 허가와 운영 구조까지 꼼꼼히 살펴봐야 하는 고위험 물건입니다. 초보 투자자들은 건물을 낙찰받아 손만 보면 바로 영업해서 수익을 낼 수 있다고 착각하기 쉬운데, 이는 경매 투자에서 가장 비싼 수업료를 치르게 하는 오산입니다.

건물만 낙찰된다고 영업이 따라오지 않습니다. 모텔과 돈사 모두 기존 '허가' 없이는 영업이 불가능합니다. 모텔 경매에서 낙찰자는 토지와 건물 소유권만 가집니다. 따라서 모텔 운영에 필요한 침대, 가구, TV, 에어컨, 보일러, 간판, CCTV, 기존 고객 DB 등 대부분의 영업 자산은 건물주의 것이 아니라 현재 운영자(임차인 등)의 소유입니다. 낙찰자가 별도 협의 없이 이런 영업 시설과 물품을 인수할 권한은 없습니다. 모텔은 공중위생관리법 등에 따라 숙박업 영업을 하려면 위생, 소방, 건축 기준을 충족하는 설비를 갖추고 관할 보건소에 영업신고를 해야 합니다. 중요한 점은 기존 업소의 허가(영업신고증)가 낙찰자에게 자동 승계되지 않는다는 것입니다. 허가를 승계받으려면 시설 상태가 인수 시에도 그대로 유지되고, 전 운영자로부터 필요한 비품·설비를 모두 넘겨받는 등 까다로운 조건을 충족해야 합니다. 이 조건을 충족하지 못하면 새로 허가를 받아야 하는데, 그 사이 해당 지역이 학교 보호구역 등 유해업소 제한 구역으로 지정되거나 과거 불법영업 전력이 있다면 재허가를 받지 못할 수도 있습니다.

  돈사도 마찬가지입니다. 돈사 건물만 가졌다고 당장 돼지를 키워 수익을 낼 수 있는 게 아닙니다. 돈사는 관할 지자체의 '축산업 허가(등록)'를 받아야 영업이 가능하지만, 이 허가는 건물이나 토지가 아닌 '운영 주체(사람)'에게 발급됩니다. 즉, 낙찰자는 돼지우리 건물을 손에 넣었을 뿐 자동으로 양돈업을 할 수 있는 자격증이 생긴 것은 아닙니다. 이런 사실을 모른 채 건물만 인수했다가 "왜 영업을 못 하지?" 하는 사례가 허다합니다. 신규 운영자가 축산업 등록을 다시 신청해야 하는데, 절차가 매우 까다롭고 제한도 많습니다. 환경영향평가를 통과해야 하고, 악취 저감 시설, 분뇨 처리 계획, 주변 주민 동의 여부까지 검토 대상입니다. 특히 요즘은 주변 500m 이내 주거 밀집 지역에는 새로운 축산업 허가를 내주지 않는 추세여서, 기존에 허가받아 운영되던 지역일지라도 낙찰자가 새로 허가를 못 받을 수도 있습니다.

▶ **수익을 내려면 시설 인수와 추가 투자비용까지 계산**: 모텔이든 돈사든 영업에 필수직인 설비와 인프라를 제대로 확보하지 못하면 낙찰자는 껍데기 건물만 얻는 꼴입니다. 예를 들어, 모텔의 전 운영자가 침대·TV·에어컨 등 주요 비품을 모두 가져가 버렸다면 낙찰자는 영업을 시작하기 위해 수천만 원을 들여 설비를 다시 갖춰야 합니다. 돈사의 경우에도 정화조가 고장 나 있거나 배관이 파열되어 악취가 진동하는 상태라면 낙찰자가 건물을 인수해도 환경 기준을 충족하지 못해 허가를 받을 수 없고, 영업도 못 합니다. 실제로 많은 돈사가 슬레이트 지붕(석면 함유 노후 건축자재), 낡은 분뇨 처리 시설, 무허가 증축 등 각종 법적·환경적 하자를 안고 있습니다. 심한 경우 건물을 전부 철거하고 새로 짓는 편이 나을 정도로 망가진 물건도 있습니다. 따라서 입찰 전

에 반드시 기존 운영자와 협상하여 비품 인수 가능 여부를 확인하고, 설비 상태를 점검해 예상 보수비용까지 계산에 넣어야 합니다. 이렇게 초기 시설 인수비와 보수비를 모두 합산한 총투자비용을 따져봐야 적정 입찰가를 산정할 수 있습니다.

(3) 상가 경매 입찰 전략 및 필수 점검 사항

상가(상업용 부동산) 경매에 참여할 때는 매수 목적에 따라 전략과 주의점이 크게 달라집니다. 우선 자신의 투자 목적을 분명히 정하고 그에 맞춰 접근해야 합니다.

1) 입찰 전략 수립과 현장 실사

매수 목적과 자금 계획 수립
- **매수 목적에 따른 전략**: 직접 영업할 목적이라면 희망 업종에 필요한 인테리어 비용, 인허가 문제, 예상 매출 등을 중점적으로 고려해야 합니다. 반면 임대수익이 목적이라면 해당 상가의 적정 임대료 수준, 공실 위험, 관리비 및 세금 부담 등을 따져 수익률을 계산하는 데 초점을 맞춥니다. 이처럼 목표가 다르면 투입 가능한 자금과 기대 수익도 달라지므로 얼마를 투자해서 언제까지 어떻게 회수할 것인지 구체적인 계획을 세워야 합니다. 자금 조달 계획도 사전에 철저히 마련해야 합니다. 경매에서 낙찰되면 보통 4주 이내에 잔금을 치러야 하므로 대출 실행 가능 여부와 자기자금 확보를 미리 점검해야 합니다. 무리하게 높은 가격에 입찰했다가 막상 대출 승인이 안 나거나 잔금을 제때

못 치르면 낭패를 보게 됩니다. 따라서 현실적인 입찰 상한선을 정해두고 그 이상은 욕심내지 않는 것이 좋습니다. 또한 경쟁 상황 분석도 필요합니다. 해당 지역이나 물건의 인기 정도에 따라 낙찰가율이 크게 달라집니다. 인기가 높아 경쟁이 치열할 것으로 보이면 감정가의 80~90% 이상까지 각오해야 합니다. 반대로 수요가 적은 물건이라면 최저가(예정가의 50~70%) 선을 노려볼 수도 있습니다.

▶ **실전 사례**: 초보 투자자 C 씨는 임대수익률 계산에만 몰두한 나머지 내부 수리비용을 과소평가하고 지나치게 높은 가격에 상가를 낙찰받았습니다. 결국 추가 공사비 지출로 예상 수익률이 크게 떨어져 "처음부터 입찰가를 낮췄어야 했다"라고 후회했습니다. 반면 직접 매장을 운영하려던 D 씨는 낙찰 전에 필요한 리모델링 비용과 영업허가 취득비용까지 면밀히 조사하여 낙찰 후에 발생할 추가 비용까지 포함한 총투자 대비 수익을 시뮬레이션했습니다. 이렇게 준비를 철저히 한 덕분에 낙찰 후 자금 압박이나 예기치 못한 손실 없이 바로 영업을 시작할 수 있었습니다.

영업 제한 및 업종 제한 확인

▶ **해당 건물의 입지 및 지역 지정상 영업 제한 여부**: 상가 물건을 낙찰받기 전에 그 장소에서 원하는 업종의 영업이 가능한지를 따져봐야 합니다. 먼저 대상 상가가 속한 토지의 용도지역/지구 지정과 주변 환경을 확인해야 합니다. 관할 지자체의 토지이용계획 확인서나 건축물대장을 보면 그 건물이 상업지역인지 준주거지역인지 등의 정보와 함께 해당 지역의 특별 제한사항을 알 수 있습니다. 예컨대 주변에 학교가 있다면 그 상가는 교육환경보호구역(학교정화구역)에 포함될 수 있습니다. 학

교 출입문 기준 50m 이내 절대보호구역에서는 노래방, PC방, 주점, 숙박업소 등 청소년 유해 업종의 영업이 법으로 금지됩니다. 그리고 출입문 기준 200m 이내 상대보호구역에서도 별도의 심의 없이는 이런 업종을 운영할 수 없습니다. 따라서 낙찰 후 계획한 업종이 법적으로 제한을 받지는 않을지 반드시 확인해야 합니다.

▶ **건물 내부 규약이나 분양 조건상의 업종 제한 여부**: 해당 상가 건물의 관리규약이나 분양 당시 약정된 업종 제한이 있는지 살펴봅니다. 일부 상가나 주상복합 건물은 분양 시에 '동일 건물 내 특정 업종은 하나만 허용'이라든지 'ㅇ호실은 특정 업종만 영업 가능' 같은 약정을 두기도 합니다. 이런 약정은 분양자(건물 건설사)와 최초 수분양자 사이의 계약이지만, 경매로 취득한 경우에도 특별한 사정이 없으면 그 계약상의 업종 제한 효력이 새 소유자에게 승계된다는 것이 대법원 판례입니다. 다만 경매 과정에서 이러한 제한이 명시적으로 고지되지 않았거나 낙찰자가 그 존재를 알기 어려웠다면 예외를 주장할 여지도 있지만 사전에 알았을 경우 이를 무시하기는 어렵습니다. 그러므로 경매 단계에서 분양 계약서 조항이나 건물 관리규약을 입수해서 업종 제한이 있는지 파악해야 합니다.

▶ **희망 업종의 필수 인허가 요건 충족 여부**: 영업에 필요한 인허가 사항도 점검해야 합니다. 음식점이나 제과점은 관할 보건소의 식품위생 영업 신고가 필요하고, 술을 파는 업종이면 관할 경찰서의 유흥주점/일반주류판매업 허가가 필요합니다. 숙박업은 소방시설 기준을 맞추고, 별도로 소방서와 보건당국의 검사를 받아야 합니다. 이렇듯 업종별로 요구되는 행정 절차를 미리 알아보고, 해당 상가가 그 조건(환기 설비, 방화 시설,

주차장 요건 등)을 충족할 수 있는지도 살펴봐야 합니다. 예를 들어, 식당을 할 공간에 배기 덕트 설치가 가능한지, 주류 판매가 건물 자체 규정으로 금지되어 있지는 않은지 등을 확인하는 것입니다.

권리분석과 임차인 인수 여부

상가 경매에서 가장 복잡한 부분 중 하나가 등기부 권리분석과 임차인 관계입니다. 낙찰자가 인수해야 할 임대차 보증금이나 권리가 있는지를 잘못 판단하면 큰 금전적 손해를 볼 수 있으므로 매각물건명세서와 현황조사보고서, 관련 서류를 꼼꼼히 살펴야 합니다.

▶ **전세권이나 임차권 등기 확인**: 우선 등기부등본에서 전세권이나 임차권 등기가 있는지 확인해야 합니다. 일반적으로 최초 설정된 근저당권 등이 말소기준권리가 되며, 경매 낙찰 시 그 이후에 등기된 모든 권리는 소멸됩니다. 그러나 대항력 있는 임차권 같은 말소되지 않고 인수되는 권리가 있을 수 있습니다. 상가의 경우 임차인이 건물 인도와 함께 사업자등록을 한 시점이 중요한데, 임차인이 경매 신청 채권자의 근저당권 설정 이전부터 점유하고 사업자등록을 마쳤다면 대항력이 인정되어 낙찰자가 소유권을 취득해도 그 임대차 관계를 인수하게 됩니다. 또한 임차인이 확정일자를 받아 우선변제권을 갖춘 상태라면 경매 배당에 참여해 보증금을 돌려받을 권리가 있는데, 배당요구를 하지 않았거나 배당금으로 보증금이 전부 변제되지 않은 경우 그 미지급 보증금도 낙찰자가 떠안을 수 있습니다. 또한 유치권이 비록 등기되지는 않았어도 신고가 있거나 현황조사서에 점유자로 기록되어 있으면 주의해야 합니다. 상가 건물에 공사를 한 업체가 유치권을 주장하는 경우, 낙찰자가 그 채권을 변제하거나 유치권 소멸 소송을 거쳐야 할 수도 있습니다.

▶ **실전 사례**: 매각물건명세서에 '대항력 있는 임차인, 보증금 2천만 원/월세 200만 원(배당요구 안 함)'이라고 적혀 있다면 낙찰자는 임차인의 보증금 2천만 원을 인수하게 된다는 뜻입니다. 또한 임차인이 배당요구를 해서 보증금을 경매에서 일부라도 배당받았다면, 그 금액만큼 보증금 채무는 줄어들겠지만 임차인에게는 「상가임대차법」상 최초 계약일부터 최대 10년까지 계약갱신요구권이 보장되므로 낙찰자가 당장 나가라고 할 수는 없습니다. 다시 말해, 보증금 부담은 줄어들어도 임대차 관계 자체는 일정 기간 유지될 수 있다는 뜻입니다. 이처럼 상가 경매에서는 임차인의 지위가 낙찰자에게 어떻게 승계될지 판단하는 것이 핵심입니다.

예비 서류 및 현장 확인

등기부등본 외에 건축물대장과 토지대장도 발급받아 건물의 구조, 면적, 용도, 그리고 토지 지분 관계 등을 확인해야 합니다. 무허가 증축 부분이 있는지, 대지권이 제대로 설정되어 있는지 등을 알 수 있습니다. 또한 전입세대 열람이나 상가임차인 현황서 등을 통해 서류에 드러나지 않은 임차인이 있는지도 이중으로 확인합니다. 임차인이 주민등록 전입을 하지 않고 사업자등록만 한 경우도 있으므로, 현장에서 해당 상가가 현재 누구에게 어떻게 사용되는지 반드시 살펴보는 것이 좋습니다.

▶ **실전 사례**: 한 경매 상가에 선순위 임차인이 배당요구를 해서 보증금을 모두 돌려받은 경우가 있었습니다. 낙찰자는 인수해야 할 보증금 부담은 없었지만, 「상가건물 임대차보호법」에 따라 임차인의 남은 계약 기간과 최장 10년간의 계약갱신청구권을 때문에 낙찰자는 당장 직접 영업을 하지 못하고 기존 임차인과 계약을 이어갈 수밖에 없었습니다. 이렇듯

임차인의 배당 여부와 갱신권까지 고려해야 계획이 어긋나지 않습니다.

현장 실사 및 마무리 점검

   서류 검토를 끝냈다면 현장 실사를 통해 건물 상태와 주변 여건을 최종 점검해야 합니다. 건물 내부와 외부에 누수나 균열 같은 문제가 없는지, 전기·수도 설비는 정상인지 살펴보십시오.

▶ **주변 상권·유동인구**: 주변 상권의 유동인구나 경쟁 업종 현황도 직접 보면 파악할 수 있습니다. 인근 유동인구의 규모(주변 거주민, 직장인 등), 주중과 주말의 통행량, 인근 경쟁 점포 현황 등을 조사합니다. 주변에 지하철역이나 버스정류장, 공원, 대학, 오피스 빌딩 등이 있으면 입지에 플러스 요인이 됩니다. 반대로 폐업한 상가가 많다면 수요가 적다는 신호일 수 있습니다. 인근 공인중개사 2~3곳을 방문해 해당 상가의 적정 임대료와 공실 상황, 상권 전망에 대한 현지 의견을 들어보는 것도 큰 도움이 됩니다.

▶ **안전 및 규제 사항**: 주변 개발계획(재개발 예정, 도로 신설 계획 등)이나 소음 유발 시설(고속도로, 철도 등) 존재 여부, 그리고 보행자 통행로 현황 등을 직접 확인합니다. 필요하다면 토지이용계획 확인서를 통해 그 지역의 건폐율·용적률, 높이 제한 등 법적 규제도 재점검합니다.

▶ **실전 사례**: 투자자 E 씨는 기존 아파트 단지 내 상가를 매입하기 전 현장에 가서 확인한 결과 상가 앞 도로가 초등학생들의 통학로로 이용되고 있음을 알게 되었습니다. 이로 인해 추후 영업시간 등에 제약이 생길 수 있음을 미리 파악하고 대비책을 세울 수 있었습니다. 또 다른 투

자자 F 씨는 현장 실사 중 인근에 대형 복합개발계획이 추진 중이라는 정보를 입수했습니다. 그는 이 개발로 향후 유동인구 증가와 상권 활성화를 기대해, 당초 예정했던 입찰가를 상향 조정하여 낙찰을 노렸습니다. 이처럼 발품을 팔아 얻은 정보가 투자 판단과 전략 수정에 직접적인 도움이 된 사례가 많습니다.

경매 상가 매입 실사 요령 체크 리스트

- ☑ **건물 상태 및 주변 환경 점검**: 동네 분위기, 출입구 접근성, 소음과 악취 여부, 주변 상권, 유동 인구 등
- ☑ **건물 구조·노후도**: 건축물대장에 적힌 구조(철근콘크리트, 벽돌조 등), 층수, 건축 연도, 외벽 균열, 누수나 결로 흔적, 공용시설(주차장·엘리베이터·화장실 등) 상태, 불법 증축이나 개조 여부 등
- ☑ **내부 설비 및 수리 필요성**: 건물의 전기 용량, 냉난방(HVAC) 설비, 소방 시설, 수도 배관, 내부 인테리어 마감(바닥재, 벽면, 천장 등)의 마모 정도 등
- ☑ **층·향·채광 선호도 고려**
- ☑ **주변 상권·유동 인구**: 인근 유동 인구의 규모(주변 거주민, 직장인 등), 주중과 주말의 통행량, 인근 경쟁 점포 현황, 입지 플러스 요인(지하철역, 버스정류장, 공원, 대학, 오피스 빌딩)과 마이너스 요인(폐업 상가) 등
- ☑ **안전 및 규제 사항**: 주변 개발계획(재개발 예정, 도로 신설 계획 등), 소음 유발 시설(고속도로, 철도 등) 존재 여부, 보행자 통행로 현황, 법적 규제(건폐율·용적률, 높이 제한 등)

2) 세금 리스크 점검

경매로 상가를 매수하려는 투자자는 매입부터 매각까지 발생할 세금 변수를 확인해야 합니다. 특히 세무 리스크를 간과하지 말아야 하며, 주요 세금 이슈와 절차를 미리 검토하는 것이 중요합니다.

▶ **양도소득세 중과 및 세금 검토**: 경매로 상가를 낙찰받은 후 보유하거나

되팔 때는 각종 세금을 미리 계산하여 수익성을 따져봐야 합니다. 특히, 비교적 단기간에 매도할 경우 양도소득세가 중과될 수 있습니다. 보유 기간 동안 임대소득 신고 시 감가상각을 적용했었다면 그 누적액만큼 취득가액이 줄어들어 양도차익이 커지므로 세액이 증가합니다. 따라서 장부상 감가상각을 많이 한 부동산은 매매차익이 없더라도 양도세가 부과될 수 있으므로 매도 전에 이 점을 미리 고려해야 합니다. 양도세 계산의 핵심 포인트는 보유 기간과 필요경비 인정 범위 두 가지입니다. 양도세 과세표준(과표)은 아래 공식으로 산출합니다.

> 과세표준 = 양도소득금액 - 기본공제
> * 양도소득금액 = 양도차익 - 장기보유특별공제
> ** 양도차익 = 양도가액 - 취득가액 - 필요경비

즉, 양도차익은 양도가액(최종 매도가액)에서 취득가액(매입 가격)과 그 밖의 필요경비를 뺀 금액입니다. 경매로 취득한 경우 낙찰 받은 금액(낙찰가)에 더해 취득세, 중개수수료, 등기비용 등 매입 과정에서 든 비용들은 모두 취득가액에 합산해 인정받을 수 있습니다. 따라서 낙찰 직후부터 발생하는 모든 비용 영수증을 모아두고, 양도 시 필요경비로 인정되는 항목을 미리 확인하여 대비해야 합니다.

▶ **필요경비로 인정되는 비용**: 자산 가치를 높이는 자본적 지출 성격의 비용들은 양도세 계산 시 필요경비로 공제받을 수 있습니다. 예를 들어, 리모델링 공사비용, 설비 개선비용(보일러 교체, 엘리베이터 설치 등)은 건물 가치 상승에 기여하는 지출이므로 필요경비로 인정됩니다. 이 밖에 법무비용(소유권이전을 위한 법무사 수수료 등), 취득 관련 세금(취득세, 인지세 등)과 같은

매입 부대비용도 포함됩니다. 경매로 낙찰한 부동산에 점유자를 명도하기 위해 법적 조치를 하며 지출한 비용(인도명령 신청비용, 명도소송 비용 등) 역시 법적 의무 범위 내에서 지급된 것이라면 취득을 위한 필수 경비로 인정될 수 있습니다. 단, 이러한 비용을 공제받기 위해서는 세금계산서, 영수증, 이체 내역 등 객관적 증빙자료를 반드시 구비해야 합니다. 증빙이 확실해야만 실제 필요경비로 인정되므로 낙찰 후 진행하는 모든 지출의 근거를 철저히 챙겨두어야 합니다.

▶ **필요경비로 인정되지 않는 비용**: 이전 소유자가 연체한 관리비나 공과금을 납부한 비용은 필요경비로 인정되지 않습니다. 법적 의무 없이 임차인에게 지급한 이사비나 권리금도 공제 대상이 아닙니다. 또한 원만한 명도를 위해 임차인에게 별도로 지급한 금품도 마찬가지입니다. 이밖에 부동산 매입자금 대출 이자와 같은 금융비용도 필요경비에 포함되지 않습니다. 이러한 항목들은 세법상 본인이 져야 할 의무 이외에 제3자의 비용을 대신 부담한 것으로 간주되기 때문입니다. 요컨대 관리비 연체분, 임의로 준 이사비, 대출 이자 등은 양도차익 계산 시 공제받을 수 없으니 유념해야 합니다.

▶ **보유기간에 따른 양도세율**: 부동산을 얼마나 오래 보유했는지에 따라 매각 시 적용되는 양도소득세율이 크게 달라집니다. 상가 같은 비주택 부동산은 다주택자 중과세 대상은 아니지만 단기 보유에 대한 일반 중과세율이 적용됩니다. 현행 기준으로 1년 미만 보유 시 양도차익의 50% 단일세율(지방소득세 포함 시 55%)이, 1년 이상 2년 미만 보유 시에는 40% 단일세율(지방소득세 포함 시 44%)이 적용됩니다. 2년 이상 보유하면 양

도소득에 대해 기본 누진세율(6~45%)이 부과됩니다.

▶ **장기보유특별공제**: 부동산을 오래 보유하면 장기보유특별공제를 통해 양도차익의 일부를 공제받을 수 있습니다. 주택의 경우 1세대 1주택은 거주 요건까지 충족해야 최대 혜택을 받지만 상가는 거주 요건 없이 순수 보유 기간만으로 공제가 가능합니다. 현행 제도에서는 3년 이상 보유한 부동산부터 공제율이 적용되며, 보유 기간 1년당 2%씩 공제율이 올라갑니다. 15년 이상 보유 시 양도차익의 최대 30%까지 공제됩니다. 오래 보유하기만 하면 보유 연수에 비례해 공제율이 커지므로 양도차익에 따른 세금 부담을 줄일 수 있습니다.

세무 사항들을 고려하여 절세 전략을 세워두면 단기 양도로 인한 고율 과세를 피하고, 장기 보유 시 최대 30%로 공제 혜택을 누릴 수 있습니다. 또한 상가 매매계약서 작성 시 부가가치세(VAT)를 명확히 처리하는 것도 매우 중요합니다. 상가 거래는 부가세 과세 대상이므로 건물 가격과 부가가치세액을 계약서에 구분하여 기재하고, 매도인과 매수인 중 누가 부가세를 부담할지 특약으로 명시해야 합니다. 만약 계약서에 부가세 별도 표시를 하지 않으면 국세청은 해당 거래가격에 부가세가 포함된 것으로 간주합니다. 이렇게 되면 매도인은 세금계산서 발행 여부와 관계없이 건물 부분에 대한 10% 부가세를 납부해야 합니다. 양도소득세를 계산할 때도 매매가액에 부가세가 포함된 금액이 과세 대상으로 잡혀 불리해질 수 있습니다. 따라서 계약 단계부터 부가세 처리를 투명하게 해두어야 예상치 못한 세금 부담을 막을 수 있습니다.

---

[i] 참고로 상가는 비주택 자산이므로 주택처럼 다주택자라고 해서 10~20%p의 추가 중과세율이 붙지는 않습니다. 주택을 여러 채 보유한 경우라도 상가 매각 시에는 위의 일반 세율만 적용됩니다.

[ii] 상가는 거주 요건이 전혀 없고 보유 기간만으로 공제가 가능하므로 주택보다 조건이 간단합니다.

그 밖에도 임대소득세와 부가가치세 신고 의무도 미리 점검해야 합니다. 상가를 취득 후 임대할 계획이라면 반드시 사업자등록을 하고 임대사업을 개시해야 추후 매입 시 납부한 부가세를 환급받을 수 있습니다. 상가 임대수입은 종합소득세 과세 대상이며, 일반과세자로 사업자등록을 하면 분기 또는 반기마다 부가세 신고·납부 의무가 생깁니다.

경매 상가 매입 시 세금 리스크 체크 리스트

☑ **취득세 신고 및 납부**: 낙찰일로부터 60일 이내 신고·납부(농어촌특별세, 지방교육세 등 포함)

☑ **소유권 이전 등기**: 잔금 지급 후 소유권 이전 등기 절차 진행, 권리 말소 등기 시 등록면허세를 납부하고 법무사 수수료 등이 발생(등기 비용 모두 필요경비로 인정 가능, 영수증 보관 필수)

☑ **명도소송 또는 합의 시**: 법률상 의무 이행으로 발생한 비용은 양도세 계산 시 필요경비로 공제 가능하나 임의로 지급한 이사비 등은 공제 불가임.

☑ **리모델링·시설 개선**: 내부 공사나 인테리어, 보일러 같은 설비 교체, 엘리베이터 설치 등 자본적 지출은 필요경비로 인정받을 수 있음(세금계산서, 계약서 등 보관 필수)

☑ **임대 운영**(보유 중): 임대사업자 등록을 하고 상가 임대 시 임대료 수입에 대한 종합소득세 매년 신고·납부, 일반과세자의 경우 분기별 부가가치세 신고 필요

☑ **매각 시기 결정**: 보유 1년 미만이면 양도차익의 약 55% 세율(단기 양도 중과), 12년 미만이면 44% 세율, 2년 이상 보유하면 6~45%의 기본 누진세율 적용

☑ **양도소득세 계산**: 과세표준 = 양도소득금액 − 기본공제
* 양도소득금액 = 양도차익 − 장기보유특별공제
** 양도차익 = 양도가액 − 취득가액 − 필요경비

☑ **장기보유특별공제 적용**: 3년 이상 보유 시 연 2%씩, 15년 보유 시 최대 30%까지 공제

☑ **세금 정산 및 수익률 실현**: 매각 후 양도소득세 신고·납부를 하고, 부동산 중개보수 등 매각 관련 비용도 정산, **순이익**(매각가 − 총투자비용) 산출하여 예상 수익률과 비교, 취득부터 매각까지 발생한 모든 세금 비용(취득세, 재산세, 부가세, 양도세 등)을 반영해 **실질 수익률** 평가

---

1   연간 임대료 4800만 원 이상인 임대사업자는 일반과세자로 10% 부가세 부과·징수 대상이고, 4800만 원 미만이면 간이과세자(약 4%)로 신고할 수 있습니다. 일반과세자는 부가세를 세입자로부터 받고 납부하는 대신 매입세액 공제를 통해 환급받을 수 있지만, 간이과세자는 부가세 부담이 적은 대신 매입세액 공제 혜택도 제한적입니다.

4. 층별 주차장 낙찰 후 활용 전략

이제 시선을 부동산 경매의 또 다른 분야로 돌려보겠습니다. 층형 구조의 주차전용 건축물(주차타워 등)을 경매나 공매로 낙찰을 받은 경우 다양한 수익 창출 방안이 존재합니다. 「주차장법」 규정 내에서 창의적인 활용을 모색하면 기존 수익을 극대화하거나 새로운 사업 기회를 만들 수 있습니다. 이 장에서는 층별 주차장 활용 아이디어와 그에 따른 인허가 사항, 수익성, 관리 이슈 등을 분석합니다. 아울러 실제 성공 및 실패 사례를 통해 얻을 수 있는 교훈도 짚어보겠습니다.

(1) 층별 주차장 실전 활용 가이드

자동차 정비소(AS센터)

주차 공간 일부를 자동차 경정비 또는 AS센터로 활용하는 방안도 있습니다. 간단한 엔진오일 교환이나 타이어 교체부터 전문 정비나 튜닝숍, 세차 디테일링숍까지 다양한 형태를 고려할 수 있습니다. 관련 법상 주차전용건축물이라도 전체 연면적의 30% 미만까지는 자동차 관련 시설 또는 근린생활시설 등의 용도로 활용이 가능하므로 건물 일부 면적을 정비소나 카센터로 꾸미는 것이 원칙적으로 허용됩니다. 단, 정비업으로 영업하려면 법적 등록 요건을 충족해야 합니다.

자동차정비업은 업종 형태에 따라 필요한 시설과 면적 기준이 정해져 있어 넓은 작업장을 확보해야 합니다. 또한 리프트 설치, 각종 공구와 장비 구비, 정비 기술자(자동차정비기능사 등 자격증 소지자) 고용 등 인력 요건도 충족해야 정비업 등록이 가능합니다. 이러한 조건을 갖춘 후 관할 시·군·구청에 정비업 등록을 하면 합법적으로 영업을 할 수 있습니다. 실제 사례를 보면 일부 주차 빌딩은 1층이나 지하에 카센터를 입주시켜 임대료 수익을 다각화하기도 합니다.

다만 정비 시설을 들일 때는 소음과 환경 문제에 유의해야 합니다. 공구 사용 시 발생하는 소음, 차량 정비 중 나오는 폐유·폐액, 도장(페인트) 작업 시 냄새와 분진 등이 주변에 피해를 줄 수 있어, 주거지역 인근 건물이라면 민원이 일어날 소지가 큽니다. 또한 주차장 건물 구조상 환기가 충분하지 않을 수 있으므로 별도의 환기 설비와 방재 시설을 갖춰야 합니다. 법적으로도 정비업체는 폐유·폐액을 적법하게 처리해야 하고, 인화성 물질 취급으로 인한 소방 안전 설비를 추가로 구비해야 합니다. 이런 까다로운 요건을 충족할 수 있다면 정비업소 입점을 통한 임대수익을 기대할 수 있지만 초기 투자와 운영 전문성이 요구되는 만큼 전문 업체에 임대하는 방식이 현실적일 것입니다.

▶ **인허가 요건과 규제**: 주차장 내 정비업소를 들일 경우 자동차관리법에

따른 정비업 등록 절차를 반드시 거쳐야 합니다. 먼저 시설 기준으로 작업장 · 검사장 · 사무실 등을 포함한 면적이 일정 기준 이상이어야 하고(전문정비업(단일 정비 분야) 50㎡, 종합정비업(모든 정비 서비스) 1,000㎡ 등), 필요한 장비(리프트, 공기압축기, 공구 일체 등)를 모두 갖춰야 합니다. 또한 정비 자격증을 보유한 정비 기술자 및 보조 인력을 채용해야 합니다. 이런 요건을 모두 갖추고 관할 지자체에 정비업 등록을 신청해야 합법적으로 영업이 가능하며, 등록 후에도 정기적으로 감독을 받습니다. 주차장 건물 일부를 정비소로 사용하려면 건축법에 따른 용도 변경 절차가 필요합니다. 다행히 주차전용건물은 연면적의 30% 미만 내에서 자동차 관련 시설이 허용되므로 비교적 수월하게 변경할 수 있습니다. 그래도 사전에 관할 건축부서와 협의해 두는 것이 안전합니다.

정비소 운영 중 지켜야 할 환경 · 소음 관련 규제로는 「대기환경보전법」 및 「소음 · 진동관리법」 등이 있습니다. 도장(페인트) 작업을 한다면 휘발성유기화합물(VOCs) 배출 시설로 신고하고 대기오염 방지시설을 설치해야 하며, 도장 부스 내부에 국한되더라도 주변으로 페인트 냄새나 분진이 나가지 않도록 밀폐 및 여과 설비를 갖춰야 합니다. 소음 또한 공장소음 허용기준 이내로 관리해야 하므로, 정비 작업장에 방음문이나 방음커튼을 설치하고 충격음이 나는 작업은 주간에만 하는 등의 대책을 필요로 합니다. 또한 폐유 · 폐액은 위탁 처리 업체와 계약하여 정기적으로 수거해야 하며, 바닥에 흘린 오일은 즉시 흡착포 등으로 정리하여 토양이나 수질오염이 발생하지 않도록 합니다. 폐기물관리법상 사업장 폐기물 배출자로서 지켜야 할 준수사항을 이행하는 것은 기본입니다. 소방 안전 측면에서도 정비소는 인화성 물질(유류, 도료 등)을 다루므로 소화기 추가 비치, 배기닥트 온도 관리 등 화재 예방 설비를 강화해야 합니다. 마지막으로 정비업 특성상 불특정 다수가 차를 맡기러 출입하므로 주차장 건물의 기존 동선과 겹치지 않도록 안전표지와 신호 체계를 마련하고, 작업 구역과 통행 구역을 명확히 구분해야 합니다. 전반적으로 정비 시설 도입은 높은 규제의 문턱을 하나씩 해결해야 하며, 안전·환경 기준을 엄격히 준수하는 것이 전제되어야 함을 기억해야 합니다.

▶ **직접 운영 시 필요한 인력과 초기 비용**: 투자자가 직접 정비 사업에 뛰어든다면 이는 완전히 별개의 영역입니다. 자동차 정비 기술자를 채용해야 하고, 본인이 정비 전문가가 아니라면 운영이 쉽지 않습니다. 규모에 따라 최소 2~3명에서 많게는 10명 이상의 직원이 필요합니다. 예를 들어, 리프트 2기짜리 경정비점이라면, 메인 정비사 한 명, 보조 정비사 한 명, 프론트(고객 응대) 한 명 정도로 시작할 수 있고, 사업이 확장되면 인력을 늘려야 합니다. 인건비는 숙련도에 따라 정비사 월 250~400만 원, 보조 정비사 200만 원대 등으로 적지 않은 비용이 들어갑니다. 초기 투자비는 설비 면에서 앞서 언급했듯 수천만 원~1억 원 이상이며, 추가로 공구 세트, 진단기 등 장비와 초기 부품 재고 확보에도 돈이 들어갑니다. 또한 사업자 공제조합 가입, 공장 인테리어 공사, 유류 저장 탱크 설치 등 부수적인 비용도 발생합니다. 이렇듯 직접 운영 방식은 투자비도 크고 리스크도 높아 쉽게 선택할 수 있는 길은 아닙니다. 현실적인 대안으로 전문 정비 프랜차이즈와 제휴하여 운영하는 방법도 고려할 수 있습니다. 예를 들어, 세차장 내 일부 공간을 프랜차이즈 경정비 코너에 임대하고, 공간 임대료와 매출의 일부를 수익으로 받습니다. 이 경우, 투자자는 공간만 제공하고 인력과 장비는 프랜차이즈 본사가 투입하므로, 투자자가 직접 운영할 때의 리스크는 줄이면서 수익은 높일 수 있습니다.

▶ **수익성 분석(운영/임대)**: 정비소를 직접 운영하는 경우와 임대하는 경우로 나누어 볼 수 있습니다. 직접 운영 시 이는 부동산 임대업을 넘어 별도의 사업을 영위하는 것이 됩니다. 수익은 정비 매출(공임+부품 판매 등)에서 인건비와 부품 원가 등을 뺀 이익으로 발생하며, 이는 전적으로 업주의 역량에 달려 있습니다. 소형 카센터 하나를 운영해서 월 순이익 수백만 원을 버는 경우도 있지만 임대료와 인건비 등을 제하면 초기 몇 년간은 투자 회수에 집중해야 할 수도 있습니다. 예컨대 리프트 2기 규모의 경정비점을 직접 차린다면 설비와 공사 등에 약 1~2억 원, 공구류와 부품 재고 구비에 추가 비용이 들어갑니다. 월매출 2천만 원에 순익 500만 원을 낸다고 가정하면 연 6천만 원, 투자금 2억 원을 회수하는 데 3년 이상이 걸립니다. 정비업은 전문성 및 고객 확보가 필수적이므로 주차장 투자자가 직접 운영하기보다는 전문 업체에 임대하는 편이 일반적입니다.

임대 방식의 경우, 임차인은 업종 노하우를 살려 영업하고 건물주는 월세를 받습니다. 주변 상권의 공장/상가 임대료 시세를 참고하여 임대료를 책정합니다. 도심 상권에 위치한 주차 빌딩 1층이라면 노출도가 좋아 임대료를 높게 매길 수 있지만(평당 월 5만 원 이상 등), 외곽 지하층이라면 입지 조건이 불리해 임대료를 낮춰야 할 수도 있습니다. 임차인은 대개 수천만 원대 시설 투자(리프트, 공구 등)를 해야 하기 때문에 임대인으로서 요구할 수 있는 임대료 수준에도 한계가 있습니다. 공실 위험도 고려해야 하므로 초기에는 다소 낮게 임대료를 책정하고 향후 인상 조건(2년마다 일정 비율 인상 등)을 거는 전략도 가능합니다. 정비소 임대의 수익률을 단순 계산하면, 100평(약 330㎡) 공간에 월세 300만 원을 받으면 연간 3600만 원의 수입을 얻게 됩니다. 해당 면적의 자산 가치를 5억 원으로 보면 수익률은 연 7.2%입니다. 부동산 임대치고는 나쁘지 않은 수준이지만, 앞서 언급한 세차장을 직접 운영할 때의 수익률과 비교하면 낮은 편입니다. 따라서 정비 시설 임대는 안정성은 높으나 수익률은 평범한 수준이라고 할 수 있습니다.

정리하면 직접 운영은 투자금 대비 높은 현금 흐름을 창출할 수 있지만 경영 리스크와 노력이 요구됩니다. 반면에, 임대 운영은 수동적으로 소득을 얻는 형태로 수익률은 낮지만 안정적입니다. 투자자 성향과 전문성에 따라 방식을 택해야 하며, 일부 공간은 직접 운영하고 일부는 임대하는 혼합 전략도 생각해 볼 수 있습니다. 예를 들어 한 층의 일부는 셀프세차기를 직접 운영하고 나머지 일부는 월 정기주차 임대로 고정 수입을 확보하는 식으로 분산 수익 구조를 갖추는 것입니다. 그리고 보수적으로 수익을 예측하는 것도 중요합니다. 과도한 기대는 실패로 이어질 수 있습니다. 실제 한 투자자가 20평 남짓한 주차장을 운영하며 월 240만 원 수익을 기대했지만, 주변 경쟁과 수요 부족으로 실제 수익은 150만 원에 그쳤고, 유지관리비는 예상보다 늘어나 결국 임대를 포기한 사례가 있습니다. 이런 사례에서 볼 수 있듯, 수익률 민감도 분석을 철저히 하고 최악의 시나리오에도 손실을 감당할 수 있는 계획을 세워야 합니다.

(2) 관리비와 유지 보수비용

주차장이나 그 변형 사업을 운영할 때는 관리비용이 상당히 들 수 있으며, 이는 수익성을 좌우하는 중요한 요소입니다. 주요 비용 항목으로는 전기료, 설비 유지보수비, 청소·경비 인건비, 보험료 및 세금 등이 있습니다. 층별 주차장을 임대가 아닌 직접 운영할 경우 수익을 극대화할 수 있지만 그만큼 요구되는 인력과 초기 투자비용은 증가합니다. 반면에 단순 임대할 경우 이런 관리비 부담을 임차인에게 전가할 수 있습니다. 아래는 관리비 및 유지보수 비용 내역과 절감 포인트입니다.

▶ **무인 주차장 운영 인력**: 일반 유료 주차장의 경우 최근 완전 무인화가 대세입니다. 차량 출입구에 자동 차단기와 번호판 인식기, 무인 결제 키오스크를 설치하고 CCTV로 감시하면 상주 인력 없이도 운영이 가능합니다. 다만 완전 무인이라도 고객 응대(문의 전화 등)를 위해 원격 모니터링 인력은 필요합니다. 기계 고장 시 출동할 기술 인력과 주기적으로 시설물을 점검할 인력도 확보해야 합니다. 규모가 작다면 이러한 업무를 외부 전문 업체 서비스에 맡길 수도 있습니다. 주차 시스템 업체와 계약하면 24시간 콜센터 대응 및 필요시 출동 서비스까지 제공받을 수 있습니다. 의왕시의 한 주차타워를 임차 운영한 김 모 씨는 차량 수백 대가 드나드는 규모임에도 무인 시스템으로 상주 인력 없이도 관리할 수 있었습니다. 대신 초기에 무인정산 장비 설치비(렌탈비 포함 월 100만 원)와 건물 관리비(월 200만 원)를 부담하며, 본인이 수시로 현장 점검하는 수준으로 관리했습니다. 이처럼 인력은 최소화하되, IT 기술과 외주 서비스를 활용해 운영 효율을 높이는 것이 현대식 주차장의 특징입니다. 규모가 아주 크거나 고객 서비스가 중요한 경우가 아니라면 직원을 상주시킬 필요가 없으며, CCTV 모니터링과 보안업체 출동 서비스 등으로 충분히 대체할 수 있습니다.

▶ **전기요금**: 일반 주차시설은 24시간 조명, 환풍기, 엘리베이터 등이 작동되기 때문에 전력 소모가 큽니다. 면적과 조명 방식에 따라 다르지만, 대략 100㎡당 월 수만 원의 전기료가 나올 수 있습니다. 특히 심야

에는 조명의 일부를 소등하거나 기존 등을 LED 고효율 조명으로 교체하면 비용을 절감할 수 있습니다. 무인 정산기를 운영한다면 통신 장비와 차단기 모터 등이 전력을 쓰지만 큰 비중은 아닙니다. 대신 전기차 충전기를 설치한 경우 계약전력 증설로 기본요금이 상승할 수 있으므로 요금 구조를 잘 계산해야 합니다. 충전 전력 사용분은 이용자가 부담하지만, 급속 충전기 설치로 피크 전력량이 늘면 운영자가 전기 기본료를 더 내야 하는 함정이 있습니다. 참고로 한 민간 주차타워 운영 사례에서는 지자체 방침으로 전기차 충전기를 의무적으로 설치하느라 수천만 원의 설치비를 들였지만, 렌탈 방식으로 구축해 초기 부담을 줄였다고 합니다. 이처럼 정부 보조금이나 렌탈 서비스 등을 활용해 설비비와 전기료 부담을 최소화하는 것이 관건입니다.

▶ **설비 유지보수비**: 주차장에는 차단기, 번호인식 카메라, 무인정산 키오스크, CCTV, 엘리베이터, 환풍기 등 여러 설비가 있습니다. 이러한 장비들은 주기적인 점검과 소모품 교체, 고장 수리에 비용이 듭니다. 무인 주차 시스템의 경우 렌탈 서비스를 이용하면 월 사용료에 유지보수비가 포함되는 경우가 많습니다(예: 무인 정산기 렌탈비 월 100만 원). 직접 장비를 구입했다면 AS 계약을 별도로 맺어두고, 연 12회 정기 점검 비용을 지출해야 합니다. 엘리베이터나 소방시설 등 법정 검사 대상 설비는 주기적으로 검사를 받아야 하고, 필요시 보수 공사를 해야 하는데 이 비용도 만만치 않을 수 있습니다. 예산 측면에서 보면, 건물 전체 관리비 중 설비 유지 및 수선충당금 등의 항목으로 매월 수십 수백만 원 단위가 지출됩니다. 앞서 언급한 의왕시 주차타워 사례에서 김 모 씨는 건물 관리비로 매월 200만 원을 부담했다고 하는데, 여기에는 청소, 경비, 공용전기료, 장비 유지비 등이 포함된 것으로 보입니다. 규모가

작다면 개별 계약보다 외부 관리업체에 일괄 위탁하는 편이 비용 대비 효율이 나을 수도 있습니다.

▶ **청소 및 경비 인건비**: 차량 통행이 잦은 주차장일수록 청소 작업이 중요합니다. 매연과 먼지, 쓰레기가 쌓이기 때문에 매일 청소해야 합니다. 넓은 층을 한 사람이 관리하기 어렵다면 청소 용역 인력을 주 몇 회 고용할 수 있습니다. 셀프세차장의 경우 물때와 오염이 심하므로 전담 청소 인력(보통 오전 중 1회 청소)을 두거나 운영자가 직접 관리합니다. 인건비는 고용 형태에 따라 크게 달라집니다. 하루 2~3시간 간단한 청소만 하는 경우 월 수십만 원으로 충분하지만, 상주 관리인을 둘 경우 월 200~300만 원 이상의 비용이 발생합니다. 최근에는 무인화 추세로 이런 상주 인력 비용을 절감하는 경향이 뚜렷합니다. 예컨대 광주의 한 음식점 주차장 운영자는 주차 요원 2명의 인건비로 월 500만 원 이상을 지출했지만 무인 주차 시스템 도입 후 인건비를 없애고도 오히려 월 300만 원의 추가 수익을 올렸다고 합니다. 이처럼 자동화 기술 도입으로 경비·관리 인력을 최소화하는 것이 비용 절감의 핵심 전략입니다. 다만 완전 무인 운영 시 기계 고장이나 고객 불편에 실시간 대응하기 어려울 수 있습니다. 따라서 원격 모니터링 및 출동 체계를 마련해야 합니다. 예를 들어 24시간 콜센터와 연계해 문제가 생기면 즉시 담당자가 출동하거나 원격으로 조치하는 서비스가 필요한데, 이러한 서비스는 주차 솔루션 업체가 월정 요금 형태로 제공하기도 합니다.

▶ **보험료 및 세금**: 주차장 운영자는 각종 사고와 위험에 대비해 보험에 가입하는 것이 좋습니다. 영업배상책임보험에 가입해 두면 주차 중 차량 파손, 도난, 화재 등 사고 발생 시 일정 부분 보상을 받을 수 있습니

다. 보험료는 보장한도에 따라 연 수십만 원 수준으로 큰 부담 없이 안심할 수 있습니다. 이 외에 부동산 보유에 따른 재산세(토지+건물)와 종합부동산세(해당 시) 등을 매년 납부해야 합니다. 임대차 형태라면 보통 관리비 항목으로 임차인이 공용 전기료, 청소비, 승강기 유지비 등을 부담하도록 계약 조건을 정하지만, 직접 운영 시에는 이러한 관리비가 고스란히 운영비용에 포함됩니다. 이런 비용을 간과하면 실제 수익률이 계획보다 크게 떨어질 수 있으므로, 매출의 일정 비율(경험상 20~30%)을 유지관리비로 산정하는 것이 좋습니다.

▶ **장기 수선비(시설 노후 대비)**: 장기적으로 건물의 대규모 수선비용도 고려해야 합니다. 주차장 바닥은 차량 하중과 마찰로 마모되기 때문에 5~10년 주기로 도장(에폭시 코팅) 보수가 필요하고, 옥상이나 노출 부위에 누수가 생기면 방수 공사를 해야 합니다. 램프나 기둥에 구조적 균열이 발생하면 보강 공사를 해야 하는데, 이런 큰 공사비는 한 번에 수천만에서 1억 원 이상 들어갈 수도 있습니다. 따라서 매월 수익에서 일부를 수선충당금으로 적립해 두는 것이 바람직합니다. 임대의 경우 건물의 주요 구조부 수리는 임대인 책임인 경우가 많으므로 장기 계약 시 수선 의무 범위를 계약서에 정해두어야 나중에 분쟁을 피할 수 있습니다.

직접 운영 시 필요 인력은 최소화하고, 초기 투자는 사업 규모에 맞춰 충분히 투입해야 합니다. 투자자는 자신의 시간과 노력을 투입할 각오가 되어 있는지 따져보고 직접 운영 여부를 결정해야 합니다. 실제 주차장 투자 사례들을 보면 대부분 투자자는 건물이나 땅을 임대하거나 운영권을 따내 임차인에게 재임대하는 형태로 수익을 냅니다. 위험을 낮추고 안정적 현금 흐름을 취하려는 것입니다. 관리비와 유지보수 비용은 운영 형태에 따라 천차만별입니다. 무인 운영 도입 여부, 건물 규모, 설비 수준에 따라 월 몇십만 원에서 몇백만 원까지 차이가 큽니다. 들어가는 비용을 줄이는 것도 수익을 높이는 방법인 만큼, 자동화와 에너지 절약 설비, 효율적 관리 체계를 구축하여 비용을 최적화해야 할 것입니다.

(3) 임대차계약 시 협상 전략 및 유의사항

층별 주차장을 임대할 경우 임대인(소유자)과 임차인 간 명확한 조건 합의와 꼼꼼한 계약서 작성이 필수입니다. 특히 용도가 일반적이지 않은 경우(세차장, 정비소 등) 계약 조건을 두고 분쟁의 소지가 있으므로 다음과 같은 사항들에 유의해야 합니다.

▶ **용도 및 업종 제한 명시**: 임대차계약서에 허용 용도를 분명히 기재해야 합니다. '임차인은 임차 목적물을 셀프세차장 용도로만 사용한다' 또는 '자동차 관련 업종 외 사용 금지' 등으로 명시합니다. 이는 임차인이 추후 임의로 다른 업종으로 변경하여 운영하거나 불법용도 변경을 하는 것을 막기 위함입니다. 만약 임차인이 무단으로 용도를 바꾸다 적발되면 건물주도 행정처분 대상이 될 수 있으므로 이를 계약 위반 및 해지 사유로 명시해 두어야 합니다.

▶ **인허가 취득 책임**: 특수 업종일수록 관련 행정 인허가를 누가 받을지 정해야 합니다. 원칙적으로는 임차인 부담입니다. 예컨대 세차장 영업 신고, 정비업 등록, 환경 인허가(대기오염 배출시설 신고 등)를 임차인이 자기 책임과 비용으로 취득하도록 합니다. 그리고 해당 인허가증 사본을 임

대인에게 제출하게 함으로써 임대인은 임차인이 합법적으로 운영하는지 확인할 수 있습니다. 만약 임차인이 필요한 허가 없이 영업하다 문제가 될 경우 임대인이 사전에 시정 요구 및 계약 해지를 할 수 있도록 조항을 넣어두는 것이 좋습니다.

▶ **시설 투자 및 원상복구 조항**: 세차기나 리프트 등 고정 설비를 설치해야 하는 경우, 시설 투자 주체와 추후 처리 방안을 정해야 합니다. 일반적으로 임차인이 자체 비용으로 설비를 설치하고 계약 종료 시 철거 및 원상복구 하도록 합니다. 이때 원상복구 범위를 구체적으로 협의해야 분쟁이 없습니다. 만약 임대인이 설비를 인수받길 원한다면 현 상태 그대로 두고 철거 의무를 면제해 줄 수도 있고, 반대로 임차인이 철거를 안 하고 두고 갈 경우 임대인 소유로 귀속시키는 조항을 넣기도 합니다. 중요한 점은 임차인이 무거운 설비를 설치하면서 건물 구조에 손상을 주거나 전기 · 배관 등을 개조할 수 있으므로, 사전에 임대인의 서면 동의를 받도록 하고 시공 방식을 투명하게 공유하도록 해야 합니다. 또한 임대인은 '임차인이 설치한 설비에 대한 비용 청구 권리를 포기한다'는 조항을 넣어 계약 종료 시 임차인이 남은 설비비용 보상을 요구하지 못하게 할 필요도 있습니다.

▶ **임대 기간 및 갱신 조건**: 세차장이나 정비소같이 안정적 운영이 필요한 업종은 임대차 기간을 비교적 장기로 설정하는 편이 좋습니다. 최소 2년(상가건물 임대차보호법상 기본) 이상, 가능하면 5년 또는 그 이상까지도 고려합니다. 렌터카 차고지의 경우 앞서 언급했듯 법적으로 1년 이상 계약이 요구되므로 1~2년 단위로 체결합니다. 「상가건물 임대차보호법」에 의해 임차인에게 최대 10년까지 계약갱신요구권이 있으므로, 임대

인은 특별한 사유 없이는 갱신을 거절하기 어려운 점도 염두에 둬야 합니다. 한편 계약서에 갱신 시 임대료 인상률을 정해둘 수 있는데, 법정 상한선은 5%이지만 당사자 합의로 그 이하로 결정할 수 있습니다. 향후 물가 상승이나 가치 상승을 대비해 '매 2년마다 임대료 3% 인상' 등 조항을 넣으면 추후 협상이 수월합니다.

▶ **보증금과 담보**: 상가 임대차와 마찬가지로 상당액의 임대보증금을 책정해야 합니다. 특히 세차장, 정비소처럼 영업 리스크가 있는 업종은 임차인이 폐업하거나 문제를 일으킬 가능성을 고려해야 합니다. 보증금은 월세의 6~12개월분 수준으로 책정하는 경우가 많습니다. 예를 들어, 월세 300만 원이면 보증금 3000만~3600만 원 등으로 정합니다. 임차인이 차임을 밀리거나 설비 철거·원복을 안 하고 나갔을 때 이 보증금으로 충당하게 됩니다. 경우에 따라 추가 담보(담보권 설정이나 보증인)를 요구하기도 하지만 일반적이지는 않습니다. 다만 앞서 의정부역 광장처럼 공기업 부지 임대 사례에서는 1년 치 임대료 선납하거나 이행보증보험 증권 제출을 요구한 바 있습니다. 이러한 예를 참고하여 임대인으로서 임대료와 원상복구를 확보할 장치를 최대한 마련해야 합니다.

▶ **공용 부분 사용 및 관리 책임**: 주차장 층만 임대하는 경우, 램프나 엘리베이터 같은 공용 부분 이용에 대한 규정을 정해야 합니다. 예를 들어 '임차인은 진출입 램프를 다른 층 사용자와 공동 이용하며, 이를 훼손하지 않도록 주의한다. 임차인의 과실로 공용 시설이 파손되면 수리비를 부담한다' 등으로 명기합니다. 또한 관리비 분담에 대해서도 분명히 적어야 합니다. 일반적으로 공용전기료, 청소비 등은 사용 면적 비율이나 대수에 따라 청구하거나 월정액으로 책정합니다. '관리비 월 ○○

만 원은 임대료와 별도로 임차인이 부담한다'처럼 명시합니다. 만약 임차인이 해당 층을 단독으로 쓰는 것이므로 관리도 임차인이 자체 수행한다고 정하면, 임대인은 건물 유지에 신경 쓸 부분이 줄어들지만, 대개 건물 구조와 안전에 관련된 부분은 임대인이 관여하는 것이 맞습니다. 따라서 안전 점검 권한을 임대인이 갖도록 '임대인은 필요시 언제든 임차 공간 내 시설을 점검할 수 있고, 임차인은 이에 협조한다'는 조항도 넣는 것이 좋습니다.

▶ **보험 가입 및 면책**: 위험도가 있는 업종(예: 정비 중 화재, 세차 중 고객 차량 파손 등)의 경우 임차인이 영업배상책임보험에 가입하도록 요구해야 합니다. 계약서에 '임차인은 임차 목적물에 대한 배상책임보험에 가입하고 임대인을 피보험자(또는 추가 피보험자)로 포함시킨다'는 조항을 넣으면 사고 시 임대인이 직접 배상 책임을 지지 않고 보험 처리를 통해 문제를 해결할 수 있습니다. 또한 '임차인의 고의·과실로 인한 사고에 대해 임대인은 책임을 지지 않는다'는 면책조항도 삽입하여 임대인의 책임 범위를 명확히 합니다. 단, 이 면책조항은 제3자에 대한 효력은 없고, 주로 임차인이 임대인에게 구상권을 청구하지 못하게 하는 효과이므로 실제 분쟁 방지를 위해서는 보험 가입이 필수적입니다.

▶ **금지 행위 및 해지 조항**: 계약서에는 임차인이 해서는 안 될 행위를 열거해 두고, 위반 시 임대인이 즉시 계약을 해지할 수 있도록 규정해야 합니다. 불법 건축물로의 용도 변경, 인허가 조건 위반, 환경오염 유발 행위, 소음진동 기준 초과 행위 등을 금지 행위로 두고, 시정 명령 불응 시 계약 해지 및 보증금 몰수까지 가능하다고 명시합니다. 실제 춘천 세차장 사례처럼 '알면서도 불법영업을 계속하는' 상황은 임대인 입

장에서 최악이므로 이를 방지하려면 임차인이 규정 위반 시 즉각 퇴거시킬 수 있는 권리를 확보해야 합니다. 또한 임차인이 연속하여 차임을 연체하는 경우(예: 2기분 이상)에도 임대인이 즉시 해지 통보 후 명도할 수 있도록 요건을 넣어둬야 추후 법적 절차에서 유리합니다.

▶ **협상 전략**: 임대차 협상에서는 임대인도 시장 조사를 철저히 해야 합니다. 인근 유사 시설의 임대료나 운영 사례를 파악하면 적정 임대료 산정에 도움이 됩니다. 또한 한 임차인과 독점 교섭하기보다는 여러 후보와 접촉하여 경쟁을 유도하면 보다 유리한 조건을 이끌어 낼 수 있습니다. A 세차업체와 B 세차업체가 모두 관심을 보인다면 임대료나 투자 부담 조건 면에서 더 좋은 쪽을 선택할 수 있습니다. 임차인의 재무 안정성과 전문성도 체크 포인트입니다. 렌터카 업체라면 규모와 신용도를, 정비업체라면 기존 운영 경력과 평판을 살펴보고 계약해야 장기적으로 안정적인 임대가 가능합니다. 계약 체결 시에는 공정증서로 임대차계약을 작성하거나 확정일자를 받아두는 등 법적 권리 보호 절차를 밟아야 합니다. 임대인으로서 투자 회수를 위해 중요한 것은 공실 없이 임대를 지속하는 것이므로, 협상 단계에서 너무 과한 임대료를 고집하기보다는 임차인도 성공할 수 있는 수준으로 맞춰주는 것이 수익 측면에서 장기적으로 유리합니다. 임차인이 잘되어야 임대인도 꾸준히 월세를 받는다는 점을 염두에 두고 협상에 임하는 것이 바람직합니다.

(4) 지역 상권에 따른 유망 업종과 비유망 업종

주차장 활용 전략은 입지 여건에 크게 좌우됩니다. 지역 특성과 주변 수요에 따라 어떤 업종으로 활용할 때 효율이 극대화될지, 혹은 제한이 많은지를 구분해야 합니다. 몇 가지 입지 시나리오별로 유망한 활용과 그렇지 못한 활용을 살펴보겠습니다.

주택 밀집 지역(아파트 · 주택가)

거주 지역에는 주민 차량 관련 수요가 가장 큽니다. 이 경우 굳이 용도를 바꾸지 않고도 월 정기주차 임대만으로 안정적 임대수익을 올릴 수 있습니다. 특히 야간에 주차 공간이 부족한 동네라면 주변 거주자들에게 밤 시간 주차 공간을 임대하는 것만으로도 수익이 됩니다. 이 지역에서 셀프세차장은 수요가 있을 수도 있습니다. 아파트 단지 내 공용 세차장이 없거나 부족한 경우 근처 셀프세차장을 찾는 주민들이 있기 때문입니다. 다만 소음 민원이 발생할 우려가 커서 늦은 밤이나 이른 아침 사용을 제한하는 등 운영상의 제약이 따를 수 있습니다. 한편 관광버스나 렌터카 차고지로 활용하는 것은 주택가에는 부적합합니다. 대형차량 통행이 주민들에게 불편을 주고, 공간이 협소한 경우가 많아 실익도 낮습니다. 자동차 정비소도 주택 인근에서는 기피 업종입니다. 경정비 정도야 가능할 수 있지만, 일반 정비공장은 소음과 냄새 때문에 주민 반대가 심할 것입니다. 따라서 주거지역일수록 조용하고 깨끗한 업종 위주(주차, 세차 정도)로 활용하는 게 유리하고, 버스 주차나 정비소처럼 소음 · 환경 영향이 큰 업종은 피하는 것이 좋습니다.

---

1   주간에는 공실이 되므로 시간제 주차로, 야간에는 월 정기로 병행하는 등 활용도를 높이는 방법도 있습니다.

상업 지구 (도심 업무 · 상가 밀집지)

땅값과 임대료가 비싼 도심 상업지역에서는 수익 극대화가 중요합니다. 이런 곳은 평일 주간에는 업무차량, 저녁에는 유흥 · 쇼핑 방문 차량 등 시간대별 주차 수요가 풍부합니다. 따라서 가장 단순하게는 유료 시간제 주차장으로 운영하면서 높은 요금을 받는 것이 수익률이 좋습니다. 실제 서울 도심 등지의 중심 상권에서는 시간당 4~5천 원 이상의 요금을 받아도 수요가 많습니다. 이런 경우 다른 용도로 전환할 필요 없이 주차장 자체로 충분한 수익을 냅니다. 오히려 일부 용도를 다른 사업에 내주면 핵심 수익(주차요금)을 포기하는 셈이 될 수도 있습니다.

그렇다고 부가 수익을 완전히 무시할 수는 없습니다. 요즘 도심 주차 빌딩들은 건물 1층에 편의점이나 카페 같은 편의시설을 들여 추가 임대 수익을 창출하기도 합니다. 법적으로 전체 면적의 30%까지 근린생활시설이 가능하므로, 상업지에 위치한 건물이라면 이 규정을 최대한 활용해 상가 임대를 병행하는 것이 이득입니다. 용인시의 헤르마 주차 빌딩은 카페거리 인근에 위치한 이점을 살려 1~2층에 멋스러운 카페와 레스토랑을 유치했습니다. 이를 통해 주차 빌딩이 갖는 획일적이고 삭막한 이미지에서 벗어나 건물의 가치를 높임으로써 랜드마크 효과까지 얻었습니다. 이처럼 도심 상업지에서는 복합개발을 통해 수익원을 다변화하고 부동산 가치를 높이는 전략이 유효합니다.

셀프세차장의 경우 도심 한복판에서는 부지 확보도 어렵고 진출입 동선 문제로 쉽지 않지만 실내 주차타워의 일부를 세차 공간으로 활용한 사례도 있습니다. 최근 한 스타트업은 도심형 실내 세차장을 표방하며 지하 주차 빌딩 1층에 셀프세차 시설을 만들고 위층을 넓은 드라잉존(Drying Zone)으로 꾸며, 세차 후 주변 시선 신경 쓰지 않고 마무리할 수 있게 한 시설을 선보였습니다. 이러한 혁신적인 모델은 도심에서 고객 편의를 강화한 형태의 세차장이 충분히 성공할 수 있음을 보여줍니다. 또한 오피스 밀집지역에서는 발레파킹과 세차 연계 서비스나 출장 세차 수요도 있기 때문에, 주차장과 연계한 프리미엄 서비스로 특화하면 부가 수익을 낼 수도 있습니다. 다만 도심 정비소는 토지용도 제한(상업지역에 공장 불허 등)과 임대료 부담으로 거의 불가능하며, 관광버스 주차 역시 도심에서는 공간상·규제상 쉽지 않습니다.

정리하면 상업지에서는 주차 자체의 수익 극대화가 1차 목표이고, 부차적으로 편의시설 임대 등 플러스알파를 노리는 전략이 좋습니다.

관광지 · 역세권 등 특수 지역

관광 명소나 기차역·공항 등 교통 거점 인근 지역이라면 관광객과 여행자 수요에 초점을 맞춘 활용이 효과적입니다. 관광버스 전용 주차장이 대표적입니다. 많은 관광지에서 버스 주차난이 심각하므로 조금 떨어진 곳이라도 버스 전용 주차장을 마련하면 수요가 몰립니다. 인천 소래포구 사례처럼 캠핑카·버스 특화로 성공한 경우가 이를 입증합니다. 제주도 같은 지역은 렌터카 천국으로 렌터카 업체 차고지 수요가 엄청납니다. 만약 제주 시내에 주차 빌딩을 확보했다면 대형 렌터카 회사에 전체 임대하여 상당한 임대료를 받을 수도 있을 것입니다. 또, 여행객 대상 부가서비스로 '주차+세차+경정비 패키지'(공항에 가 있는 동안 내 차를 보관 및 세차/경정비)' 같은 상품도 구상할 수 있습니다. 실제 해외에서는 공항 인근 주차장에서 '주차+세차+오일 교환' 같은 패키지를 제공하기도 합니다. 국내도 점차 이러한 수요가 생기고 있어서, 입지가 공항이나 관광지와 연계된다면 창의적인 서비스 개발로 추가 수익을 올릴 여지가 있습니다.

다만 이런 지역에서는 성수기와 비수기의 차이를 감안해야 합니다. 관광지 주차장은 성수기에는 만차여도 비수기에는 텅 비는 경우가 많습니다. 따라서 탄력적인 운영이 필요합니다. 예를 들어, 여름 성수기에는 유료 주차장으로 운영하다가 겨울 비수기에는 캠핑카 보관소나 지역 주민들을 대상으로 저렴하게 월정액 주차장으로 활용할 수 있습니다. 또는 성수기에는 시간당 요금을 높이고, 비수기에는 할인이나 월 정기 주차를 받는 등 탄력적인 요금 전략을 세울 수 있습니다. 지역 축제나 행사 일정에 맞춰 일시적으로 버스 주차 공간을 늘린다든가 하는 유연성도 고려합니다.

공단 지역 · 외곽 지역

도심 외곽이나 산업단지 인근은 토지가격이 낮은 대신 특정 유형의 차량 통행이 잦을 수 있습니다. 이런 곳에서는 일반인을 대상으로 하는 유료 주차 수요는 크지 않으므로 발상을 전환해야 합니다. 화물차나 중장비 전용 주차장, 컨테이너 트레일러 대기 장소 등 틈새 수요를 노려야 합니다. 대형 화물차 주차장은 평면 토지를 선호하지만, 구조적으로 가능하다면 트럭 전용 층을 운영해 볼 수도 있습니다. 또한 중고차 매매단지나 물류센터 인근이라면 차량 보관소나 물류차량 대기소 용도로 임대할 수 있습니다. 외곽일수록 토지 이용 규제가 완화되는 편이라 주차장 외 다른 용도로 부분 개발하는 것도 가능합니다. 예를 들어, 일부 공업지역 주차빌딩의 옥상에 태양광 발전 시설을 설치해 전기를 판매하거나 일부 층을 창고 임대(주차장법상 창고시설 30% 이내 가능)로 활용하는 경우도 있습니다. 이렇게 지역 특성에 맞춰 수익 다각화를 꾀하는 전략이 필요합니다.

외곽 지역의 대형 부지에서는 셀프세차장도 세차+카페+휴식 공간을 결합한 복합 세차장 형태로 발전시키는 경우가 있습니다. 앞서 언급했듯이 연면적 30% 이내로 차량 이용자들이 쉴 수 있는 카페를 만들어 추가 매출을 올리는 식입니다. 실제로 수도권 외곽의 한 세차장은 카페와 정원을 함께 조성하여 주말에 가족 단위 고객이 찾아오는 커뮤니티 공간으로 운영되고 있습니다. 이러한 플레이스 메이킹 전략은 주차 시설을 단순한 차고가 아니라 사람들이 모이는 공간으로 바꿔 부가가치를 창출하는 시도입니다.

지역별로 고려해야 할 중요한 요소는 경쟁 상황입니다. 주변에 이미 셀프세차장이 여러 곳 있으면 새로운 세차장으로의 활용은 곤란할 수 있습니다. 최근에는 주유소 자동세차기 보급도 위협 요인이 되고 있습니다. 소비자들이 저렴하고 편리한 자동세차를 선호하면 셀프세차 수요가 줄 수밖에 없습니다. 반면 신도시처럼 신규 입주 지역은 인프라가 부족하므로 셀프세차장이 잘될 수 있습니다. 또 지역 상권의 변화도 주시해야 합니다. 코로나19 팬데믹 이후 영화관·상가의 방문객 감소로 일부 지역 주차장 매출이 떨어진 사례도 있습니다. 이처럼 상권 트렌드 변화(예: 온라인 쇼핑 증가로 상가 침체)가 주차 수요에 미치는 영향도 고려하여, 어느 업종이 장기적으로 유망할지 판단해야 합니다.

결론적으로 '입지에 답이 있다'고 할 수 있습니다. 주변이 주거지이면 거주민 대상 서비스를, 상업지이면 유료 주차 중심으로, 관광지이면 관광객 차량 중심으로, 공단이면 특수차량 중심으로 전략을 세우는 것이 합리적입니다. 지역 특성에 맞는 틈새 수요를 찾아 대응하면 성공 확률이 높아집니다. 인천 소래 공영주차장 사례처럼 기존에 없던 수요층(캠핑카)을 발굴해 100배 수익 신장을 이룬 경우는 입지 특성을 잘 활용한 대표적 예입니다. 반대로 춘천의 불법 세차장 사례는 주변 주차난 해소에는 기여 못 하고 사익만 추구하여 지역 반발을 산 경우인데, 이는 '지역 사회에 필요한 용도로 기여'하는 것도 장기적 성공에 중요함을 시사합니다. 결국 지역민과 상생하면서 틈새 수요를 공략하는 업종이 그 지역에서 유리한 업종이라 할 수 있습니다.

(5) 투자 성공과 실패 사례의 시사점

층별 주차장 투자와 활용에 관한 몇 가지 성공 및 실패 사례를 소개하고, 이를 통해 얻을 수 있는 교훈을 정리하겠습니다.

1) 성공과 실패 사례

▶ **성공 사례 ① – 인천 소래 제3공영주차장(캠핑카·버스 전용 주차장)** : 공실이 많던 주차장을 캠핑카·관광버스 전용 주차장으로 과감히 용도 변경하여 1년 만에 수익 100배 증가를 이끌어 낸 사례입니다. 이 사례의 성공 요인은 캠핑카 주차 공간이 부족한 수도권의 수요 공백을 정확히 포착한 점입니다. 공급자가 생각하지 못한 새로운 고객층(캠핑카 동호인)을 유치함으로써 남는 주차 공간을 황금알을 낳는 거위로 바꾼 것입니다. 또한 요금을 인근 시세보다 저렴하게 책정해 입소문을 내고, 취사 금지·오수 배출 금지 등 규정을 마련해 환경 문제 우려를 불식시키는 등 운영상의 세밀한 대처도 돋보였습니다. 주차장 투자에서도 '발상의 전환'과 적극적인 마케팅이 중요함을 보여주는 사례입니다.

▶ **성공 사례 ② – 의왕시 민간 주차타워 임차 운영** : 민간 투자자의 임차 운영 성공 사례로 김선필(가명) 씨의 의왕시 주차타워 운영을 들 수 있습니

신재호, "캠핑카 전용주차장 변신 후 수익 100배 껑충," 경기신문, 2019. 12. 8.

정다운, "부지런히 발품 팔면 쏠쏠한 주차장 투자 소액 투자 가능하고 월수입도 '따박 따박'," 매경LUXMEN, 2024. 10. 24.

다. 김 씨는 지상 5층 규모 66면의 민간 주차타워를 임대료 월 500만 원을 내고 통임차한 뒤 무인 주차 시스템을 갖춰 직접 운영했습니다. 그 결과 월 매출 1500만 원을 달성하였고, 임대료 500만 원, 건물 관리비 200만 원, 무인 시스템 렌탈비 100만 원과 기타 비용을 제하고도 월 300~400만 원의 순이익을 얻었습니다. 초기 투자로 전기차 충전기 등 장비 설치에 수천만 원 들었으나 렌탈로 처리해 목돈 지출을 줄였습니다. 이 사례의 의미는 적은 자기자본으로도 주차장 운영권에 투자하여 안정적 현금흐름을 만들 수 있다는 것입니다. 김 씨는 토지나 건물을 소유한 것이 아니라 운영권을 따내어 임대료와 주차요금의 마진 구조를 구현한 것입니다. 소액 투자자도 아이디어와 노력으로 수익형 부동산을 굴릴 수 있다는 점에서 시사점이 있습니다. 다만 임대료를 낼 만큼 벌지 못하면 곧바로 적자가 되는 구조이므로 사전에 철저한 현장 조사와 수요 분석이 뒷받침되어야 한다는 교훈도 줍니다.

▶ **성공 사례 ③ – 용인시 헤르마 주차 빌딩 복합개발**: 복합개발을 통한 수익 향상 사례로 용인시 헤르마 주차 빌딩을 들 수 있습니다. 이 건물은 주차전용건물이지만 1~2층에 고급 카페와 상점을 들여 쇼핑 편의성을 결합했습니다. 마치 '멋진 상가에 부속된 주차장'처럼 설계하여 주변 카페거리와 어우러지도록 한 것입니다. 주차장법상 허용되는 30% 이내 상업시설을 십분 활용한 예로서 흔히 주차 빌딩이 삭막하고 수익성 낮다는 편견을 깨고 플러스알파 수익을 창출하려 한 전략입니다. 아직 구체적 수익 데이터는 공개되지 않았지만, 해당 빌딩은 세련된 디자인으로 유명해져 랜드마크 효과까지 누리고 있습니다. 이는 주차장 투자에도 브랜딩과 차별화가 중요해질 수 있음을 암시합니다. 지역

이재용, "[건축과 도시] 주차장 건물의 변신, 용인 헤르마 주차 빌딩," 서울경제, 2016. 2. 26.

랜드마크가 되면 임대료나 매각 가치 상승으로 이어져 자본 차익 실현 가능성도 커집니다.

▶ **실패 사례 ① – 춘천시 주차장 불법 세차장화**: 춘천시 주차전용건물 셀프세차장 사건은 투자 운영의 규제 리스크를 적나라하게 보여줍니다. 해당 건물주는 주차장으로 허가받은 건물의 전 층을 사실상 셀프세차장으로 개조해 운영했고, 그 결과 주차 면적 70% 유지 규정을 어겨 수차례 행정 처분을 받았습니다. 그럼에도 불구하고 시정하지 않고 영업을 지속해 오다가 결국 영업정지 등 강력 제재 수순을 밟게 되었습니다. 이 사례는 '수익만 좇다 법적 한계를 넘어서면 결국 투자 전체가 위험에 처한다'는 교훈을 줍니다. 당장은 세차장 운영으로 짭짤한 현금을 벌었을지 모르나, 막대한 과징금과 영업 정지로 한순간에 모래성처럼 무너질 수밖에 없습니다. 또한 주민들의 부정적 여론이 형성되어 지역 사회 이미지도 나빠졌고, 이는 해당 사업장의 지속 가능성을 더욱 낮추는 결과를 낳았습니다. 투자자에게 시사하는 바는 '합법의 테두리 안에서 창의를 발휘해야지, 선을 넘지 말라'는 것입니다. 규제 기관과 갈등을 빚으면 그 비용이 수익을 압도할 수 있음을 명심해야 합니다.

▶ **실패 사례 ② – 수요 예측 실패**: 수익 예측 실패 사례로 앞서 소개한 20평 남짓 소규모 주차장의 경우를 다시 들 수 있습니다. 이 투자자는 월 240만 원 수익을 기대하고 임대를 시작했으나, 막상 보니 입지 부진과 경쟁 심화(인근 쇼핑몰 무료주차 등장)로 수익이 예상보다 60~70% 수준에 그쳤습니다. 게다가 유지비(청소, 보안비)가 예상보다 늘어나 순이익은 더 감소했습니다. 결국 몇 달 운영 후 임대를 포기했는데, 이는 철저한 시장

김범진, "'주차전용건축물'인데 주차장은 없고, '세차장'만?," MSTODAY, 2021. 12. 7.

조사와 보수적인 수익 추정의 중요성을 강조합니다.

▶ **기타 흥미로운 사례들**: 주차장 사업 분야에는 흥미로운 일화들이 많습니다. 한 유튜브 영상에서는 '단돈 2천만 원에 10층짜리 주차 빌딩 입구 땅을 낙찰받아 통행료로 5억 원을 벌었다'는 일화를 소개했는데 이는 주차 빌딩 출입로 토지만 따로 경매로 사들여 사실상 통행세를 받은 기막힌 수익 사례입니다. 거의 '눈엣가시'처럼 출입 동선을 틀어쥐고 협상력을 발휘한 경우인데, 물론 일반적인 경우는 아니지만 주차장 투자에 대한 편견을 깨는 사례라 할 만합니다.

또 다른 예로 온비드에 따르면 '공영주차장 운영권 입찰이 최소 입찰가의 9배에 낙찰'된 경우도 있습니다. 안정적 월세를 받는 매력 때문에 투자자들이 공영주차장 위탁 운영권 경쟁에 몰렸는데 과열 경쟁으로 낙찰가가 높아지면 정작 운영 수익이 떨어져 실패할 수 있다는 위험도 지적됩니다. 결국 투자 세계의 진리가 '쌀 때 사서 비쌀 때 판다'이듯 경매로 주차장을 싸게 낙찰받는 것 자체가 이미 절반은 성공이라고 볼 수 있습니다.

2) 시사점

최근 트렌드를 보면 전기차 보급, 자율주행 기술, 공유차량 확산 등이 주차장 비즈니스에 영향을 미치고 있습니다. 전기차 증가로 충전 시설을 갖춘 주차장이 각광받고 정부 지원도 늘고 있습니다. 일부 주차시설은 EV 충전 허브로 변신하면서 충전 요금 수익과 신규 고객 유치 효과를 보고 있습니다. 또, 공유 차량(Car Sharing) 업체가 특정 주차장과 제휴해 거점으로 삼는 경우 임대료 수입을 얻는 사례도 있습니다. 향후 자율주행차

이혜인, ""주차장 돈 되네"…최저입찰가의 9배 낙찰도," 한국경제, 2023. 3. 23.

시대에는 도심 주차 수요 감소가 우려되지만, 대신 물류 드론 착륙장이나 공유차 대기장소 등 새로운 활용 니즈가 나타날 수 있습니다. 이러한 미래 변화를 염두에 두고 충전기 설치를 위한 전력 용량 여유를 확보해 두거나 향후 용도변경이 쉽게 층별 독립 구조로 건축하는 등 융통성 있게 설계하거나 계약 조건을 마련하는 것도 필요합니다.

마지막으로 강조하고 싶은 것은 부동산 투자 마인드와 사업 운영 마인드의 균형입니다. 층별 주차장 낙찰 후 활용은 단순 부동산 임대와 실제 사업 운영의 경계선에 있습니다. 부동산적인 계산(입지, 법규, 수익률 등)과 함께, 고객 니즈 파악, 서비스 품질 관리, 마케팅 등의 사업가적 감각도 중요합니다. 성공한 사례들은 하나같이 남들이 놓친 부분을 읽어내는 통찰력과 실행력이 돋보였습니다. 반대로 실패 사례들은 정보 부족과 준비 부족에서 비롯된 경우가 많았습니다. '큰 욕심 부리지 않고 기본에 충실하라'는 말이 여기에 어울릴 것입니다. 시장을 철저히 조사하고, 법 테두리 안에서 창의적으로 접근하며, 비용 관리와 서비스 품질을 겸비한다면 층별 주차장 투자도 안정적 수익과 함께 보람 있는 도전이 될 수 있을 것입니다.

PART 3
권리분석·임차인 파트

1. 권리 유형과 현장 실전 대응 전략

▌ (1) 부동산 경매에 등장하는 권리 유형과 주의사항

경매에서 자주 등장하는 10가지 권리 유형의 정의와 문제점을 정리한 것입니다. 정의는 법령이나 법학 사전에서 가져왔으며, 실무에서 확인된 비판과 대응 전략을 함께 덧붙였습니다.

1) 유치권(留置權)

▶ **정의 – 타인의 물건을 점유한 채권자의 담보물권**: 「민법」 제320조에 따른 유치권은 채권자가 타인 소유의 물건을 적법하게 점유하고 있는 경우 그 물건에 관한 채권을 변제받을 때까지 인도를 거절할 수 있는 담보물권입니다. 위키백과는 유치권을 "타인의 물건이나 유가증권을 점유한 채권자가 채권을 변제받을 때까지 그 물건의 인도를 거절할 수 있

유치권 관련하여 위키백과 내용을 참고함. 위키백과, "유치권," https://ko.wikipedia.org.

는 권리"라고 설명하며, 이러한 유치권은 점유한 물건을 제3자에게 매각하더라도 점유를 계속하는 한 효력이 유지된다고 밝히고 있습니다.

▶ **주요 문제점**

허위 유치권 남용 – 경매 현장에서 유치권 신고의 80% 정도가 허위라는 말이 있습니다. 그 정도로 채무자와 공모한 사람이나 전 도급업체가 가짜 공사대금채권을 내세워 건물을 점유하거나 '유치권 행사 중' 현수막을 내거는 경우가 많기 때문입니다. 경매 법원은 서류만 보고 유치권을 인정하는 경우가 많아 초보 입찰자는 입찰을 포기하고, 공모자가 헐값에 낙찰을 받는 일이 발생합니다.

점유 시점 · 견련성 불분명 – 유치권은 채권과 점유물 사이에 밀접한 관련이 있어야 하지만 실제로는 자재 공급 대금 등 건물과 무관한 채권으로 유치권을 주장하는 사례도 많습니다. 또 점유가 경매개시 후에 이루어지면 낙찰자에게 대항하지 못함에도 점유 시점을 속이는 경우가 적지 않습니다.

▶ **투자자 대응 요령**: 공사계약서, 세금계산서 등으로 채권과 물건의 견련성을 검증합니다. 법원에 제출된 유치권신고서만 믿지 말고 실제 공사 내역과 현장 점유 상태를 확인합니다. 경매개시결정 전에 점유를 시작한 것인지, 변제기가 도래한 채권인지 확인합니다. 개시 이후에 취득한 점유나 변제기가 오지 않은 채권에 대한 유치권은 낙찰자에게 대항하지 못합니다. 허위 유치권이 의심되면 유치권 부존재 확인소송을 준비하여 인도명령을 받아야 합니다. 해결 비용(유치권자와의 합의금)을 감정가의 2~3% 선에서 제한하는 것이 일반적입니다.

2) 법정지상권(法定地上權)

▶ **정의 – 토지와 건물 소유자가 달라질 때 자동으로 인정되는 지상권**: 법정지상권은 토지와 건물의 소유자가 달라진 경우 건물의 철거를 막아 사회·경제적 손실을 줄이기 위해 인정하는 사용권입니다. 위키백과는 "토지와 건물의 소유자가 달라진 경우 건물 소유자가 계속 토지를 사용할 수 있도록 「민법… 제366조 또는 관습법에 의해 법정지상권을 인정한다"라고 설명합니다.I 민법상 법정지상권은 저당권 실행(경매)으로 토지와 건물 소유가 분리될 때 발생하고, 관습법상 법정지상권은 매매나 상속 등으로 원래 동일인이었던 토지·건물의 소유가 갈라질 때 성립합니다.

▶ **주요 문제점**

존속기간이 길다 – 법정지상권은 건물의 종류에 따라 최소 15년, 석조·콘크리트 건물은 30년까지 존속합니다. 토지를 낙찰받은 사람은 수십 년간 땅을 마음대로 개발하지 못하고 기존 건물에 대한 지료를 받는 것에 만족해야 합니다.

무허가 건물 – 토지 소유자가 빚을 갚지 못할 것을 예상하고 친척 명의로 무허가 건물을 올려 법정지상권을 노리는 경우가 있습니다. 심지어 100년 된 무허가 건물이라도 과거에 토지와 동일인 소유였다는 이유만으로 지상권이 성립할 수 있습니다.

▶ **투자자 대응 요령**: 경매개시결정 당시 토지와 건물의 소유자가 동일인이었는지 등기부와 건축물대장을 통해 확인합니다. 동일인이 아니라

I 위키백과, "법정지상권," https://ko.wikipedia.org.

면 법정지상권 성립 여지가 없습니다. 현장을 확인하여 건물이 실제로 존재하는지, 미등기나 무허가 건물인지 파악합니다. 존재하지 않는 건물이나 컨테이너는 지상권 대상이 아닙니다. 토지 가치가 건물 가치보다 훨씬 큰데 지상권이 예상되면 입찰을 피하는 것이 안전합니다. 지료(토지 사용료) 수입으로 투자 수익을 낼 수 있는지 현금흐름을 계산해 보고, 수지에 맞지 않으면 낙찰을 포기합니다.

3) 분묘기지권(墳墓基地權)

▶ **정의 – 묘지 소유자를 보호하는 관습상 지상권**: 분묘기지권은 남의 땅에 조상이 묻혀 있는 경우 그 무덤 밑의 토지에 대해 사용할 권리를 인정하는 특수한 지상권입니다. 위키백과는 "분묘기지권은 관습상 인정되는 권리로서 남의 토지에 묘를 설치한 사람이 묘지 밑 토지를 사용하는 권리"라고 정의합니다. 이 권리는 등기 없이 성립하며 묘가 오래될수록 인정될 가능성이 높습니다.

▶ **주요 문제점**

알박기 · 금전 요구 – 개발 예정지에 묘를 만들어 이장비를 요구하거나 오래된 묘를 내세워 터무니없는 보상을 요구하는 사례가 많습니다. 현행법은 분묘기지권을 쉽게 인정하기 때문에 토지 개발이 사실상 불가능합니다.

이장 비용과 기간 – 분묘를 이전하려면 관습적으로 수천만 원에서 1억 원까지 보상금을 요구하는 경우가 있으며, 이장 협의가 지연되면 경매 후에도 장기간 분쟁에 시달릴 수 있습니다.

▶ **투자자 대응 요령**: 드론 · 현장답사로 묘지의 수와 위치를 확인하고, 분

묘지지권이 인정될 가능성을 평가합니다. 관리 흔적이 있거나 오래된 묘가 여러 기 있으면 즉시 포기하는 것이 안전합니다. 이장 협상 비용을 감정가에서 차감하고, 비용이 과도하면 입찰을 포기합니다.

4) 토지 별도등기(土地別途登記)

▶ **정의 – 토지를 제외하고 건물만 단독으로 등기한 상태**: 토지 별도등기는 집합건물이 아닌 건물에서 토지 등기가 분리되어 건물만 매각되는 경우를 말합니다. 이런 경우 낙찰자가 얻는 것은 건물뿐이고, 건물이 서 있는 토지는 여전히 다른 사람 소유입니다. 토지 소유자는 건물 철거를 요구하거나 지료를 청구할 수 있으며, 건물만 낙찰을 받은 사람은 장기간 불안정한 권리 상태에 놓입니다.

▶ **주요 문제점**

건물만 소유 – 토지를 소유하지 않기 때문에 언제든지 철거 요구를 받을 수 있습니다. 토지 소유자와 지료 계약이 안 되면 건물을 사용할 수 없고, 토지소유자가 임대료를 크게 올리면 투자수익이 무너집니다.

낮은 낙찰가 – 토지 없이 건물만 매각하므로 감정가의 절반 이하로 낙찰되는 일이 많지만, 실제 사용 불가능성 때문에 결과적으로 손해를 볼 수 있습니다.

▶ **투자자 대응 요령**: 입찰 전 토지 소유자와 지료 협상이 가능한지 확인합니다. 협상서(MOU)를 확보하지 못하면 입찰을 포기하는 것이 안전합니다. 토지 소유자가 신탁회사·분양사 등일 경우 토지 가격과 지료 수준을 확인하고, 장기 지상권 설정 등 대안을 마련해야 합니다.

5) 대지권 미등기(垈地權未登記)

▶ **정의 – 집합건물에서 대지지분이 등기되지 않은 상태**: 「집합건물법」에 따르면 아파트·연립주택과 같은 집합건물의 소유자는 건물 지분과 함께 대지에 대한 지분(대지권)을 가져야 합니다. 그러나 초기 분양자가 잔금을 납부하지 않았거나 시행사가 토지 등기 이전을 지연한 경우, 각 세대의 건물 등기에는 대지권이 기재되지 않습니다. 이를 '대지권 미등기'라고 하며, 외형적으로 건물만 있는 상황입니다.

▶ **주요 문제점**

추가 비용 발생 – 낙찰자는 미납된 분양대금이나 잔금 등을 대신 내야 대지권을 이전받을 수 있습니다. 이 비용을 내지 못하면 건물만 소유한 상태가 되어 임대나 매매가 어렵습니다.

법적 불확실성 – 시행사나 토지 소유자 측에서 대지권 이전을 거부하면 소유권 취득이 지연되고, 법적 분쟁이 발생할 수 있습니다.

▶ **투자자 대응 요령**: 대지권 이전을 담당하는 시행사·신탁사와 사전 협의하여 추가 납부금과 이전 가능 여부를 확인한 후 입찰가에서 차감합니다. 대지권 이전이 불가능하거나 불확실한 경우 입찰을 포기합니다.

6) 선순위 가처분(假處分)

▶ **정의 – 다툼의 대상 재산을 임시로 보전하는 법원의 명령**: 가처분은 민사집행법상 강제집행을 보전하기 위해 법원이 내리는 일시적인 명령으로, 금전채권 이외의 권리를 보전하기 위해 대상 물건의 처분을 금지

하는 제도입니다. 위키백과에서는 가처분을 "강제집행을 보전하기 위해 법원이 결정하는 일시적 명령"이라고 설명하며, 가처분이 기재된 부동산은 소유자가 처분할 수 없고 강제집행에도 그 효력이 유지된다고 합니다.

▶ **주요 문제점**

낙찰자가 분쟁을 떠안음 – 선순위 가처분은 경매로도 소멸되지 않습니다. 가처분 신청인이 본안 소송에서 승소하면 낙찰자는 대금을 모두 지불하고도 소유권을 잃을 수 있습니다.

악용 가능성 – 채무자가 친인척 명의를 이용해 가짜 소송을 제기하고 가처분을 걸어 입찰자를 쫓아낸 뒤, 측근을 통해 헐값에 낙찰받는 사례가 있습니다. 낙찰 후 가처분을 취소하면 자신의 땅을 다시 얻는 편법입니다.

▶ **투자자 대응 요령**: 매각물건명세서에서 '선순위 가처분' 표시가 있는 물건은 신중히 접근해야 합니다. 해당 표시가 있으면 본안 소송 진행 상황과 승패 가능성을 면밀히 검토해야 하고, 충분한 정보를 얻기 어렵다면 입찰을 포기하는 것이 안전합니다. 또한 가처분권자와 미리 취소 합의를 하지 못했다면 입찰을 피합니다. 합의에 성공했더라도 가처분 취소 확약과 소송 포기각서를 받아두어야 합니다.

7) 선순위 가등기(假登記)

▶ **정의 – 추후 본등기를 위해 우선순위를 확보하는 임시 등기**: 가등기는 향후 본등기를 할 때 우선순위를 확보하기 위해 미리 해 두는 등기입니

---

1 위키백과, "가처분," https://ko.wikipedia.org.

다. 위키백과에서는 가등기를 "장차 있을 본등기를 위한 임시 등기로, 본등기를 하면 이후의 등기 사건은 효력을 상실한다"라고 설명합니다.[1] 소유권이전을 목적으로 한 가등기가 선순위로 설정되어 있으면, 경매로 토지를 낙찰받아도 그 가등기권자가 본등기를 하면 낙찰자의 소유권이 무력화될 수 있습니다.

▶ **주요 문제점**

전세사기 악용 – 전세사기범들이 세입자의 전세보증금을 가지고 친인척에게 미리 가등기를 설정한 뒤 전세를 끼워 팔아, 경매에서 가등기권자가 본등기를 통해 집을 가져가는 수법이 많습니다. 세입자가 경매에 참여해도 소유권을 지키지 못하고 전세금을 잃습니다.

법원의 무책임 – 법원은 가등기가 있는 물건을 매각하면서도 '본등기 시 낙찰자가 소유권을 잃을 수 있다'는 각서를 받을 뿐 경매를 강행합니다. 제도적 모순으로 낙찰자는 큰 손실을 입을 수 있습니다.

▶ **투자자 대응 요령**: 가등기권자와 본등기 포기 및 말소확약을 서면으로 받지 못하면 입찰을 피합니다. 가등기권자에게 채권을 인수하거나 합의금을 지급할 계획을 세워야 합니다. '선순위 가등기'라는 문구가 매각물건명세서에 표시되어 있으면 투자를 중단하는 것이 일반적입니다.

8) 선순위 지상권(地上權)

▶ **정의 – 토지를 사용하는 용익물권**: 지상권은 타인의 토지를 사용하기 위해 설정하는 권리로, 건물이나 공작물을 소유하기 위한 용도로 인정됩

---

[1] 위키백과, "가등기," https://ko.wikipedia.org.

니다. 위키백과는 "지상권은 다른 사람의 토지를 사용하여 건물·구조물을 소유할 수 있는 권리로 계약과 등기를 통해 취득한다"라고 정의합니다. 선순위 지상권이 토지에 설정돼 있는 경우, 경매로 토지를 낙찰받아도 기존 지상권은 소멸하지 않고 존속합니다.

▶ **주요 문제점**

토지 사용 제한 – 지상권 존속기간은 통상 30년까지이며, 갱신되면 더 길어질 수 있습니다. 토지 낙찰자는 지료를 받는 것 외에 토지를 마음대로 개발할 수 없습니다.

악의적 설정 – 채무자가 경매 직전 친인척에게 장기 지상권을 설정해 토지 사용권을 빼돌리는 경우가 있습니다. 지료를 거의 내지 않는 장기 지상권을 넣어두면 토지 가치가 대폭 낮아질 수 있습니다.

▶ **투자자 대응 요령**: 등기부에서 지상권의 존속기간, 지료, 특약사항을 확인하고 투자 수익을 계산합니다. 남은 기간이 길고 지료가 낮으면 투자 매력을 잃습니다. 토지를 개발하려는 목적이라면 선순위 지상권이 있는 물건은 입찰을 포기하고, 장기 수익형 투자라면 지료 인상 여지가 있는지 법률 검토를 진행합니다.

9) 예고등기(豫告登記)

▶ **정의 – 등기의 효력을 다투는 소송이 진행 중임을 알리는 등기**: 예고등기는 무효·취소를 이유로 등기의 말소나 회복을 청구하는 소송이 제기된 경우 그 사실을 등기부에 기재하여 제3자에게 경고하는 제도입니다. Wordrow 사전은 예고등기를 "등기의 효력을 다투는 소송이 제기

된 경우 제3자에게 알리기 위해 하는 등기"라고 설명합니다.[1] 2011년 이후 폐지되었으나 폐지 전의 예고등기는 여전히 효력을 갖습니다.

▶ **주요 문제점**

소유권 상실 위험 – 예고등기는 경매 후에도 소멸하지 않습니다. 이후 소송에서 원고가 승소하면 낙찰자가 등기상 소유권을 갖더라도 법원 결정으로 말소될 수 있습니다. 낙찰자는 이미 배당된 대금을 돌려받기 위해 다수의 채권자들을 상대로 부당이득 반환소송을 해야 하는데, 현실적으로 매우 어렵습니다.

정보 부족 – 예고등기는 등기부에만 간단히 기재될 뿐, 소송의 내용이나 승소 가능성은 공개되지 않습니다. 초보 투자자는 권리분석이 어려워 막대한 위험을 짊어지게 됩니다.

▶ **투자자 대응 요령**: 예고등기 표시가 있는 물건은 원칙적으로 피합니다. 본안 소송 자료를 열람할 수 없고, 승패를 예측하기 어렵기 때문입니다. 꼭 투자해야 한다면 예고등기권자와 합의하여 소를 취하하거나 예고등기를 말소하는 조건을 확보해야 합니다.

10) 종중재산(宗中財産) 경매

▶ **정의 – 종중의 공동 재산**: 종중(宗中)은 공통 조상의 후손들이 조상 제사와 친목을 위해 구성한 친족 집단입니다. 위키백과에서는 종중재산을 "모든 종중원이 공동으로 소유하는 재산"으로 설명하며, 관리·처분에는 종중규약이나 종중총회의 결의가 필요하고 대표자가 단독으로 처

---

[1] wordrow, "예고등기," https://wordrow.kr.

분한 행위는 무효라고 합니다.

▶ **주요 문제점**

권리관계 불투명 – 종중재산이 종중 명의가 아닌 종손 등의 개인 명의로 등기된 경우가 많습니다. 종손이 개인 채무를 지면서 종중 땅이 경매에 넘어오기도 합니다. 또한 대표자가 종중총회 결의 없이 담보로 제공했다면 그 경매 절차는 원인무효가 될 수 있습니다.

분묘·감정 갈등 – 종중의 선산과 묘지가 있는 임야는 분묘기지권이 엮여 있는 경우가 많고, 종중원들이 감정적·문화적 이유로 토지 처분에 강하게 반대합니다. 낙찰자는 법적으로 소유권을 얻더라도 실질적으로 사용할 수 없는 경우가 많습니다.

법적 다툼 장기화 – 종중은 종중총회 결의가 없었던 처분 행위에 대해 무효 소송을 제기할 수 있고, 낙찰자나 전득자(轉得者)에게까지 소송이 이어질 수 있습니다. 소유권을 인정받더라도 수십 명의 종중원이 지속적으로 점유를 방해하거나 형사 고발을 하는 등 분쟁이 장기화될 수 있습니다.

▶ **투자자 대응 요령**: 등기부상 소유자와 채권자를 확인하여 종중과의 관계를 조사합니다. 개인 단독명의라면 명의신탁인지 의심하고, 여러 명이 지분을 가진 경우 성씨와 출신지를 통해 종중 여부를 따져봅니다. 종중총회 결의서와 종중규약을 요구하여 처분의 적법성을 확인합니다. 결의가 없거나 무효 가능성이 있으면 입찰을 포기합니다. 종중 선산이나 묘지가 있을 가능성이 높은 경우에도 즉시 포기합니다. 분묘와 종중 갈등은 평생 지속될 수 있음을 유념해야 합니다.

---

1 위키백과, "종중," https://ko.wikipedia.org.

신호등 체크 리스트: 권리별 위험 신호와 확인 포인트

권리	즉시 포기 신호	최소 확인 포인트
유치권	경매개시 이후 점유 주장, 공사 내역 · 증빙 부실	견련성 · 점유 시점 검증, 유치권 부존재 소송 준비
법정 지상권	동일소유 여부 확인 불가, 무허가 건물 존치	개시 시점의 소유자 · 철거 약정 여부, 지료 및 존속기간
분묘 기지권	다수 묘지와 관리 흔적	묘 수와 위치, 이장 비용 추정
토지 별도등기	토지주와 협상 불가, 명도 대립	지료 협상 가능 여부, 토지주 신뢰도
대지권 미등기	대지권 이전 불투명	시행사 · 신탁사와 잔금 · 이전 조건 확인
선순위 가처분	본안 소송 정보 부재	가처분 취소 합의 확보, 승소 가능성 분석
선순위 가등기	가등기권자 접촉 불가	본등기 포기 · 말소 확약서 확보
선순위 지상권	존속기간이 장기, 지료 매우 낮음	지상권 남은 기간과 지료 수준 분석
예고등기	선순위 여부 불문, 정보 부족	원칙적으로 회피, 말소 합의 확보
종중재산	총회 결의 부재, 선산 · 묘지 존재	종중규약 · 결의서 존재 여부, 분쟁 이력 확인

(2) 경매 토지 위 무단 컨테이너 · 비닐하우스 대응 전략

경매로 토지를 낙찰받은 뒤 현장에 가보니 이전 소유자나 제3자가 남겨둔 컨테이너 박스나 비닐하우스가 버티고 있는 경우가 적지 않습니다. 이런 무단 설치 임시 구조물은 새 소유주 입장에서 골칫거리이지만 법을 잘 알고 절차만 지키면 깔끔하게 정리할 수 있습니다. 다만 성급하게 손을 댔다가는 오히려 낙찰자가 처벌받는 역설적인 상황도 벌어질 수 있으므로 하나하나 법대로 대응하는 전략이 중요합니다. 현장에서 어떤 조치를 하고, 어떠한 법적 절차를 밟아야 하는지 단계별로 살펴보겠습니다. 또한 이 과정에서 절대로 해서는 안 될 행동도 함께 짚어보겠습니다.

▶ **현장 상황 기록**: 낙찰 후 토지를 인도받으면 즉시 현장에 가서 증거를 확보해야 합니다. 토지 위에 놓인 컨테이너나 비닐하우스의 위치와 상태, 출입문 잠금 여부, 사용 흔적(전기선 연결이나 생활 폐기물 등)까지 사진과 영상으로 자세하게 남겨둡니다. 주변 이웃이나 관리인 등이 있다면 당시 상황에 대해 증언을 확보해 두는 것도 좋습니다. 이런 자료는 소송이나 분쟁 시에 '누가 언제부터 어떻게 점유하고 있었는지'를 입증하는 결정적 증거가 됩니다. 일단 현장을 눈으로만 훑고 넘어가는 실수는 금물입니다.

▶ **철거 계고문 부착**: 증거를 남겼다면 곧바로 컨테이너나 비닐하우스 사용자에게 철거를 요구합니다. 우선 '철거 요청서(계고문)'를 작성합니다. 이 계고문에는 상대방의 정확한 이름과 날짜 등을 기입한 후 토지 소유자가 변경되었음을 알리고, 스스로 철거할 것을 요구하는 문구를 넣어야 합니다. 또, 정해진 기한 내에 철거하지 않으면 법적 조치에 들어가겠다는 경고문도 반드시 포함합니다. 작성한 계고문은 컨테이너 출입문이나 울타리 등 가장 잘 보이는 곳에 부착합니다. 추가로 내용증명을 우편으로도 한 통 보내두는 것이 좋습니다. 이전 소유자나 현재 그 컨테이너를 사용하고 있는 점유자의 인적 정보를 파악할 수 있다면 그 주소지로 내용증명을 보내 공식 기록을 남겨두는 것이 안전합니다. 계고문 전달 및 내용증명 우편 송달 증빙 역시 나중에 상대방에게 충분히 철거를 요청했다는 것을 보여주는 근거 자료가 됩니다.

> **무단 설치 컨테이너 자진 철거 요청**
>
> 수신: ○○○
> 토지 정보: ○○시 ○○구 ○○번지 (본인 소유 토지 주소)
>
> 내용: 본인은 위 토지의 새로운 소유자로서, 해당 토지 위에 무단 설치된 귀하의 컨테이너를 확인하였습니다. 이에 ○○년 ○○월 ○○일까지 해당 컨테이너를 자진 철거해 주실 것을 정중히 요청 드립니다. 만약 정해진 기한까지 철거되지 않을 경우 부득이 민·형사상 조치를 취할 예정임을 알려드립니다.
>
> 2○○○년 ○○월 ○○일
> 발신인: 토지 소유자 ○○○ (연락처: 010-XXXX-XXXX)

▶ **명도 및 철거 소송**: 충분한 유예 기간을 주었음에도 불구하고 상대방이 기한 내 자진 철거를 하지 않는다면 법적 대응으로 넘어가야 합니다. 이 때 제기하는 소송은 두 가지가 있습니다. 하나는 부동산 명도소송(토지 인도 청구 소송)이고, 다른 하나는 컨테이너 등 시설물 철거 청구 소송입니다. 보통은 동시에 청구하여 '내 토지를 인도하라(명도) + 그 위의 무단 시설물을 철거하라'는 판결을 구하게 됩니다. 중요한 점은 반드시 이런 법원의 철거 명령을 받아두어야 이후 단계에서 강제집행을 할 수 있다는 것입니다. 앞서 확보해 둔 현장 사진과 계고문 부착 사진, 내용증명 송달 증빙자료 등은 법정에서 '상대방이 불법 점유 중'임을 입증하는 무기이니 빠짐없이 제출합니다. 소송 과정에서 상대가 버티거나 출석하지 않더라도 증거가 탄탄하면 승소 판결을 받을 가능성이 높습니다.

▶ **강제집행으로 철거**: 법원의 판결로 철거 및 토지 인도명령을 받았다면 마지막 단계로 강제집행 절차를 진행합니다. 판결문이 확정되면 지체 없이 법원 집행관실에 강제집행을 신청해야 합니다. 집행관은 경찰과의 협의를 통해 집행 일정을 잡고 현장에 나갑니다. 현장에서 집행관 입회하에 컨테이너의 자물쇠를 열고(필요하다면 절단하고), 내부 물건을 꺼

내 운반·보관 조치하고, 컨테이너 박스를 들어 이동하거나 해체하는 방식으로 철거를 집행합니다. 비닐하우스라면 철거업체를 통해 말끔히 철거할 수 있습니다. 이런 공식 강제집행 절차를 거치면 새 소유자인 낙찰자가 직접 손을 대지 않고도 구조물을 치울 수 있으므로 법적 문제가 남지 않습니다. 철거 후에는 혹시 훼손된 지반을 정리하고 토지를 원상복구 하여 온전히 내 땅을 인도받았음을 확인하면 일련의 과정이 마무리됩니다.

▶ **철거가 가능한 법적 근거 – '법정지상권' 불성립**: 많은 초보 투자자들이 남의 시설물을 치웠다가 문제가 되지 않을까 하고 걱정합니다. 결론부터 말하면 철거 요구와 제거 실행은 낙찰자의 정당한 권리입니다. 컨테이너 박스나 비닐하우스는 법적으로 보호되는 '건물'로 간주되지 않습니다. 여기서 말하는 건물은 지붕, 기둥과 벽이 갖춰진 영구적인 건축물만을 의미합니다. 즉, 컨테이너나 비닐하우스는 토지에 영구적으로 고정되어 있지 않은 임시 구조물이므로 건물로 보기 어렵습니다. 따라서 건물에 성립하는 법정지상권 역시 인정되지 않습니다. 그러므로 반드시 정당한 절차를 통해서만 철거를 실행해야 합니다. 자칫 절차를 무시하고 멋대로 치웠다가는 오히려 형사처벌을 받을 수 있음을 명심해야 합니다.

▶ **초보자가 절대로 해선 안 될 행위들**: 간혹 새 주인이 억울하고 답답한 마음에 스스로 문제를 해결해 보겠다며 극단적인 행동을 하는 경우가 있는데, 이는 상황을 더욱 악화시킬 뿐 입니다. 첫째, 컨테이너가 잠겨 있다고 해서 절대로 임의로 열거나 들어가서는 안 됩니다. 점유자의 동의 없이 자물쇠를 따고 컨테이너 내부에 들어가면 주거침입죄나 건

조물침입죄로 처벌받을 수 있습니다. 내부에 물건이 있더라도 임의로 꺼내거나 치우는 행위 역시 금물입니다. 남의 물건을 함부로 처분하면 절도죄나 재물손괴죄에 해당합니다. 둘째, 소송 등 적법한 절차 없이 컨테이너나 비닐하우스를 직접 부수거나 치워버리는 행동도 절대 해서는 안 됩니다. 내 땅 위에 있는 물건일지라도 정해진 법적 절차를 거치지 않고 임의로 철거하면 재물손괴죄 등으로 역공을 받을 수 있습니다. 실제로 일부 얌체 점유자들은 낙찰자가 성급하게 철거해 버리기를 유도한 뒤, 오히려 형사 고소나 손해배상 청구를 하는 경우도 있습니다. 셋째, 폭력이나 야간 기습 등 불법적인 자력구제는 절대로 하지 말아야 합니다. 예를 들어, 용역을 동원해 점유자를 강제로 끌어낸다든지 상대 몰래 한밤중에 컨테이너를 치워버리는 식의 일은 명백한 불법행위입니다. 이런 행위는 나중에 정당한 권리행사로 인정되지 않고 오히려 형사처벌과 손해배상 책임만 남길 뿐입니다. 다시 한번 강조하지만, 아무리 내 권리가 침해당했어도 스스로 집행하려 들지 말고 법의 테두리 안에서 해결해야 안전합니다. 순간의 잘못된 판단이 낙찰자를 가해자로 뒤바꾸는 위험을 초래할 수 있습니다.

무단 컨테이너 · 비닐하우스 대응 FLOW CHART & 체크 리스트

◎ 컨테이너·비닐하우스 등 임시 구조물은 건축물이 아니다
⇒ (민법 및 대법원 판례) 가설건축물의 법정지상권 인정 X → 철거 청구 가능

◎ START →
① 토지 인도 직후 현장 점검: 증거 확보!!
▼
② '자진 철거' 계고 통지
▶ 작성: 계고문 작성 + 내용증명 발송
　주요 문구: "○○일까지 자진 철거, 불응 시 소송 · 강제집행 돌입"
▶ 전달: 계고문 현장 부착(출입문 등) 및 우편 송달
▼ (기한 경과)
③ 미철거 확인
▼
④ 법원 소송 제기
▶ 청구: 토지 인도(명도) + 시설물 철거 요구
▶ 입증: 사진, 계고문 부착 및 내용증명 송달 증빙 제출
▼ (판결 승소)
⑤ 강제집행 신청(판결 확정 후 14일 내 집행관 접수)
▶ 집행관 일정 조율 + 경찰 입회 요청
▶ 자물쇠 해제 또는 절단 → 컨테이너 해체 · 운반 처분
▶ 철거 비용 · 운반비 발생 시 채무자에 구상 청구 가능
▼
⑥ 토지 원상복구 → 인도 완료 확인(현장 확인서 및 사진 보관)

◎ 절대 하면 안 되는 행위(금지사항)
✖ 동의 없이 컨테이너 개방하거나 내부 물건 무단 처분(주거침입죄 · 재물손괴죄 위험)
✖ 폭력 동원이나 야간 기습철거 등 불법 자력구제 행위(형사처벌 위험)
✖ 절차 생략한 현장 철거 시도(판결 없이 철거 시 민 · 형사상 책임 발생)

◎ 현장 준비 체크 리스트
☑ 고해상도 사진 · 영상 촬영(위치 확인, 잠금 상태, 전기선 · 생활 흔적 기록)
☑ 주변인 진술 확보(사용자 정황 파악)
☑ 철거 계고문 원본 및 부착을 입증할 사진
☑ 내용증명 우편 접수 영수증(또는 상대방 수령 확인)
☑ 내 소유권 증명서류(등기부등본, 경락허가결정문 등)
☑ 집행관 수수료 및 철거업체 견적서(비용 산출 대비)
☑ 현장 안전 대비: 공사 보험 가입, 안전 장비 준비

2.
임차인의 대항력: 경매 초보자를 위한 핵심 가이드

▌ (1) 대항력: 세입자의 권리를 지키는 힘

"집이 다른 사람에게 넘어가도 계속 여기에서 살 수 있을까?"

임차인(세입자)이 갖는 대항력은 바로 이러한 걱정을 덜어주는 보호막입니다. 대항력은 집주인이 바뀌어도 세입자가 기존 임대차계약을 주장할 수 있는 힘 즉, 새로 집을 산 사람에게 '이 집에 세 들어 있으니 함부로 나가라 하지 말라'고 말할 수 있는 권리입니다.

▶ 요건: 이 두 가지를 충족하면 다음 날 0시부터 대항력이 생깁니다.
 ① 주택을 인도받아 실제로 들어가 사는 것(점유)
 ② 그 집으로 주소를 이전하는 것(주민등록 전입신고)

▶ 효과: 대항력이 생긴 임차인은 집이 매매되거나 경매로 낙찰되어 집주

인이 바뀌더라도 계속 거주할 권리를 주장할 수 있습니다. 이를 흔히 '채권이 물권처럼 작용한다'고 표현하는데, 어렵게 들리지만 세입자의 계약상 권리가 제3자에게도 통한다는 뜻입니다.

▶ **대항력이 있어도 보호받지 못하는 상황 – 선순위 임차인? 후순위 임차인?**: 경매에서는 임차인이 말소기준권리보다 먼저 대항력 요건을 갖췄는지가 매우 중요합니다. 이를 기준으로 그 임차권이 낙찰자에게 인수될지 소멸될지 운명이 결정됩니다. 보통 이를 선순위 임차인, 후순위 임차인으로 표현합니다. 선순위 임차인은 말소기준권리보다 먼저 대항력 요건을 갖춘 임차인을 말합니다. 예를 들어, 집에 근저당(담보대출) 설정되기 전에 이미 들어와 전입신고까지 마친 세입자는 선순위 임차인입니다. 이런 경우 경매로 집이 팔려도 세입자의 권리는 살아남습니다. 낙찰자는 그 임차인을 내보낼 수 없고, 오히려 남은 임차보증금까지 떠안아야 할 수 있습니다. 다시 말해, 낙찰자가 임대인의 지위를 승계받는 것입니다. 따라서 세입자가 그대로 살고 있고, 보증금도 완전히 돌려받지 못했다면 새 주인(낙찰자)이 세입자의 보증금을 책임져야 합니다. 후순위 임차인은 말소기준권리보다 나중에 대항력 요건을 갖춘 임차인을 말합니다. 집에 이미 대출 등의 권리가 설정된 뒤에 들어온 세입자는 후순위 임차인이 됩니다. 이런 경우 경매로 낙찰되면 대항력이 미치지 못해 세입자의 권리는 소멸합니다. 즉, 낙찰자가 그 임차 계약을 인수하지 않기 때문에 세입자는 더 이상 새 집주인에게 '내 계약 지켜달라'고 주장하지 못하고, 보증금도 경매 배당금을 통해서만 돌려받아야 합니다.¹

---

¹ 물론 배당을 못 받았거나 부족하다면 안타깝지만 보증금을 다 돌려받지 못하는 상황이 발생할 수도 있습니다.

▶ **대항력 한눈 공식**

대항력	>	말소기준권리	선순위 임차인 → 권리 인수 (대항력 有)
	<		후순위 임차인 → 권리 소멸 (대항력 無)

대항력 체크로 달라진 운명

▶ **사례 1**: 경매 초보자인 김○○ 씨는 시세보다 저렴한 한 아파트 경매 물건에 혹했습니다. 세입자가 살고 있었지만 큰 문제는 아닐 것이라 여겨 입찰에 참여해 낙찰을 받았습니다. 그러나 낙찰 후 알게 된 사실은 그 세입자가 대항력 있는 선순위 임차인이었고, 무려 1억 원의 전세보증금을 안고 있는 상태였습니다. 김 씨가 써낸 낙찰가로는 그 보증금이 모두 배당되지 않아, 남은 수천만 원의 보증금을 김 씨가 인수하게 되었습니다. 예상치 못한 거액의 추가 비용에 김 씨의 수익 계산은 엉망이 되었고, 세입자에게 보증금을 돌려주기 전까지는 집을 비워달라고 말하기도 어려운 처지가 되었습니다. 김 씨는 이 일을 통해 임차인의 전입일자와 대항력 여부를 간과한 자신의 실수를 뼈저리게 깨달았습니다.

▶ **사례 2**: 반면 다른 초보 투자자 이△△ 씨는 동일 지역의 또 다른 경매 물건을 분석하면서 세입자의 전입신고 날짜를 가장 먼저 확인했습니다. 등기부상 근저당권 설정일(말소기준권리)이 2019년 5월 10일인데, 세입자의 전입일이 그보다 늦은 2019년 7월임을 파악한 이 씨는 해당 임차인이 대항력 없는 후순위 임차인임을 알아냈습니다. 그는 이 물건에 입찰하여 낙찰을 받은 후 보증금 인수 걱정 없이 법적 절차에 따라 세

입자에게 이사를 요구했습니다. 세입자는 경매를 통해 일부 보증금을 배당받았지만 상당 부분을 잃게 되어 안타까운 상황이었으나, 이 씨 입장에서는 추가 비용 부담 없이 투자 계획을 진행할 수 있었습니다. 이 사례는 낙찰자에게는 사전 권리분석의 중요성을, 세입자에게는 대항력 유무가 보증금 반환에 미치는 영향력을 극명하게 보여줍니다.

같은 지역, 비슷한 물건이라도 임차인의 대항력 유무에 따라 낙찰자의 수익과 리스크가 크게 달라집니다. 경매 초보자라면 반드시 입찰 전 임차인의 전입신고 일자와 확정일자 등을 확인하고 대항력이 있는지 판단해야 합니다.

(2) 말소기준권리: 권리가 사라지는 경계선

"경매에서 어떤 권리는 사라지고, 어떤 권리는 살아남을까?"

말소기준권리는 경매 부동산 등기부에 나열된 여러 권리들의 생사 여부를 가르는 기준점입니다. 이 권리 이전에 존재한 권리들은 살아남아 낙찰자가 인수하게 되고, 이후에 설정된 권리들은 모두 소멸합니다. 따라서 시간순으로 기록되어 있는 권리 중 말소기준권리가 되는 권리를 찾는 게 권리분석의 첫걸음입니다.

근저당권(담보대출), 저당권, 가압류, 압류, 담보가등기, 경매개시결정 등기 중에서 가장 먼저 설정된 것이 해당 경매 물건의 말소기준권리가 됩니다.

▶ **말소기준권리 파악의 중요성**: 말소기준권리를 정확히 파악하는 것이 경매 권리분석의 핵심입니다. 경매 낙찰 후 어떤 권리가 사라지고, 어떤 권리가 남는지 알 수 있기 때문입니다. 이 원칙을 이해하고 활용하면 등기부상 복잡하게 얽힌 권리관계를 직관적으로 정리하고, 보다 안전하게 경매에 참여할 수 있게 됩니다.

▶ **경매 낙찰 시 말소기준권리 이후 권리들의 소멸(소멸주의 원칙)**: 경매에서는 소멸주의 원칙이 적용되는데, 말소기준권리보다 뒤에 등기된 후순위 권리들은 낙찰자가 잔금을 지급하는 순간 모두 소멸됩니다. 말소기준권리 자체도 예외가 아닙니다. 낙찰대금의 배당 등을 통해 말소기준권리까지 정리되고 나면 그 이후에 붙은 권리들은 깨끗이 사라지게 됩니다. 이러한 소멸주의 덕분에 경매로 집을 사는 경우 등기부에 빚이나 권리가 많이 올라와 있어도 겁낼 필요가 없습니다. 낙찰만 받으면 말소기준권리보다 뒤에 있는 각종 저당권이나 가압류로부터 해방된 깨끗한 권리 상태의 부동산을 손에 넣을 수 있기 때문입니다.

▶ **말소기준권리 이전에 설정된 권리들의 운명(선순위 권리의 인수)**: 말소기준권리보다 먼저 등기된 권리들은 경매 후에도 소멸되지 않고 살아남습니다. 이러한 권리를 선순위 권리라고 부르며 경매 낙찰자가 그대로 인수하게 됩니다. 다시 말해, 경매를 통해서도 지워지지 않고 낙찰자에게 떠안겨지는 권리인 것입니다. 예를 들어, 말소기준권리보다 앞선 시점에 설정된 전세권(임차권)이 있다면 그 전세권은 경매 후에도 소멸되지 않아 낙찰자가 책임지고 인수해야 합니다. 마찬가지로 말소기준권리보다 앞서 존재한 근저당권이나 지상권 등이 있었다면 이들도 낙찰자가 모두 떠안게 됩니다. 따라서 경매 물건을 분석할 때는 말소기

준권리 이전에 설정된 권리가 있는지 꼭 확인해야 합니다. 만약 이러한 선순위 권리가 있다면 낙찰 후에도 해당 권리가 유효하게 남아 추가적인 부담이나 책임을 지게 되기 때문입니다.

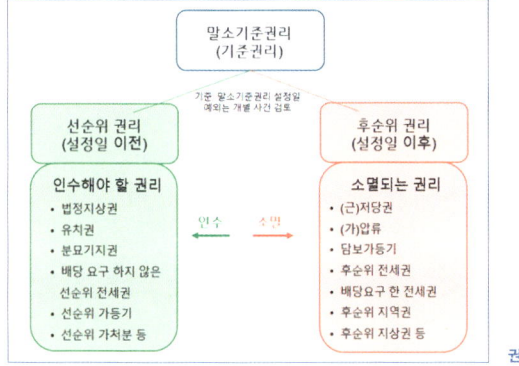

권리분석 트리

(3) 우선변제권: 내 보증금을 먼저 돌려받는 권리

경매에서는 여러 채권자가 낙찰대금을 나눠 갖게 됩니다. 이때 세입자가 다른 채권자들보다 자기 보증금을 우선적으로 돌려받을 수 있는 권리가 있는데, 이를 우선변제권이라고 합니다. 대항력이 '계속 살 권리'라면, 우선변제권은 '먼저 돈을 돌려받을 권리'에 가깝습니다.

▶ **요건**: 우선변제권을 얻으려면 대항력 요건(점유 + 전입신고)에 추가로 하나를 더 해야 합니다. 바로 임대차계약서에 확정일자를 받아둬야 합니다. 세 개를 모두 갖춰야 「주택임대차보호법」 8조가 보장하는 '우선변제권'이 생깁니다. 하나라도 빠지면 후순위로 밀려나거나 배당 자체에서 배제될 위험이 있습니다.

우선변제권을 얻는 세 가지 요건

요건	왜 필요한가?	실무 팁
① 주택 인도 (점유)	실제로 집을 점유해야 '주택임대차'라는 사실이 완성됨	입주 첫날 사진·동영상으로 입증자료 확보
② 전입신고	주민등록 전입은 '이 집이 내 주거지'라는 법적 선언임	동네 주민센터·정부24에서 즉시 처리 전입일 = 우선순위 기준일
③ 확정일자	'이 날짜에 계약했다'는 국가 증명. 경매·파산 시 채권 순위에 반영됨	전입신고 후 같은 창구에서 바로 확정일자 신청(수수료 600원 내외).

▶ **확정일자 ≠ 전세금 100%**: '확정일자를 찍었으니 전세금은 안전하다'는 착각에서 벗어나야 합니다. 확정일자는 동주민센터, 법원, 등기소에서 임대차계약서에 찍어주는 빨간 직인입니다. 국가는 이 도장을 통해 '이 날짜에 이런 임대차계약이 실제로 존재했다'고 공인해 주는 것입니다. 그런데 여기서 많은 세입자가 한 가지 오해에 빠집니다. 확정일자만 있으면 전세금이 100% 돌아온다고 믿는 착각입니다. 현실은 다릅니다. 확정일자는 '나도 채권자 대열에 끼워달라'고 등록하는 절차에 불과합니다. 이후 경매에서 얼마나 돈을 건질 수 있을지는 집값, 선순위 담보권액, 경매 낙찰가 등 여러 변수에 의해 결정됩니다.

▶ **배당요구종기**: 경매 절차에서 세입자나 채권자 등 배당을 받고자 하는 권리자들이 법원에 신고할 수 있는 마지막 기한을 뜻합니다. 이 기한 (통상 경매기일 1~2주 전까지 정해짐)까지 임차인이 자신의 보증금 반환을 요구하는 배당요구 신청을 해야만 경매 낙찰대금에서 우선순위에 따라 돈을 배당받을 수 있습니다. 만약 종기일까지 배당요구를 하지 않으면 경매에서 그 임차인은 단 한 푼도 배당받지 못하며, 대신 대항력 있는 임차인의 경우 그 보증금 반환채권이 고스란히 낙찰자에게 인계되는 문제가 발생합니다.

▶ **배당 순서의 냉혹한 현실**: 일반적으로 배당은 1. 선순위 담보권자(은행 근저당, 저당권, 가압류 등), 2. 세입자(주택 인도 + 전입신고 + 확정일자 충족), 3. 세무서 압류, 기타 일반 채권자 순으로 이루어집니다. 따라서 전세 세입자의 실제 회수액은 '남은 집값 − 선순위 채권액'에 달려 있습니다. 예를 들어보겠습니다. 매매가 3억 원인 아파트에 A 은행의 근저당 2억 원이 2023년 1월 5일 자로 설정되어 있습니다. 세입자 B 씨는 2024년 2월 10일 보증금 1억 원에 계약해 이 아파트에 입주하고, 확정일자를 받았습니다. 부동산 시장 침체로 이 아파트는 2025년 경매로 나와 낙찰가 2.4억 원에 거래됐습니다. 이 경우 세입자 B 씨는 전세금을 돌려받을 수 있을까요? 세입자 B 씨는 우선변제권의 세 가지 요건(주택 인도 + 전입신고 + 확정일자)을 충족했으므로 우선변제권이 있습니다. 그러나 근저당을 설정한 A 은행이 선순위 담보권자이므로 낙찰대금 2.4억 원 중 선순위 A 은행의 채권 2억 원을 제외한 나머지 4천만 원만 배당받을 수 있습니다. 나머지 6천만 원은 돌려받지 못해 손실을 보게 됩니다.

(4) 최우선변제권: 소액 세입자의 든든한 보호막

최우선변제권은 말 그대로 '가장 우선적으로' 보증금을 변제받을 권리입니다. 보증금 규모가 작은 임차인들을 보호하기 위한 장치로 일정 금액 한도의 보증금을 다른 모든 채권보다 최우선으로 보장해 줍니다. 말하자면 소액 세입자의 마지막 생명줄과 같습니다.

▶ **요건**: 최우선변제권은 확정일자가 필요 없습니다. 경매 신청일(보통 선순위 담보권 실행일) 이전까지 대항력 요건(입주 + 전입신고)만 갖추고 있으면 됩

니다. 단, 계약한 보증금 액수가 법에서 정한 '소액보증금' 기준 이하여야 합니다. 이 한도는 지역에 따라 다른데, 서울특별시의 경우 보증금 1억 6500만 원 이하일 때 소액임차인으로 인정되고, 최대 5500만 원까지 최우선변제를 받을 수 있습니다.

▶ **효과**: 조건을 충족한 소액임차인은 경매 시 자기 보증금 중 일정액을 모든 채권자보다 최우선으로 배당받습니다. 일반적인 우선변제권보다 더 앞선 순위로 보호되는 금액입니다. 예를 들어, B 씨의 보증금이 5천만 원이라면, 선순위 은행 대출이 있더라도 최우선변제 대상 금액 한도 내에서는 B 씨가 A 은행보다 먼저 배당을 받을 수 있습니다. 단, 법에서 정한 범위 내(주택 낙찰가의 1/2 한도 등)에서만 지급되며, 소액임차인이 여러 명이면 정해진 총액 한도 내에서 나누어 받는다는 제한도 있습니다.

개념별 권리 요약표

개념	필요한 조건	경매 시 효과(권리 처우)
대항력	주택 입주 + 전입신고(주민등록)	소유자 변경 시에도 임차 계약 유지 (새 소유자에게 권리 주장 가능)
말소기준권리	등기부상 가장 먼저 설정된 담보권/가압류/압류 등	이후에 설정된 모든 권리를 소멸시키는 기준선
선순위 임차권 (경매상 대항력)	대항력 확보 시점이 말소기준권리보다 먼저임	경매 후에도 임차권 존속 → 낙찰자가 보증금 인수(떠안음)
후순위 임차권	대항력 시점이 말소기준권리보다 나중임	경매로 임차권 소멸 → 보증금은 배당으로만 회수
우선변제권	대항력 요건 + 확정일자	보증금을 후순위 채권자보다 우선 배당받는 권리
최우선변제권	대항력 요건 + 소액보증금 (지역별 한도 내에서, 확정일자 불필요)	보증금 중 일정액을 모든 채권자보다 최우선으로 배당

| 최우선변제권을 적용받는 구체적인 금액과 한도는 지역·보증금 규모에 따라 차등이 있으므로 이를 별도로 확인해야 합니다.

임차인의 대항력 핵심 요약

① **대항력**
- ▶ 집이 매매되거나 경매로 낙찰되어 집주인이 바뀌더라도 계속 거주할 권리
- ▶ 요건: 주택 인도(점유)와 전입신고 모두 충족 시 다음 날 0시부터 대항력 생김
- ▶ 대항력 유무 판단

전입신고일		말소기준권리	선순위 임차인 → 권리 인수(대항력 有)
			후순위 임차인 → 권리 소멸(대항력 無)

② **말소기준권리**
- ▶ 등기부등본에 나열된 다른 권리의 생사 여부를 결정하는 기준점이 되는 권리
- ▶ 선순위 권리(말소기준권리 이전 설정) → **권리 인수**
- ▶ 후순위 권리(말소기준권리 이후 설정) → **권리 소멸**(소멸주의 원칙 적용됨)
- ▶ 말소기준권리 판별 체크 리스트

	질문	조치
☑	말소기준권리는 무엇인가?	최초 담보·압류 등
☑	말소기준권리 이전 권리가 있는가?	인수 검토
☑	대항력 임차 존재?	전입·점유·확정일자 확인
☑	배당요구 여부?	보증금 인수/소멸 분기
☑	등기 외 권리?	법정지상권·유치권·분묘기지권 검토

③ **우선변제권**
- ▶ 집이 경매에 낙찰되었을 때, 세입자가 다른 채권자들보다 자기 보증금을 우선적으로 돌려받을 수 있는 권리
- ▶ 요건: 대항력 요건(주택 인도(점유) + 전입신고) + 확정일자
- ▶ 확정일자의 착각: 확정일자 ≠ 전세금 100%
  ⇒ 확정일자는 채권자 대열에 끼워 달라고 등록하는 절차에 불과함.
- ▶ 배당요구종기(법원이 정한 배당신청 최종기한)까지 배당을 요구해야 함.
- ▶ 배당순서
  - 1순위: 선순위 담보권자(은행 근저당, 저당권, 가압류 등)
  - 2순위: 세입자(주택 인도 + 전입신고 + 확정일자 충족)
  - 3순위: 세무서 압류, 기타 일반 채권자

④ **최우선변제권**
- ▶ 소액임차인이 경매 시 자기 보증금 중 일정액을 모든 채권자보다 최우선으로 배당받을 권리
- ▶ 요건: 대항력 요건(입주 + 전입신고) 함. ※ 확정일자 필요 없음.
- ▶ 조건: 소액보증금 기준 이하여야 함. **지역별 소액임차인 보증금 기준**: 서울특별시 1억 6500만 원/과밀억제권역(서울 제외)·세종·용인·화성·김포 1억 4500만 원/광역시(군 제외)·안산·광주·파주·이천·평택 8500만 원/그 밖의 지역 7500만 원. **최우선변제금**: 서울 5500만 원/과밀억제권역 4800만 원/기타광역시 2800만 원/기타지역 2500만 원.

〈임차인의 대항력과 우선변제권 결정표〉

항목	점유+전입	확정일자	말소기준권리 전 전입	배당요구
유	대항력 O	우선변제 O	인수 O	보증금 배당 후 소멸
무	대항력 X	우선변제 X	인수 X	소멸 가능

3. 임차권 등기와 대항력 실전 가이드

　최근 사회적으로 전세보증금을 돌려받지 못한 세입자들이 법원에 임차권 등기명령을 신청하여 임차권 등기를 해두는 사례가 급증하고 있습니다. 그 여파로 등기부등본에 임차권 등기가 설정된 채 경매로 넘어오는 물건들도 눈에 띄게 늘어났습니다. 그러나 경매 투자자가 이에 대한 사전 지식 없이 덜컥 이런 물건을 낙찰받았다가는 낙찰 후 예상치 못한 막대한 세입자 보증금 채무를 떠안을 위험이 있습니다. 다시 말해, 남의 부채를 인수하는 최악의 상황이 벌어질 수 있다는 뜻입니다. 부동산 경매를 하는 투자자라면 이 임차권 등기 제도의 핵심을 정확히 이해하고 있어야 하며, 특히 입찰 전에 반드시 체크해야 할 사항들을 놓쳐서는 안 됩니다. 임차권 등기가 왜 생겨났고, 2023년 법 개정으로 절차가 어떻게 간소화됐으며, 경매에서 구체적으로 어떤 권리효과를 미치는지, 그리고 투자자가 현장에서 유의해야 할 실무 포인트는 무엇인지 차례대로 살펴보겠습니다.

(1) 임차권 등기의 정의와 제도적 목적
- "이사 가도 권리 지키는 안전장치"

임차권 등기란 세입자의 임차권을 부동산 등기부에 공식적으로 올려두는 것을 말합니다. 쉽게 설명하면, 임차인이 전월세계약으로 얻은 '그 집에 거주할 수 있는 권리'를 등기부에 표시해 놓는 제도입니다. 굳이 이런 등기를 왜 할까요? 제도적 목적은 세입자 보호입니다. 세입자가 부득이한 사정으로 집을 옮기더라도, 예전에 갖고 있던 대항력과 우선변제권을 상실하지 않도록 해주는 안전장치입니다.

일반적으로 주택 임대차에서 세입자는 주택에 입주하고 주민등록 전입신고를 하면 대항력을 얻게 되고, 거기에 확정일자까지 받아두면 우선변제권을 확보하게 됩니다. 이 두 가지 권리는 세입자가 계약 기간 중 집이 경매로 넘어가더라도 자신을 지킬 수 있는 법적 무기입니다. 그러나 이러한 보호 장치에도 허점이 하나 있었습니다. 임대차 기간이 끝났는데 집주인이 보증금을 못 돌려줘서 세입자가 이사를 못 가고 발이 묶이는 상황입니다. 세입자가 다른 곳으로 이사하게 되면 새 거처로 주민등록을 옮겨야 하므로 기존 집에 대한 전입신고와 점유 요건을 상실하게 됩니다. 그렇게 되면 지금까지 쌓아놓은 대항력과 우선변제권도 한순간에 사라집니다. 보증금을 돌려받기 전까지는 이사를 가지 말고, 그 집에 계속 살아야만 권리가 유지되는 구조였던 겁니다. 임차권 등기명령 제도는 바로 이러한 불합리함을 해결하기 위해 도입되었습니다. 「주택임대차보호법」 제3조의3에 따라, "임대차가 종료되었는데도 보증금을 돌려받지 못한 세입자"는 법원에 임차권 등기명령을 신청할 수 있고, 법원의 결정이 나면 그 주택 등기부에 자신의 임차권을 등기해 둘 수 있습니다. 임차권 등기를 해두면 세입자는 비록 그 집을 떠나 다른 곳에 살더라도 계약 당시 갖췄던 대항력과 우선변제권을 그대로 유지할 수 있습니다. 요컨대 '보증금을 못 받은 채 이사를 가도 내 권리를 지켜준다'는 일종의 보험이 생기는 것입니다.

임차권 등기의 본질은 세입자에게 거주 이전의 자유를 보장하면서도 보증금 반환청구권을 안전하게 보호하는 데 있습니다. 이 제도가 없던 시절에는 세입자가 보증금을 받기 전까지 꼼짝없이 그 집에 머물러 있어야만 했지만, 임차권 등기만 해두면 마음 놓고 이사할 수 있게 됐다는 뜻입니다. 이러한 이유로 계약 종료 후 보증금을 돌려받지 못한 세입자들이 임차권 등기명령을 활용하는 사례가 많아졌고, 전세사기 등으로 임차권 등기가 이루어지는 일도 최근 크게 늘었습니다.

(2) 2023년 법 개정
– 절차 간소화로 등기 신청 신속화

세입자 보호를 강화하기 위해 2023년에 「주택임대차보호법」이 개정되면서 임차권 등기명령 신청 절차가 매우 간편해졌습니다. 과거에는 법원이 임차권 등기명령을 인용하더라도 그 결정문이 집주인(임대인)에게 송달되어야만 등기 촉탁이 이루어졌습니다. 즉, 집주인이 우편을 받고도 아무 반응이 없으면 일정 기간 후에야 등기가 됐는데, 만약 집주인이 고의로 우편을 받지 않고 버티거나 연락이 두절되면 등기 절차 자체가 공전되는 문제가 있었습니다. 특히 집주인이 사망하거나 도망가 버린 전세사기 사례, 이른바 '빌라왕' 사태처럼 세입자가 법원에서 임차권 등기명령 결정을 받아 놓고도 임대인에게 송달이 안 된다는 이유로 등기를 못 하고 발만 동동 구르는 어이없는 상황이 벌어졌습니다. 2023년 7월 19일부터 시행된 개정법은 이러한 절차상의 장애물을 제거했습니다. 법원이 임차권 등기명령 결정을 내리기만 하면 임대인에게 결정문이 송달되기 전이라도 곧바로 등기소에 촉탁되어 등기가 이루어집니다. 한마디로 집주인 송달 여부와 상관없이 등기가 가능해진 것이고, 그만큼 절차가 빨라졌습니다. 정부에서도 전세사기 피해 구제를 위해 당초 예정일보다 시행 시점을 앞당겨서 현장에 적용했을 정도로 제도 개선의 의미가 큽니다.

그러나 절차가 빨라졌다고는 해도 신청서 한 장 내면 자동 처리된다는 뜻은 아닙니다. 실무적으로 무엇이 달라졌는지 조금 더 짚어보겠습니다. 우선 임차권 등기명령 신청 자체는 해당 주택의 관할 지방법원 혹은 시·군 법원에 합니다. 신청서에는 임대차계약서 사본, 보증금 미반환 입증 자료(임대인에게 내용증명으로 보증금 반환을 요구했으나 응하지 않았다는 것을 증명하는 자료 등), 부동산의 등기부등본, 그리고 신청인이 실제 그 집에 거주했다는 것을 입증할 전입세대 열람내역 등을 첨부해야 합니다. 요즘은 종이 서류뿐 아니라 전자소송 시스템으로도 신청할 수 있어서 편의성이 높습니다. 결정문 송달 대기 절차가 없어졌기 때문에 등기까지 걸리는 시간도 이전보다 단축되었습니다.

세입자 입장에서는 보증금 반환이 불투명해지는 상황이 조금이라도 보이면 하루빨리 임차권 등기명령을 신청하는 것이 유리합니다. 결정만 나면 바로 등기가 접수되므로 그 등기 접수일자를 기준으로 권리 순위가 정해집니다. 따라서 집주인의 다른 채권자들이 나중에 가압류나 가처분을 걸어도 임차권 등기가 먼저면 세입자 보증금이 그들보다 우선하게 됩니다. 개정 전에는 집주인이 송달을 받지 않는 바람에 등기 접수가 지연되고, 그 사이 후순위 권리가 들어와 세입자의 순위가 뒤로 밀릴 우려가 있었지만 이제는 그런 위험이 없어졌습니다.

그러나 다른 한편으로는 경매 투자자 관점에서 절차가 간소화된 만큼 임차권 등기가 된 채 경매로 나오는 물건이 늘어나기 때문에 권리분석에 더욱 유의해야 합니다. 세입자들이 집주인의 동의나 협조 없이도 자기 권리를 등기해 둘 수 있게 되었으니 겉보기에는 빈집 같은데 등기부등본을 확인해 보면 임차권 등기가 잔뜩 올라와 있는 물건이 속출할 수 있습니다. 낙찰자는 등기부등본상 임차권 등기 유무를 눈여겨보고, 세입자의 권리가 얼마나 보호되고 있는지를 반드시 따져봐야 합니다.

(3) 경매에서 임차권 등기의 효과
- "그대로 살아 있는 대항력과 우선변제권"

임차권 등기가 붙은 임대차는 경매 절차에서 두 가지 중요한 효과를 발휘합니다. 하나는 세입자의 우선변제권 유지이고, 다른 하나는 대항력 유지입니다. 앞서 설명한 대로 세입자가 거주 중일 때 확보했던 대항력과 우선변제권은 원칙적으로 이사를 하면 소멸합니다. 그러나 임차권 등기가 되어 있으면 이사 후에도 그 권리가 소멸하지 않고 그대로 유효합니다.

먼저 우선변제권 유지 측면을 보겠습니다. 세입자가 과거에 확정일자를 받아둔 상태였다면 경매로 집이 매각될 때 근저당권자 같은 후순위 권리자들보다 자신의 보증금을 먼저 배당받을 권리가 있습니다. 임차권 등기가 없다면 세입자는 이사하는 순간 그 우선변제권을 잃어버리지만, 등기가 되어 있으면 경매 진행 중에도 세입자가 그 집에 계속 살고 있는 것처럼 우선변제권이 유효하게 작동합니다. 심지어 세입자가 예전에 확정일자를 받지 않았더라도 임차권 등기가 완료된 시점에 대항력과 함께 우선변제권을 취득한 효과가 생긴다는 해석도 있습니다. 그만큼 임차권 등기는 세입자의 배당받을 권리를 지켜주는 강력한 장치라 할 수 있겠습니다.

다음으로 세입자의 대항력 유지의 효력을 살펴보겠습니다. 대항력은 경매로 소유자가 바뀌어도 세입자가 일정 기간 계속 거주할 수 있는 권리라고 했습니다. 임차권 등기가 있으면 세입자는 실제 집을 비웠더라도 법적으로는 '대항력 있는 임차인'의 지위를 이어갑니다. 「주택임대차보호법」 제3조의5에 따르면 경매로 집이 팔리면 임대차 관계도 소멸하는 게 원칙이지만 '보증금이 완전히 변제되지 않은 대항력 있는 임차권'은 예외로 규정돼 있습니다. 다시 말해, 보증금을 다 돌려받지 못한 채 권리만 유지되고 있는 임차인이 있다면 경매로 집이 낙찰되더라도 그 임차인의 권리는 자동으로 소멸하지 않는다는 것입니다. 결국 낙찰자는 그 임차인의 권리를 인수하게 될 수 있다는 뜻이 됩니다. 따라서 임차권 등기가 경매 절차에 등장하면 이는 '이 임차인은 대항력과 우선변제권이 살아있는 권리를 가지고 있다'는 신호로 이해해야 합니다. 세입자가 경매 배당을 통해 자신의 보증금을 전액 회수하지 못하면 남은 금액을 새 집주인(낙찰자)에게 계속 요구할 법적 발판이 생기는 것입니다. 그러므로 경매 투자자는 이 임차권 등기의 의미를 정확히 읽어내서 낙찰 후 내가 추가로 떠안을 보증금이 있는지를 판단해야 합니다.

(4) 최악의 시나리오
– 일부만 배당되고 남은 보증금이 계속 인수되는 경우

경매 투자자들이 임차권 등기와 관련해 가장 두려워하는 상황이 있습니다. '세입자가 보증금의 일부만 경매 배당을 받아 임차권 등기가 말소되지 않고 남아 있는 경우'입니다. 얼핏 생각하면 경매 낙찰대금에서 세입자가 돈을 어느 정도 받았으니 문제없을 것 같지만 오히려 이 경우가 가장 위험합니다. 법적으로 '보증금이 모두 변제되지 않은 대항력 있는 임차권'은 경매로 소멸하지 않기 때문에 세입자가 배당으로 돈을 일부 돌려받았더라도 완전히 돌려받지 못한 잔액에 대한 권리는 그대로 살아 있게 됩니다. 따라서 그 잔액 반환 책임이 낙찰자에게 넘어올 위험이 커집니다.

예를 들어, 보증금 2억 원인 세입자가 경매 배당으로 1억 5천만 원만 돌려받고, 5천만 원이 부족한 상황을 생각해 보겠습니다. 이 경우 세입자의 임차권 등기는 말소되지 않고 등기부에 그대로 남거나 혹은 등기된 보증금 액수가 잔여 금액인 5천만 원으로 변경되는 식으로 기록이 유지됩니다. 그러면 낙찰자 입장에서는 5천만 원짜리 선순위 권리를 고스란히 인수하게 되는 겁니다. 낙찰자 입장에서는 빈집 상태로 인도받기 위해서는 경매 금액 외에 5천만 원의 추가 비용을 부담해야 하는 것입니다. 현실에서 드물지 않게 발생하는 경우로 특히 낙찰가가 낮아 세입자 보증금이 전부 배당되지 못할 때 흔히 벌어집니다. 법적으로 낙찰자가 옛 임대인(전 집주인)에게 그 돈을 구상권 청구할 수 있지만 현실적으로 어렵습니다. 이처럼 경매에서 일부만 배당되고 끝나지 않은 임차권은 낙찰자의 수익계산을 완전히 뒤흔드는 지뢰가 됩니다. 투자자는 입찰 전에 이런 시나리오까지 면밀히 가정하고 수익성을 검토해야 합니다.

▍(5) 입찰 전 필수 체크 포인트
  – "임차권 등기 물건, 이렇게 분석하라"

임차권 등기가 얽힌 물건에 투자하려면 남들보다 몇 배 더 꼼꼼한 권리분석이 필요합니다. 다음은 입찰 전에 반드시 살펴봐야 할 핵심 체크사항입니다.

▶ **세입자 권리순위 파악**: 해당 부동산의 등기부 '을구(권리사항 란)'와 법원의 매각물건명세서를 통해 그 세입자의 전입신고일과 확정일자를 확인합

니다. 세입자의 전입일(점유개시일)이 말소기준권리보다 선순위라면 대항력 있는 임차인일 가능성이 높습니다. 또 확정일자를 갖고 있다면 우선변제권까지 확보한 것이므로 낙찰대금이 충분하지 않을 경우 낙찰자가 보증금 잔액을 떠안을 위험이 매우 큽니다. 반대로 세입자의 전입일이 후순위이거나(혹은 대항력이 없거나) 소액보증금 임차인인지도 함께 확인하는 것이 좋습니다. 후순위 임차인의 보증금은 경매로 소멸되므로 낙찰자 인수 부담이 없습니다. 그러나 선순위 소액임차인의 경우 배당요구를 통해 최우선변제금으로 일부를 보호받되 받지 못한 나머지 보증금에 대해서는 낙찰자가 인수해야 합니다.

▶ **임차권 등기 시점 vs. 경매개시결정 등기 시점**: 세입자의 임차권 등기 접수일자가 해당 부동산 경매개시결정 등기일보다 빠른지 늦은지 살펴봐야 합니다. 임차권 등기 접수일이 경매개시 등기일보다 이르면 세입자는 별도로 배당요구신청을 하지 않아도 법원이 직권으로 배당에 참여시켜 줍니다. 왜냐하면 경매개시 전에 이미 등기부에 권리가 올라와 있으면 존재를 모두가 알 수 있는 채권자로 간주되기 때문입니다. 따라서 이 경우 그 임차인은 배당절차에 자동 포함되어 보증금이 우선 배당될 가능성이 높습니다. 반면 임차권 등기가 경매개시결정 이후에 됐다면 세입자가 반드시 법원에 배당요구를 해야 배당에 참여할 수 있습니다. 그러므로 등기 일자 두 개를 비교함으로써 세입자의 배당 참여 자격을 미리 판단할 수 있습니다.

▶ **배당요구 신청 여부 및 시기**: 세입자가 적법한 기한 내에 배당요구를 했는지 여부를 확인해야 합니다. 경매 절차에서는 법원이 보통 매각기일(입찰일)로부터 1개월 뒤를 배당요구종기일로 정하는데, 매각물건명세

서와 현황조사서 등을 통해 세입자가 그 종기일까지 배당요구를 신청했는지 봐야 합니다. 세입자가 제때 배당요구를 하지 않았다면 임차권등기가 있어도 배당을 한 푼도 못 받고 경매가 진행될 수 있습니다. 이 경우 그 임차인의 보증금 전액이 고스란히 낙찰자에게 인수되는 최악의 상황이 벌어집니다. 반대로 제때 배당요구를 했다면 얼마나 배당을 받아 갈지 그리고 부족분이 얼마 남을지를 계산해 봐야 합니다. 세입자가 배당요구를 했는지 놓쳤는지는 투자자에게 천국과 지옥의 차이를 만들 수 있으므로 반드시 확인해야 할 포인트입니다.

▶ **보증금 규모 및 예상 배당율 계산**: 경매 물건의 감정가 대비 세입자 보증금의 크기를 살펴봐야 합니다. 단순히 감정가가 아니라 예상 낙찰가 대비로 보증금이 얼마나 큰지 따져보는 게 실질적입니다. 예를 들어, 세입자 보증금이 3억 원인데 이 물건의 낙찰가가 2억 원 선에 그칠 것 같다면 적어도 1억 원 이상은 미배당 잔액으로 남을 가능성이 있습니다. 또 선순위 근저당 등 다른 권리가 많아서 세입자에게 돌아갈 배당 몫이 제한된다면 잔액은 더 커질 것입니다. 즉, 보증금 대비 낙찰가의 부족분이 그대로 낙찰자의 추가 부담액이 될 수 있다는 판단을 해야 합니다. 필요하면 예상 낙찰가를 여러 시나리오로 놓고 잔여 보증금 규모를 시뮬레이션해 보는 것도 좋습니다. 이 값이 너무 크다면 사전에 입찰 포기를 고려하거나 입찰하더라도 그 액수를 감안해 낮은 가격에 써내는 보수적인 접근이 필요합니다.

(6) 제도 개선이 필요한 부분과 실전 대응 전략

임차권 등기 제도는 세입자에게는 든든한 보호막이지만 현행 법제와 실무에는 몇 가지 보완이 필요합니다.

▶ **임대차 권리 공시의 한계**: 세입자가 임차권 등기를 해야 비로소 그 집에 어떤 임대차 권리가 얽혀 있는지 등기부에 드러납니다. 그러나 현실에서는 많은 임차인이 임차권 등기를 하지 않거나 경매가 임박해서야 등기하는 경우도 많습니다. 그 결과 제3자 입장에서는 임대차 정보를 제때 파악하기 어려운 '깜깜이' 상황이 벌어집니다. 현행 주택임대차보호법상 대항력이나 우선변제권을 위해 주민등록과 확정일자 제도가 있지만 이 정보들은 등기부와 분리되어 있고, 개인정보 문제로 타인이 열람하기도 어렵습니다. 투자자 입장에서는 등기부에 드러나지 않은 세입자 정보를 일일이 주민센터를 통해 확인해야 하는 번거로움이 있습니다.
이 문제를 해결하기 위해 일각에서는 '임대차계약 자체를 등기부에 공개하는 방안' 쉽게 말해, 임차권 등기의 의무화를 제안하고 있습니다. 임대차를 맺을 때부터 보증금, 기간 등 주요 내용을 등기부상에 올려놓으면 후순위 권리자나 경매 입찰자도 그 부동산에 어떤 임대차 부담이 있는지 명확히 알 수 있다는 취지입니다. 전문가들은 임차권 설정 등기를 의무화하면 세입자 권리뿐만 아니라 후속 투자자의 알 권리도 보장되어 지금처럼 정보가 파편화된 공시제도의 불완전성을 개선할 수 있다고 지적합니다. 물론 집주인 측에서는 계약 때부터 등기에 올리는 번거로움과 임대차 조건이 공개되는 부담이 있을 수 있습니다. 그러나 전세사기 예방과 투명한 거래를 위해 장기적으로 검토할 가치가 있는 개선 방향이라는 것이 대다수의 의견입니다.

▶ **경매 절차와 임차권 등기 제도의 정합성**: 앞서 언급한 '일부 배당 후 임차권 등기 존속' 문제의 경우, 현행법이 임차인에게 잔액에 대한 권리를 부여한 것은 좋지만 이를 처리하는 절차가 명확하지 않은 측면이 있습니다. 예를 들어, 경매가 끝난 후 잔여 보증금에 대해 임차권 등기 변경 촉탁을 하도록 하고 있지만 정작 낙찰자는 그 잔액을 언제 어떻게 정산해야 하는지 혼란스러울 수 있습니다. 실무적으로는 낙찰자(새 집주인)와 임차인이 잔여 보증금 지급과 동시에 임차권 등기 말소 및 명도를 약정하는 형태로 해결하는데 이러한 절차를 명문화하거나 표준화할 필요가 있다는 지적도 있습니다. 결국 낙찰자 보호 장치도 어느 정도 보완되어야 경매시장이 위축되지 않고 선순환할 것입니다.

임차권 등기 FLOW CHART

START ▶

① **등기부등본 확인**(을구 체크)
  ▶ 임차권 등기 존재여부 및 접수일자 파악
  (※ 2023. 7. 19. 개정법으로 임대인 송달 없이 즉시 등기 가능)
  ▼

② **임차인 우선순위 분석**
  ▶ 전입일·확정일자 ↔ 말소기준권리 비교

전입신고일	>	말소기준권리	→ **선순위 대항력 O**(보증금 인수 위험 증가)
	<		→ **후순위 대항력 X**(낙찰로 권리 소멸)

  ▶ 임차권 등기일 ↔ 경매개시결정일 비교

임차권 등기일	>	경매개시결정일	→ 세입자 **배당 자동 참여**
	<		→ 세입자 배당요구 신청 필수

  ▼

③ **배당 시나리오 계산**
  ▶ 예상 낙찰가 대비 세입자 보증금 및 선순위 채권 총액 산정
  ▶ 낙찰대금 < 선순위 채권 + 보증금
    → 잔여 인수 보증금 = 보증금 − 배당예상액 (낙찰자가 떠안을 금액)
  ▼

④ **리스크 유형 분류**

A유형	임차권 등기 O + 배당요구 **적기 제출**	▶	인수 위험 비교적 ↓
B유형	임차권 등기 O + 배당요구 **미제출**	▶	보증금 전액 인수 가능성 ↑↑
C유형	일부 배당 후 **잔액 임차권 등기 존속**	▶	추가 청구 리스크 ↑↑↑

  ▼

⑤ **입찰 여부 의사결정**
  ▶ 안전 마진 충분한가? → ⑥ **입찰가 산정**(추가 보증금 부담 감안해 보수적으로)
  ▶ 부담 과다/불확실성 높나? → ⑦ 입찰 포기 또는 다른 물건으로 대체
  ▼

⑧ **[낙찰 후] 실무 대응**
  ▶ **잔금 지급 전**: 임차인과 합의 시도(원만한 명도 교섭)
  ▶ **잔금 지급 시**: '잔여보증금 지급 ↔ 임차권 등기 말소 + 명도확인서' 동시 이행
  ▶ **잔금 지급 후**: 임차권 등기 말소 촉탁 및 인도 명령 등 후속 절차 진행
  ▼

⑨ **추후 제도 개선 동향 주시**
  ▶ '임차권 설정 등기' 의무화 논의 등 변화 가능성 체크
  ▶ 잔액 정산 및 명도 절차 표준화 필요성에 대한 법·판례 동향 확인

4.
채권 소멸시효 개념과 실전 대응 전략

▌ (1) 채권 소멸시효의 개념

"소멸시효란 무엇인가?"

▶ **정의**: 누구든 돈을 빌려주거나 받을 일이 있다면 반드시 알아두어야 할 개념이 바로 채권의 소멸시효입니다. '돈을 받을 권리가 있어도 일정 기간 행사하지 않으면 그 권리가 법적으로 소멸된다'는 것으로 채권(빚 독촉할 권리)에도 유통기한이 있다는 뜻입니다. 법이 이러한 제도를 둔 이유는 너무 오래 지난 채무 관계를 두고 분쟁이 계속되는 것을 막고, 사회 경제의 안정성을 확보하기 위해서입니다. 시간이 지나면 증거와 기억이 희미해지고, 누구에게나 '이제는 다 끝난 일'이라는 예측 가능성이 필요하기 때문에 일정 기간 평온히 권리행사가 없었다면 뒤늦게 돈을 달라고 할 수 없게 만드는 것입니다.

▶ **채권 종류별 소멸시효 기간**: 모든 채권의 시효 기간이 똑같지 않습니다. 일반적인 민사채권(예: 친구에게 돈을 빌려준 경우)은 기본 10년입니다. 그러나 상인들 사이 거래에서 발생한 돈은 5년으로 단축됩니다. 그밖에 일상생활에서 자주 발생하는 몇몇 채권은 기간이 더 짧은 단기 소멸시효가 적용되는데, 예를 들어 물건 판매대금이나 공사대금은 3년, 월급·임금 및 1년 미만 주기의 급여채권도 보통 3년 안에 청구하지 않으면 권리가 소멸됩니다. 특히 음식점 외상값이나 여관 숙박비 등은 불과 1년이 지나면 시효 완성이 되어버리니 주의해야 합니다. 이처럼 채권의 종류에 따라 1년, 3년, 5년, 10년 등 각기 다른 시효 기간이 존재하므로 자신이 가진 채권이 어떤 범주에 속하는지 미리 알아두어야 합니다.

▶ **소멸시효를 중단시키는 세 가지 방법**: 채권자는 시효 만료 전에 반드시 적절한 시효중단 조치를 취해 남은 시간을 초기화하거나 멈춰야 합니다. 「민법」은 시효를 중단시키는 방법으로 세 가지를 인정하는데, ⑴ 법원을 통한 청구, ⑵ 채무자 재산에 대한 강제집행 또는 가압류·가처분 같은 보전조치, ⑶ 채무자의 승인 즉, 빚을 인정하는 행위입니다.

▶ **청구**: 단순히 전화나 문자로 독촉하는 것이 아니라 *법원을 통한 청구*를 말합니다. 소장을 제출하여 소송을 제기하는 행위, 법원에 지급명령을 신청하거나 채무자가 파산했다면 거기에 채권을 신고하는 행위, 법원의 화해권고결정을 받아들이는 행위 등 모두 청구로 봅니다. 이러한 공식 절차를 밟으면 시효는 일단 중단됩니다. 일단 소송을 제기하면 재판이 진행되는 동안 시효 시계가 멈추고, 최종적으로 승소 판결

참고로 교통사고나 폭행 등 불법행위로 인한 손해배상청구권은 피해를 안 날로부터 3년 또는 그 행위가 있은 날로부터 10년 이내에 청구해야 합니다.

을 받으면 그 판결 확정일로부터 10년의 시효가 다시 시작됩니다. 단, 소송을 도중에 취하하거나 패소하면 중단 효력이 상실될 수도 있으니 주의해야 합니다.

▶ **강제집행 · 보전조치**: 채무자의 재산을 압류하거나 가압류, 가처분 등의 조치를 취하는 것입니다. 상대방이 돈을 안 갚으면 채무자 소유의 부동산이나 예금 등에 대해 법원에 가압류를 신청해 둘 수 있습니다. 이렇게 채무자의 재산을 확보하려는 법적 조치를 취하면 시효가 중단되고, 이후 다시 처음부터 시효 기간이 계산됩니다. 소송과 마찬가지로 국가의 공권력을 이용한 절차이기 때문에 효력이 인정되는 것입니다.

▶ **채무자의 승인**: '채무자(돈 갚을 사람)'가 스스로 그 빚을 인정하는 행위를 한 경우에도 시효가 중단됩니다. 채무자가 빚 일부 금액이라도 직접 갚았다면 이는 사실상 빚을 인정한 것으로 보아 시효가 초기화(reset)됩니다. '조금만 더 기다려 달라', '곧 갚을 테니 시간을 달라'고 부탁하거나 빚을 인정하는 각서에 서명하는 것 등도 모두 빚을 인정하는 행위에 해당됩니다. 이러한 '인정 행위(승인)'를 채무자가 하면 그 순간 시효가 초기화되어 그때부터 새 시효 기간이 진행된다고 이해하면 됩니다.

(2) 채권 소멸시효 사례와 대응 전략

▶ **현실에서 흔한 실수와 사례**: 소멸시효를 둘러싸고 현실에서는 여러 실수가 벌어집니다. 첫 번째, 채권자(돈 받을 사람)가 제때 조치를 못 해서 돈을 못 받는 경우입니다. 예를 들어, A 씨가 운영하는 가게에서 단골손

님이 외상값을 계속 미루고 있었는데, A 씨는 '설마 안 갚겠어' 하며 1년이 넘도록 아무 조치도 취하지 않았다고 합시다. 결국 1년이 지나버리면 그 외상값 채권은 시효가 완성됩니다. 채무자가 이미 시효가 지나서 못 주겠다고 하면 A 씨로서는 속수무책입니다. 원칙적으로 시효가 완성된 이상 돈을 받아낼 법적 권리가 없습니다. 그러므로 그 전에 소액소송을 제기해 판결을 받아 시효를 10년 연장하거나 가압류 등을 통해 시효를 중단시켰어야 했다고 전문가들은 조언합니다. 많은 채권자들이 이렇듯 시효 기간을 착각하거나 안일하게 기다리다가 뒤늦게 후회하는 사례가 많습니다.

두 번째, 채무자인데 시효 완성 후 부주의하게 빚을 되살리는 경우입니다. 예를 들어, B 씨는 10년 전에 돈을 빌렸는데 채권자로부터 한동안 연락이 없어서 '이제 안 갚아도 되겠지' 하고 살다가 10년이 살짝 지난 시점에 갑자기 양심이 걸려 빚을 일부 갚았다면 어떻게 될까요? 그 순간 시효 완성으로 얻었던 면책 혜택을 스스로 포기하는 결과를 낳게 되어 법적으로 남은 빚을 다시 갚아야 하는 상황이 됩니다. 실제로 10년이 넘은 빚에 대해 채무자가 뒤늦게 일부 변제하는 등 채무를 인정하는 행위로, 끝난 줄 알았던 빚 독촉이 부활해서 결국 전액을 청산해야 했다는 판례들도 있습니다. 또한 시효가 완성된 줄 모르고 채무자가 빚 각서를 써주는 실수도 흔합니다. 이렇게 시효가 지난 뒤에 채무자가 부주의하게 한 말이나 행동 하나로 시효 완성이라는 강력한 방패를 스스로 내려놓게 되는 셈입니다.

그 밖에도 내용증명만 보내놓고 추가 조치를 안 한다든지 시효 완성 시점을 잘못 계산하는 실수, 혹은 법 개정으로 시효 기간이 변경되었는데도 옛 규정만 알고 있는 경우 등이 있습니다. 한편 채무자 입장에서는 시효가 완성되었다고 해서 무조건 방심해선 안 됩니다. 채권자가 법원에 지급명령을 신청하면 채무자가 2주 이내 이의를 제기하지 않는 한 그대로 확정되어 집행력 있는 채권으로 부활할 수 있습니다. 실제로 '이미 지난 빚이라서 가만히 있었더니, 법원에서 온 지급명령에 이의하지 않는 바람에 판결이 확정돼 버렸다'는 식의 사례도 있습니다. 시효 완성된 줄 알았던 빚이 이렇게 부활하면 오히려 새 판결로 다시 10년 집행이 가능해지므로 채무자는 방심하지 말고 법원의 서류를 받으면 즉각 '시효 완성'을 주장해야 합니다.

▶ **채권 생존전략**: 소멸시효와 관련하여 채권자와 채무자가 기억해야 할 생존전략은 다음과 같습니다.

채권자: 반드시 달력에 시효 만료일을 적어놓고 관리해야 합니다. *내 채권이 1년짜리인지 3년짜리인지 정확히 숙지하고*, 만료 전에 여유 있게 소송 제기나 지급명령 신청, 가압류 등의 법적 조치를 취해 시효를 중단시키는 것이 안전합니다. 내용증명 우편을 통해 독촉장(민법상의 최고(催告))을 보내는 것은 잠시 시효 진행을 멈추게 할 순 있지만 이는 6개월 내에 위의 정식 청구 등 조치로 이어지지 않으면 효력이 상실됩니다. 따라서 내용증명만 보내놓고 안심해서는 안 되고, 반드시 추가 법적 조치를 취해야 합니다. 1년, 3년, 5년 등 단기 소멸시효가 적용되던 채권도 판결이 확정되는 순간 10년의 새로운 시효가 생기니 적극 활용할 필요가 있습니다.

채무자: 빚의 소멸시효가 완성된 경우라면 채무자(돈 갚을 사람)는 법적으로 갚지 않아도 될 가능성이 커집니다. 이런 경우 먼저 일부라도 갚겠다거나 빚을 인정한다는 말을 해서는 안 됩니다. 자칫 적은 금액이라도 변제하면 시효가 다시 살아나 남은 빚을 모두 갚아야 할 수도 있습니다. 채권자 연락을 무작정 피하기만 해서도 안 되고, 시효 완성을 법정에서 적극 항변해야만 비로소 보호를 받을 수 있습니다. 만약 법원으로부터 지급

명령이나 소장이 오면 '시효가 완성되었다'는 취지로 즉시 이의신청이나 답변서를 제출해야 시효 완성의 혜택을 지킬 수 있습니다.

채권 소멸시효 FLOW CHART

START ──▶
① **채권 발생일**(돈 빌려준 날, 계약 위반일, 불법행위일 등)부터 시효기간 시작
▼
② **채권 만료 시한 확인:** 달력에 표시
  ▶ 일반 민사채권: **10년**
  ▶ 상사채권(상인 간 거래): **5년**
  ▶ 단기채권(물품대금 · 공사대금 · 임금 등): **3년**
  ▶ 최단기채권(음식점 외상값, 숙박비 등): **1년**
▼
③ **시효 중단의 3가지 방법:** 시효 중단 시 시효 초기화(새 시효 기간 시작)
  ▶ **법원에 청구:** 소송 제기, 지급명령 신청 등 공식적인 권리 행사
  ▶ **집행 또는 보전조치:** 채무자 재산에 압류 · 가압류 · 가처분 등 걸기
  ▶ **채무자의 승인:** 빚 일부라도 받거나 갚겠다는 각서 · 약속 받기
※ 내용증명 독촉은 임시정지로 6개월 내 소송 등 진행하지 않으면 무효
※ 확정판결을 받으면 채권 종류와 상관없이 10년간 새 시효가 시작됨.
▼
④ **시효 만료 후 시나리오**
  ▶ **채권자:** 채무자가 법정에서 '시효 완성'을 주장하면 더 이상 돈을 받을 법적 권리가 없음.
  ▶ **채무자:** 먼저 빚을 일부라도 갚거나 인정해서는 안 됨. 또 내용증명이나 법원 지급명령 등 공문서를 받으면 무시하지 말고 즉시 시효 완성을 주장해야 함. 가만히 있다가 판결이 확정되면 시효 완성의 이점을 모두 잃게 됨.
▼
⑤ **시효 초기화 공식 - '10·5·3·1 + 3중단'**
  → 10년, 5년, 3년, 1년 기억하고, **3가지**(소송 · 집행 · 승인)**만** 하면 **시효 초기화**

PART 4
특수리스크

1. 유치권

▎ (1) 경매 공시 관행과 유치권 피해

　부동산 경매에서는 「민법」 제320조상의 유치권이 돌발 변수로 자주 등장하지만 유치권 성립 여부는 겉으로 쉽게 확인되지 않아 큰 문제를 일으킵니다. 현행 법원경매 절차상 유치권은 등기 없이 점유만으로 성립하는 권리입니다(비등기 권리). 따라서 매수희망자들이 사전에 등기부로는 유치권 존재를 파악하기 어렵습니다. 그런데도 민사집행법은 매수인이 유치권으로 담보된 채권을 인수할 수 있다고 규정하고 있습니다. 더 큰 문제는 법원이 유치권 신고를 받으면 별다른 심사 없이 매각물건명세서에 그 내용을 그대로 공시하는 관행입니다. 이 때문에 허위 유치권 신고가 난무하고 있습니다.

　실제로 법원은 누군가 경매 물건에 유치권을 주장한다며 서류를 내기만 해도 그 주장의 진위는 따져보지 않은 채 매각물건명세서에 버젓이 '유치권 있음'이라고 기재합니다. 일단 명세서에 유치권이 있다고 찍히면 입찰자들은 불안감에 그 경매를 기피합니다. 낙찰가도 뚝 떨어집니다. 한 경매 전문가는 "경매 물건에 신고된 유치권 중 상당수는 성립 요건을 충족하지 못하거나 아예 허위인데도, '유치권 있음' 한 줄 때문에 응찰자가 급감한다"라고 지적합니다. 실제 한 조사에서도 유치권 신고가 붙은 경매 물건은 건당 평균 입찰자 수가 2.7명에 불과했다고 합니다. 유치권 때문에 입찰자들이 기피하며 달아난 것입니다. 낙찰 가격이 떨어지면 선순위 담보권자(채권자)의 배당액도 줄어드니 결과적으로 허위 유치권 공시는 채권자에게도 손해를 입히는 악순환을 낳습니다.

허위 유치권 신고로 인한 구체적인 피해 사례도 많습니다. 유치권자는 일단 물건을 점유하고만 있으면 낙찰자에게 대항할 수 있기 때문에 일부 몰지각한 사람들은 경매 진행 중인 건물에 무단으로 들어가 출입문을 쇠사슬로 봉쇄하거나 용접해 버리기까지 합니다. 건물 앞에 대형 현수막으로 '유치권 행사 중'이라는 문구를 내걸어 출입을 차단해 놓는 경우도 있습니다. 이렇게 해놓으면 낙찰자는 돈을 다 내고도 건물에 들어가지 못하는 황당한 상황에 놓입니다. 점유를 되찾으려면 결국 법원에 명도명령을 신청하거나 강제집행을 해야 하고, 유치권자가 버티면 인도 소송을 거쳐야 합니다. 시간과 비용이 추가로 들고, 협의가 안 되면 경매가 지연되거나 유찰을 거듭하다 재경매로 넘어가기도 합니다.

또 허위 유치권이 붙으면 경매 진행이 지연되고 낙찰가율이 하락하는 것은 물론이고, 각종 법적 분쟁으로 번집니다. 매수인은 유치권 채권을 자신이 떠안을지 모른다는 위험 때문에 입찰가를 보수적으로 책정할 수밖에 없습니다. 게다가 유치권자가 법원에 제출한 공사비 채권액이 실제보다 부풀려진 경우라면 입찰자 입장에서는 더욱 위험해 보여 응찰을 꺼리게 됩니다. 이 틈을 타서 유치권자나 채무자가 악의적으로 경매 절차에 이의신청이나 집행정지 신청을 남발하여 매각 결정을 질질 끄는 사례도 있습니다. 한 건의 유치권 분쟁 때문에 민사, 형사 할 것 없이 복잡한 소송전이 꼬리를 물기도 합니다.

이러한 혼란으로 경매 시스템에 대한 신뢰는 추락합니다. 허위 유치권에 발목 잡힌 낙찰자들은 예기치 않은 비용 지출과 엄청난 스트레스로 큰 피해를 봅니다. 공신력이 있어야 할 법원의 공시가 허위 주장에 휘둘리는 것을 보며 사법 제도 전반에 불신을 갖게 됩니다. 실제 한 설문 조사에서 국민의 법원 신뢰도가 10점 만점에 3.8점에 그쳤다는 결과도 있는데, 허위 유치권 공시 관행은 이런 사법 불신을 더욱 키우는 요인이라는 지적이 나옵니다.

▶ **입찰자들의 대응**: 경매 고수들은 유치권 문제가 있는 물건일수록 진짜 유치권인지 가짜 유치권인지 법적 성립 요건을 하나하나 따져봅니다. 일부 투자자는 오히려 유치권 신고가 붙은 물건을 골라 낮은 가격에 낙찰을 받은 후 법적으로 해결하는 배짱 전략을 구사하기도 합니다. 반면 초보자는 성급히 뛰어들었다가 감당 못 할 수도 있으므로 유치권 신고가 된 물건은 현장 조사를 철저히 하고 전문가의 조언을 들어볼 필요가 있습니다. 유치권 주장의 진위가 의심스럽다면 경매 진행 중이라도 법원에 이의신청을 제기하고, 별도로 유치권 부존재 확인 소송을 통해 그 주장을 깨끗이 제거하는 방법도 있습니다. 유치권자가 악의적으로 경매를 방해하고 있다면 형법상 경매입찰방해죄(『형법』 제315조)나 업무방해죄(『형법』 제314조), 건조물침입죄(『형법』 제319조) 등으로 형사 고소하여 압박하는 방안도 고려해 볼 수 있습니다.

▶ **제도 개선 필요**: 근본적으로는 법원의 공시 관행 자체를 고쳐야 한다는 목소리가 높습니다. 학계와 실무 전문가들은 유치권 신고를 의무화

하되 엄격한 심사 절차를 도입할 것을 제안합니다. 예를 들어, 유치권을 주장하려는 사람에게 일정 금액의 보증금을 법원에 공탁하도록 하고, 법원이 제출된 서류를 철저히 심사해 허위 신고를 걸러내는 제도입니다. 또한 매각물건명세서의 공신력을 높이기 위해 유치권 신고 시 심사 결과를 공개하고, 유치권이 실제 인정되는 경우에만 매수인이 해당 채권을 인수하도록 민사집행법을 개정해야 한다는 의견도 있습니다. 이러한 개선책을 통해 경매 시스템의 안정성을 높이고, 법원 공시에 대한 신뢰를 회복해야 한다는 데 많은 이들이 공감하고 있습니다.

(2) 유치권 부존재 확인 소송

허위 유치권 때문에 경매가 거듭 유찰되거나 장기 정지되는 경우, 이해관계인(주로 선순위 근저당권자)이 법원에 '유치권이 존재하지 않는다'는 확인 판결을 구하는 소송을 제기할 수 있습니다. 이를 유치권 부존재 확인 청구라고 부릅니다. 대법원 판례에 따르면, 경매가 반복 유찰되거나 장기 지연되어 근저당권자의 배당 이익이 침해될 위험이 있으면, 근저당권자는 유치권 신고자를 상대로 이런 확인 소송을 제기할 '법률상 이익(소의 이익)'이 있다고 합니다. 예를 들면, 유치권 36억 원을 신고한 탓에 여러 차례 매각 기일에 입찰자가 없어 유찰된 경우 등입니다.

이 소송에서는 입증 책임이 유치권자 측에 있습니다. 부존재 확인 소송은 일종의 소극적 확인의 소이므로, 원고(근저당권자 등)는 '유치권이 없다'고 주장만 하면 되고, 피고(유치권 주장자)가 자기 유치권의 성립 요건을 모두 증명해야 합니다. 즉, 피고는 자신이 해당 부동산을 경매개시결정 등기 이전부터 점유해 왔다는 사실, 그 점유를 시작하게 된 적법한 경위, 그리고 그 부동산과 직접 관련된 공사대금 등 피담보채권이 실제 존재하며 변제기까지 도래했다는 사실 등을 구체적으로 입증해야 합니다. 반대로 원고 측은 '피고는 실제로 점유하고 있지 않다'거나 '피고 주장 채권은 존재하지 않거나 이미 소멸했다' 등의 피고 주장에 허위나 결함이 있음을 지적하는 방식으로 대응하면 됩니다. 결국 유치권자가 자기주장의 진실성을 법정에서 증명하지 못하면 법원은 그 유치권은 존재하지 않는 것으로 확인해 줍니다.

▶ **유치권 성립 판단을 위한 네 가지 조건**: 유치권 존재 여부를 판단하는 재판에서는 유치권 성립 요건 충족 여부가 종합적으로 심리됩니다. 주요 판단 기준은 다음과 같습니다.

① **점유**: 유치권자는 해당 부동산에 대한 채권이 변제될 때까지 계속 그 부동산을 점유하고 있어야 합니다. 만약 실제 점유자가 소유자 본인이나 채무자라면 유치권 성립이 불가능합니다. 또한 경매의 경우, 유치권자의 점유가 경매개시결정 등기 이전부터 계속되어 온 것이어야 낙찰자에게 대항할 수 있습니다.[i]

② **피담보채권의 견련성**(牽連性): 유치권의 대상이 되는 채권은 해당 부동산의 '보존 또는 가치 증가에 직접 투입된 비용(필요비나 유익비)'이어야 합니다. 예를 들어, 상가 임차인이 자기 영업을 위해 투자한 인테리어 비용은 건물의 객관적 가치와 무관한 영업상 비용일 뿐이라서 유익비로 볼 수 없다고 대법원이 판시한 바 있습니다.[ii] 따라서 이런 경우 유치권 요건이

---

[i] 등기 이후에 점유를 시작했다면 낙찰자에게 효력이 없습니다.
[ii] 대법원 1991. 10. 8. 선고 91다8029 판결

되지 않습니다.

③ **채권의 존재 및 변제기 도래**: 유치권자가 주장하는 공사대금 등 채권이 실제로 존재하고 변제기가 지났는지 확인합니다. 이미 지급되었거나 소멸시효가 완성된 채권은 유치권의 근거로 인정될 수 없습니다. 또한 주장 금액이 과장되지 않았는지, 공사의 범위와 내용 대비 합리적인 비용인지 등도 계약서, 세금계산서, 공사 사진 등의 증거로 검증합니다.

④ **특약 여부**: 임대차계약 등에 '임차인은 계약 종료 시 원상복구를 해야 한다'는 조항이 있었다면, 이는 임차인이 유익비 상환청구권(유치권의 기초가 되는 권리)을 미리 포기한 것으로 해석됩니다. 흔히 상가 임대차계약서에 있는 원상복구 의무 특약이 이에 해당합니다. 이 경우 임차인의 투자 비용에 대해서는 유치권이 인정되지 않습니다.

▶ **법원의 판단 기준과 최근 판례 동향**: 유치권 요건 충족 여부를 토대로 법원은 개별 사건에서 유치권이 성립하는지 판단합니다. 앞서 언급한 바와 같이 상가 임차인의 인테리어 공사비의 경우 법원은 '임차인의 비용은 건물의 객관적 가치와 무관한 영업상 비용일 뿐'이라며 유치권 성립을 부정했습니다. 또 유치권자가 제출한 증거가 명백히 허위이거나 계약서상의 공사 범위에 비해 채권액이 부풀려져 있음이 드러나면 법원은 유치권 성립을 인정하지 않거나 실제 인정 금액을 축소합니다.

최근 판례 경향도 경락자(낙찰자) 보호와 경매 절차의 원활성에 무게를 두어 유치권 주장을 엄격히 제한하는 쪽으로 흐르고 있습니다. 대법원 2016. 3. 10. 선고 2013다99409 판결에서는 근저당권자는 유치권 '전부'의 부존재뿐 아니라 유치권자가 경매에서 대항할 수 있는 범위를 초과하는 '일부'에 대해서도 부존재 확인을 구할 이익이 있다고 판시했습니다. 이는 유치권자가 주장하는 채권액 중 일부만 진실로 인정되는 경우, 나머지 초과 부분은 존재하지 않음을 확인받을 수 있다는 의미입니다. 결국 허위로 부풀려진 유치권 주장에 대해서는 그 초과분에 대해 법원이 존재하지 않는다고 판결함으로써 효력을 잃게 할 수 있다는 것입니다. 이러한 판례는 허위 유치권으로 경매를 방해하는 행위를 억제하고, 낙찰자의 권익을 지키는 방향으로 해석됩니다.

(3) 허위 유치권 신고 대응 전략

▶ **신고 철회 설득**: 낙찰을 받은 부동산에 터무니없는 유치권 신고가 붙어 있다면 초기 대응으로 유치권자(주장자)를 설득해 신고를 철회하게 만드는 것이 최선입니다. 실제로도 낙찰자가 일정 금액을 합의금으로 주고 원만히 해결하는 경우가 종종 있습니다.

▶ **소송**: 협상이 결렬되어 유치권자가 끝까지 버틴다면 결국 소송으로 해결할 수밖에 없습니다. 앞서 설명한 유치권 부존재 확인 소송을 제기하거나 점유자가 건물을 내주지 않을 경우 명도소송을 통해 인도를 청구해야 합니다.

이러한 민사소송들은 시간과 비용이 많이 들기 때문에 허위 유치권임을 입증할 자료를 최대한 확보해 두는 것이 중요합니다. 예를 들어, 유치권자가 제출한 공사계약서의 진위가 의심스러운 정황, 공사대금이 이미 지급되었다는 영수증, 또는 점유자가 해당 부동산에 실제 상주하지 않는다는 증거 등이 있다면 미리 수집해 두어야 합니다.

▶ **형사적 대응**: 유치권자가 가짜 공사계약서나 허위 세금계산서를 법원에 제출했다면 사문서 위조나 사기 미수 등의 혐의를 적용해 볼 수 있고, 건물 출입을 폭력적으로 막는 행위는 형법상 경매입찰방해죄 또는 업무방해죄, 건조물침입죄 등에 해당될 수 있습니다. 실제 판례를 보면, 유치권 주장 명목으로 남의 건물에 무단 침입하거나 출입문에 쇠사슬을 채워 봉쇄한 행위를 유죄 판결한 사례가 있습니다. 따라서 유치권자의 행위가 명백히 불법적이라면 경찰에 고소장을 제출해 형사 압박을 가하는 것도 한 방법입니다.

(4) 초보자에게 위험한 유치권 사례

▶ **사례 1 – 대형 공사비 유치권**: 대기업 건설사 등 규모가 큰 시공사가 거액의 공사대금채권을 주장하며 유치권을 신고한 경우입니다. 액수가 큰 만큼 사실관계도 복잡할 수 있고, 시공사가 실제로 공사를 했을 가능성도 있으므로 쉽게 무시할 수 없습니다. 앞서 예로 든 36억 원 유치권 사례처럼 거액의 공사대금 유치권은 경매 절차를 오랫동안 정지시키거나 결국 경매 자체를 무산시킬 위험도 있습니다.

▶ **사례 2 – 상가 임차인의 인테리어비 유치권**: 상가 건물 경매에서 임차인이 투자한 인테리어 비용을 근거로 유치권을 신고하는 일이 종종 있습니다. 그러나 대부분 상가 임대차계약에는 '임차인은 계약 종료 시 원상복구 한다'는 조항이 있기 때문에 임차인은 임대인에게 유익비를 청구할 권리를 이미 포기한 것으로 봐야 합니다. 또 법원도 이러한 영업

물론 형사 절차는 별도로 진행되므로 민사상 경매 절차의 정지나 본안 소송과 병행해서 준비해야 합니다.

목적의 비용은 유치권 대상이 아니라고 보는 추세입니다. 그럼에도 불구하고 일시적으로 입찰을 막으려는 의도로 임차인이 유치권을 주장하는 경우가 있으니, 상가 경매에서는 임차인의 이런 억지 주장이 나오지 않았는지 꼼꼼히 확인해야 합니다.

▶ **사례 3 – 상가 건물 출입구 봉쇄형**: 악질적인 경우, 유치권자가 상가 건물의 출입문을 용접하거나 쇠사슬로 묶어 봉쇄해 놓고 '유치권 행사 중'이라고 내거는 사례도 있습니다. 이렇게 되면 낙찰자가 잔금을 완납해도 건물 안에 들어가지 못해 사실상 인도를 받지 못하는 상황이 됩니다. 이러한 행위는 명백한 불법이라 나중에 형사 처벌의 대상이 될 수 있지만, 현실적으로 해결까지 오랜 시간이 걸리고 낙찰자는 그동안 큰 피해를 입습니다. 출입문이 봉쇄된 상가 경매 물건은 웬만하면 피하는 것이 상책입니다.

▶ **기타 허위 유치권 수법**: 이 밖에도 공사계약서를 위조·변조해 가짜 채권을 만들거나 이미 철거된 시설에 대해 허위로 공사비를 청구하는 등 기상천외한 수법들이 보고됩니다. 또한 재개발·재건축 현장이나 대규모 상가 공사 현장에서 시공 주체가 바뀌는 과정에서 유치권 분쟁이 생기기도 합니다. 반면 일반 주거용 부동산의 경우 상업시설에 비해 유치권 문제가 상대적으로 적은 편입니다. 규모가 크지 않은 주택은 유지보수 공사의 범위가 제한적이고, 임차인도 원상복구 특약에 따라 유치권을 주장할 여지가 거의 없기 때문입니다.

어떤 유형이든 허위 유치권의 전형적인 행태와 법적 대응 사례들을 미리 공부해 두면 입찰 단계에서 위험 물건을 가려내는 데 큰 도움이 됩니다.

유치권 성립 요건 체크 리스트

☑ **점유자**
  ▶ 유치권자는 채권 회수를 위해 해당 부동산을 계속 점유 중인 제3자여야 함.
  ※ 점유자가 소유자 본인이나 채무자라면 유치권이 성립하지 않음.
  ▶ 경매개시 결정 등기 이전부터 점유해야 함.

☑ **채권의 견련성**
  ▶ 피담보채권(공사대금 등)은 해당 부동산의 보존과 가치 증대를 위한 필요비 또는 유익비어야 함.
  ▶ 내부 인테리어비 등 임차인의 영업을 위한 비용은 해당하지 않음.

☑ **채권 존재와 규모**
  ▶ 실제 공사 수행 및 용역 제공 여부 확인
  ▶ 미지급 대금 존재 여부 확인
  ▶ 계약서, 세금계산서, 입금 내역 등 증빙 가능해야 함.

☑ **변제기한 도래 여부**
  ▶ 공사대금 채권의 변제기한 확인
  → 지급 기한 전이거나 채권이 소멸시효로 사라진 경우 유치권 행사 불가능

☑ **특약 사항**
  ▶ 임대차계약에 유익비 포기나 원상복구 의무를 명시한 조항 유무 확인
  → 특약이 있다면 유치권을 주장할 수 없음.

2. 살아 있는 건축허가가 붙은 토지 낙찰
– 법적 착시와 실전 함정

(1) 건축허가가 살아 있는 토지의 함정:
"토지를 낙찰받았다고 끝이 아니다"

경매를 통해 어떤 토지를 낙찰받았다고 해서 모든 문제가 끝나는 것은 아닙니다. 특히 그 토지에 '종전 소유자 명의의 건축허가가 아직 유효한 상태(일명 살아 있는 건축허가)'라면 상황은 복잡해집니다. 서류상으로는 건축허가가 존재하니 마치 당장 개발을 시작할 수 있을 것처럼 보이지만 실제로는 낙찰자가 그 허가를 이용할 수도 없고 새로 허가를 받을 수도 없는 묘한 딜레마에 빠집니다. 허가가 살아 있다는 사실이 투자자에게는 긍정적으로 보일 수 있지만 이는 법적·행정적 착시에 불과하며 자칫하면 토지의 실질적 사용이 봉쇄되는 함정이 됩니다.

더 큰 문제는 이러한 애로를 악용하는 일부 종전 건축주의 행태입니다. 허가권을 쥐고 있는 종전 건축주는 이를 협상의 지렛대로 활용하여 낙찰자에게 설계비나 허가비 명목으로 수천만 원을 요구하기도 합니다. 낙찰자 입장에서는 토지를 활용하려면 울며 겨자 먹기로 그 요구를 들어줄 수 밖에 없는 처지에 놓입니다. 반면 관할 행정청과 법원은 이 문제를 사인 간의 민사 분쟁 정도로 치부하며 적극 개입하지 않는 경향이 있습니다. 행정청은 '건축허가권자는 종전 건축주이니 당사자 간 알아서 하라'는 식이고, 법원도 직접적으로 구제해 주지 않습니다. 그 결과 토지는 허가가 있음에도 불구하고 실질적으로 '죽은 땅'이 되어버리고 낙찰자는 법적으로 소유하되 아무것도 할 수 없는 답답한 상황에 놓이게 됩니다.

(2) 건축허가의 법적 비승계성과 제도적 공백

현행 건축법상 건축허가는 흔히 '대물적 성질의 인허가'로 분류됩니다. 이는 허가가 특정 토지에 부여되는 성격을 가진다는 뜻이지만 그렇다고 해서 허가의 주체(건축주)가 바뀌면 자동으로 허가가 승계되는 것은 아닙니다. 건축허가서에는 분명히 허가권자인 건축주의 이름이 명시되어 있고, 그 권리는 법적으로 타인에게 마음대로 넘어가지 않습니다. 다시 말해, 경매를 통해 땅을 낙찰받았더라도 종전 건축주의 허가를 새로운 소유자가 그대로 이용할 수 없는 법적 한계가 있습니다. 낙찰자가 그 허가로 건축을 진행하고 싶다면 반드시 허가의 명의를 본인으로 변경하거나 종전 허가를 아예 철회시키고 새로 허가를 받아야 합니다.

문제는 이러한 절차적 공백을 악용하는 사례가 적지 않다는 점입니다. 종전 건축주가 순순히 허가 명의를 넘겨주거나 허가 철회에 협조해 주면 좋겠지만 현실은 정반대입니다. 일부 종전 건축주는 고의로 착공을 미룬 채 행정청에 허가 연장을 거듭 신청합니다. 행정청 입장에서는 '이미 허가가 난 사안이고, 착공을 했는지 안 했는지 판단하기 애매하다'는 이유로 직권취소를 주저하거나 거부합니다. 이렇게 시간만 끄는 사이 정작 땅 주인이 된 낙찰자는 허가가 있음에도 불구하고 단 한 삽의 공사도 못 하는 아이러니에 빠집니다. 심지어 관할청으로부터 '착공은 했으나 공사 완료가 어려운 상황입니다'는 단 한 줄짜리 답변을 받고 수년째 발이 묶여 있다는 사례도 있습니다. 제도적으로 건축허가 승계에 관한 뚜렷한 규정이 없다 보니 생기는 공백이며, 이로 인해 낙찰자는 토지를 손에 넣고도 마치 허가라는 보이지 않는 사슬에 묶인 신세가 되고 맙니다.

(3) 소송의 길: 법적 권리를 찾아가는 고통스러운 순례

법적으로는 길이 전혀 없는 것은 아닙니다. 「건축법」에는 '대지 소유권이 변경되고 6개월 이내에 착공하지 아니한 경우 관할청은 건축허가를 직권취소 할 수 있다(또는 해야 한다)'는 취지의 조항이 있습니다. 즉, 경매로 토지 소유자가 바뀌었는데도 6개월 안에 공사가 시작되지 않았다면 행정청이 알아서 기존 허가를 취소해야 맞습니다. 그러나 앞서 언급했듯 현실에서는 행정청이 이런 의무를 방기하거나 애매한 상황을 핑계로 취소를 미루는 경우가 많습니다. 이때 낙찰자가 취할 수 있는 조치는 직접 허가 철회를 신청하는 것입니다. 새 땅 주인이므로 기존 건축주의 허가를 취소해 달라고 행정청에 요구하는 것이지만 행정청이 이를 거부하거나 계속 미루면 결국 법원의 판단을 받는 수밖에 없습니다. 행정청이 허가 철회를 거부하면 낙찰자는 행정소송의 길로 들어서야 합니다. 구체적으로는 *행정청의 거부처분 취소소송*을 제기하여 '허가를 취소하지 않은 처분을 취소해 달라'는 판결을 구하게 됩니다. 이 과정은 복잡하고 지칠 만큼 시간

「건축법」 제11조 제7항 제3호

이 오래 걸리며 비용도 많이 듭니다. 변호사 선임 비용은 물론이고 소송을 위해 기존 토지의 가치와 허가로 인한 영향 등을 다투다 보면 감정평가 비용까지 발생할 수 있습니다. 행정소송은 몇 개월로 끝나지 않고 길게는 수년을 소모하는 싸움입니다. 힘겨운 소송 끝에 승소한다 해도 그때부터 비로소 새로운 건축허가를 신청할 수 있는 자격이 생길 뿐입니다. 이미 허가가 있었던 땅을 수년간 묶여 놓은 끝에 결국 다시 원점에서 새 허가를 받아야 하는 어처구니없는 상황인 것입니다. 낙찰자는 '소유자는 맞되, 사용도 개발도 못 하는' 어정쩡한 상태로 수년을 보내게 됩니다. 말 그대로 법적인 권리는 가지고 있지만 실질적으로는 갇혀 있는 고통스러운 순례길을 걷게 되는 셈입니다.

(4) 실전 사례: 협상의 붕괴와 허가권 인질화

현장에서 실제로 이러한 일이 어떻게 벌어지는지 살펴보면 더욱 실감이 납니다. 다음은 건축허가 인질극의 대표적인 사례들입니다.

▶ **사례 A**: 경기 남부의 한 택지를 낙찰받은 투자자는 종전 건축주로부터 '설계비 및 행정대행료' 명목으로 3천만 원을 지급하라는 요구를 받았습니다. 처음에는 추가 비용을 내더라도 빨리 문제를 해결하고 개발을 시작하려 했지만, 요구 금액이 지나치게 크고 부당하다고 판단하여 협상이 결렬되었습니다. 그 결과 종전 건축주는 허가 명의 이전이나 철회에 협조하지 않았고, 낙찰자는 하는 수 없이 법적 대응에 나섰습니다. 현재 1년 넘게 소송이 진행 중이지만 그사이 땅은 활용되지 못하고 있습니다.

▶ 사례 B: 충청북도에 있는 한 토지의 경우, 종전 건축주가 지속적으로 허가 연장 신청을 반복하며 착공을 의도적으로 지연시켰습니다. 낙찰자는 하루빨리 공사를 시작하고 싶었지만, 종전 건축주는 '곧 공사를 시작할 예정'이라고 주장하며 허가를 유지한 채 시간을 끌었습니다. 관할 행정청에 직권취소를 요청했으나 행정청은 '당사자 간의 문제'라며 개입을 꺼렸습니다. 결국 이 낙찰자도 토지를 소유하고 있으면서 몇 년째 첫 삽도 못 떠보고 있습니다.

이러한 사례들에서 보듯이 건축허가는 서류상 존재해도 권리가 아니라 인질처럼 작동합니다. 허가권을 쥔 종전 건축주는 그것을 무기로 필요할 때마다 자기 이익을 챙기려 들고, 행정청은 적극적인 조치를 미루며 사실상 방관합니다. 그 사이에서 낙찰자는 행정적으로도, 사법적으로도 구제받기 어려운 외딴섬에 고립됩니다. *건축허가가 살아 있는 토지라는 말이 무색하게 실제로는 낙찰자의 손발을 묶는 굴레가 됩니다.*

(5) 실전 리스크 요인 분석

이러한 상황에 직면할 수 있는 주요 리스크를 정리하면 다음과 같습니다.

▶ 허가 착시 리스크: 토지에 건축허가가 붙어 있다는 이유만으로 가치가 더 높거나 개발이 수월할 것이라는 착시가 발생합니다. 그러나 실상은 정반대일 수 있습니다. 허가를 실제로 활용하지 못하거나 철회하지 못하면 그 허가는 유명무실해지고 토지 가치는 오히려 낮아집니다. 즉,

허가의 존재 자체가 투자자에게 잘못된 신호를 줄 수 있습니다.

▶ **협상 실패 리스크**: 종전 건축주와의 협상이 원만하게 이루어지지 않을 위험이 있습니다. 종전 건축주가 허가권을 빌미로 과도한 비용을 요구할 경우, 이를 수용하면 투자 수익이 크게 잠식되고, 거부하면 개발 자체가 지연됩니다. 협상이 결렬될 경우 결국 법적 분쟁으로 비화하는데 이 과정에서 시간과 금전적 손실이 커집니다.

▶ **행정 지연 리스크**: 관할 행정청이 직권취소 등을 통해 신속히 문제를 해결해 주지 않고 소극적으로 대응했을 경우 발생할 수 있는 위험입니다. 행정청이 허가 취소를 미루거나 종전 건축주의 허가 연장을 받아주는 동안 토지는 장기간 개발 불능 상태에 빠질 수 있습니다. 행정 절차의 지연이나 소극적 행태로 인해 낙찰자는 속수무책으로 시간을 허비하게 됩니다.

▶ **비용 증가 리스크**: 문제를 해결하는 과정에서 당초 예상보다 비용이 늘어나는 위험입니다. 허가 철회를 위한 행정소송 비용, 감정평가 비용, 기간 연장에 따른 이자, 유휴 토지에 대한 세금 등이 모두 추가 비용으로 작용합니다. 이로 인해 초기 낙찰가 대비 실제 수익률이 급격히 악화될 수 있습니다. 애초에 싸게 낙찰을 받았다고 생각한 땅이지만 이런 부대비용을 다 치르고 나면 남는 것이 없을 수도 있습니다.

(6) 대응 전략: 절차와 순서의 전략화

이러한 위험을 미연에 방지하거나 최소화하기 위해서는 철저한 대비와 단계별 대응 전략이 필요합니다. 다음은 전문가들이 조언하는 절차별 대응 전략입니다.

▶ **사전 조사**: 경매 참가 전에 해당 토지에 유효한 건축허가가 존재하는지, 있다면 그 내용과 상태가 어떤지를 반드시 확인해야 합니다. 시·군청의 도시계획과나 건축과 등을 통해 허가 도면, 허가 조건, 착공신고 여부 등을 열람하거나 문의할 수 있습니다. 이러한 정보를 파악하여 위험한 토지에는 입찰 자체를 피하는 것이 최선의 예방입니다.

▶ **협상 시도**: 만약 살아 있는 건축허가가 붙은 토지를 낙찰받았다면, 곧바로 종전 건축주와의 소통 채널을 열어 협상을 시도해야 합니다. 원만한 대화를 통해 허가 명의 이전이나 기존 설계도면의 공유를 이끌어내는 것이 좋습니다. 이 과정에서 필요한 비용이 있다면 합리적 수준에서 분담하는 방안도 고려해야 합니다. 초반 협상이 성공하면 시간과 비용을 크게 아낄 수 있으므로, 감정싸움으로 번지지 않도록 이성적이고 합리적인 접근이 필요합니다.

▶ **직권취소 요청**: 종전 건축주와의 협상이 결렬되거나 협조를 기대하기 어렵다면, 지체 없이 관할 행정청에 기존 허가의 직권취소를 요청해야 합니다. 이때 단순 구두 요청보다는 공식 문서로 신청서를 제출하는 것이 효과적입니다. 낙찰자가 토지 소유권을 취득했음을 증명하는 매각허가결정서나 등기부등본을 첨부하고, 착공이 이루어지지 않았음을

강조하여 법 규정에 따른 허가 취소를 요구합니다. 관할청이 사안을 명확히 인식하도록 자료를 충분히 갖춰 제출하는 것이 중요합니다.

▶ **행정소송 제기**: 행정청이 끝내 허가 취소를 거부하거나 미루면 법적 대응에 돌입해야 합니다. 이때는 행정청의 부작위를 다투는 *거부처분 취소소송*이나 *직무이행 소송* 등을 검토하게 됩니다. 소송에서는 '경매로 소유자가 바뀐 후 사정변경이 발생했고, 공사가 미착수 상태이므로 허가를 취소해야 한다'는 논리를 펼치게 됩니다. 유사 판례나 건축법 조항을 근거로 제시하여 행정청의 소극행정을 비판하고, 낙찰자의 정당한 권리를 호소해야 합니다. 소송은 부담이 크지만, 승소하면 비로소 허가 문제의 족쇄를 풀 수 있는 길이 열립니다.

▶ **허가 재획득**: 법적 분쟁을 통해 기존 허가가 철회되거나 무효화되었다면 새로운 출발을 할 수 있습니다. 우선 그동안 방치된 현장을 정비하고, 믿을 만한 건축사와 상의하여 새로운 설계와 허가 절차를 밟습니다. 이때 혹시 기존 허가의 설계도면을 일부라도 확보했다면 활용할 수 있는지 검토하고, 아니라면 처음부터 다시 설계해야 합니다. 시간이 지체된 만큼 시장 상황이나 법규 변동도 반영하여, 실현 가능한 계획으로 새 허가를 받는 것이 중요합니다.

(7) 전문가 조언과 교훈

이러한 문제를 겪었거나 예방을 위해 노력했던 각 분야 전문가들의 조언과 견해를 살펴보겠습니다.

▶ **변호사**: 경매로 토지를 낙찰받기 전에 법률 전문가와 상담하여 해당 토지의 허가 상황을 점검하라고 권합니다. 허가가 있는 토지인 경우 허가 철회 요건 충족 여부를 미리 따져보고, 추후 행정소송까지 염두에 둔 법적 대응 전략을 세워두는 것이 바람직합니다. 문제가 발생한 후에도 전문 변호사의 도움을 받아 행정 절차 이행 촉구서 발송 등 초기 대응을 하고, 필요시 소송 절차를 진행해야 승산이 높습니다.

▶ **감정평가사**: 토지의 가치 평가에 왜곡이 없는지 살펴보라고 조언합니다. 건축허가가 붙어 있다고 해서 무조건 가치가 높다고 판단하면 곤란합니다. 감정평가사는 허가의 존재가 토지 가치에 미치는 영향을 냉정히 평가할 필요가 있으며, 경우에 따라서는 허가가 오히려 부담 요인이 되어 경매 감정가가 비합리적으로 높게 책정되었을 가능성도 지적합니다. 따라서 투자자는 이러한 점을 감안하여 입찰가를 결정해야 한다는 것입니다.

▶ **건축사**: 기존 허가 도면이나 설계 내용을 면밀히 검토하는 것이 중요합니다. 건축사는 종전 허가의 설계도가 현실적으로 실행 가능한지 또는 현행 법규에 맞지 않는 변경 사항이 필요한지를 진단해 줄 수 있습니다. 만약 기존 설계를 일부 활용할 수 있다면 비용과 시간을 줄일 수 있으나 그렇지 않다면 새로운 설계로 전면 수정하는 것이 나을 수 있습니다. 또한 건축사는 허가 문제가 해결된 후 신규 허가를 원활히 받기 위한 절차에 대해서도 자문을 제공합니다. 결국 허가 문제는 건축 행위와 직결되므로, 초기에 건축 전문가의 의견을 듣는 것이 전체 전략의 완성도를 높입니다.

> "건축허가가 있는 토지란 부동산 시장의 '트로이 목마'일 수 있다. 겉보기는 유리하나 내부는 파괴적이다"
> – 어느 전문가의 말

'건축허가 있음'이라는 문장은 부동산 경매 목록에서 언뜻 보면 매력적으로 보입니다. 법적으로도 행정적으로도 활용이 봉쇄된 채 수년을 허비하는 최악의 상황에 빠질 수 있는 위험요소가 많은 특이물임이 알 수 있습니다. 결국 살아 있는 허가는 죽어 있는 자산이나 다름없고, 그 피해는 고스란히 새 소유자의 몫이 됩니다.

이 문제는 단순히 개별 투자자의 실수나 운 나쁨으로 돌릴 일이 아닙니다. 현행 법·제도의 허점과 행정 관행의 미비가 만들어낸 구조적 문제이기도 합니다. 건축허가의 대물적 성격과 대인적 권리의 충돌, 그리고 경매를 통한 소유권이전 시 허가 승계 제도가 없는 공백 등은 제도적으로 해결되어야 할 과제입니다. 행정청의 책무를 명확히 하고, 허가 승계나 직권취소 절차를 제도화하는 등의 개선책이 논의될 필요가 있습니다. 그래야만 '살아있는 건축허가'가 더 이상 시장 참가자들을 속이는 트로이 목마가 되지 않으며, 부동산 거래의 투명성과 안정성이 높아질 것입니다.

> "허가가 살아 있다고 안심하지 마라. 당신이 낙찰한 그 토지는, 지금도 누군가의 허가 아래 갇혀 있다"
> – 저자의 경고

3. 공유물 경매와 공유자 우선매수권 실무

 부동산 경매에서는 흔히 '최고가를 쓴 사람이 낙찰을 받는다'는 원칙이 통용됩니다. 그러나 공동소유 부동산 지분 경매에서는 이러한 상식을 비웃기라도 하듯 예외적인 장면이 펼쳐지곤 합니다. 경매 법정에서 집행관이 최고가 입찰자를 호명하려는 찰나에 한쪽에서 조용히 손을 드는 사람이 있습니다. 바로 해당 부동산의 기존 공유자입니다. 그 공유자가 침착하게 외칩니다. "지금 호명된 그 가격에 제가 사겠습니다." 이 선언과 함께 그는 순식간에 최고가 입찰자를 제치고 낙찰자의 지위를 차지합니다. 수차례 응찰가 경쟁을 뚫고도 마지막 순간 공유자의 한마디에 모든 노력이 물거품이 되는 것입니다. 경매 경험이 부족한 투자자라면 당혹감을 감추기 힘든 이러한 상황이 바로 공유자 우선매수권의 위력입니다.

 공유자 우선매수권은 법의 취지로 보면 공동소유자의 권익을 지키기 위한 안전장치이지만 경매 현장에서는 투자자들에게 크고 작은 장애물로 작용하기도 합니다. 이 장에서는 공유자 우선매수권의 기본 개념부터 시작해 경매 실무에서 어떻게 행사되는지, 투자자 입장에서 어떤 위험과 변수가 도사리고 있는지, 그리고 이러한 상황에 대처하기 위한 전략은 무엇인지 폭넓게 살펴보겠습니다.

(1) 공유자 우선매수권의 정의와 핵심 개념

공유자 우선매수권이란 공동소유 부동산에서 특정 지분이 경매로 나오면, 그 지분을 이미 소유하고 있는 다른 공유자가 최고가 응찰가격과 동일한 가격에 우선적으로 낙찰을 받을 수 있는 권리를 말합니다. 「민사집행법」 제140조에 근거한 이 제도에 따르면 공유자가 매각기일에 우선매수 의사를 밝히고 법정이 정한 보증금을 납부하면, 비록 그 순간 최고가격을 써낸 다른 입찰자가 있더라도, 법원은 그 공유자에게 해당 지분의 매각을 허가해야 합니다. 쉽게 말해, 공동소유 부동산 지분 경매에서 기존 공유자가 '선매자'가 될 수 있는 권리인 셈입니다.

이러한 우선매수권 제도의 도입 취지는 경매로 인해 낯선 제3자가 공유지분을 취득함으로써 기존 공유자의 권익과 부동산의 온전한 이용 가치가 훼손되는 것을 방지하려는 데 있습니다. 예를 들어, 한 채의 집을 두 사람이 공동으로 소유하고 있다가 그중 한 사람의 지분만 경매로 나오게 된 상황을 생각해 봅시다. 이때 제3자가 그 지분을 낙찰받아 새로운 공동소유자가 되어버리면, 남은 공유자 입장에서는 갑자기 낯선 동거인을 맞이한 격이 되고 맙니다. 생활공간을 공유하거나 의사결정을 함께 해야 하는 부동산에 모르는 사람이 끼어드는 것은 기존 공유자에게 큰 부담이 될 수밖에 없습니다. 따라서 법은 이런 경우 기존 공유자에게 먼저 그 지분을 살 수 있는 기회를 줌으로써 외부인의 진입 없이 부동산의 일체성과 기존 공유자의 권리를 보호할 수 있도록 한 것입니다.

중요한 점은 공유자 우선매수권은 어디까지나 지분 경매에서만 적용된다는 사실입니다. 부동산 전체를 대상으로 하는 경매나 공유물 분할을 위한 경매 등 특수한 경우에는 이 권리가 인정되지 않습니다. 실무적으로는 경매 공고상의 물건 정보에 '공유자 우선매수권 있음'이라는 문구가 표시된 경우에만 해당된다고 보면 됩니다. 공유자가 두 명 이상인 경우 모든 공유자에게 우선매수 기회가 주어집니다. 그리고 복수의 공유자가 동시에 우선매수를 원하면 「민사집행법」 제140조 3항에 의해 특별한 협의가 없는 한 각자의 기존 지분 비율대로 경매에 나온 지분을 나누어 매수하게 됩니다. 요컨대 공유자 우선매수권은 공동소유자 모두에게 균등한 우선매수의 기회를 보장하면서 경매로 인한 소유관계의 변화를 기존 공유자들 내에서 정리할 수 있게 해주는 안전장치라고 할 수 있습니다.

(2) 공유자 우선매수권 행사 절차

그렇다면 공유자 우선매수권은 실제 경매 현장에서 어떻게 행사되는 걸까요? 경매 진행 과정에 따라 그 절차를 살펴보겠습니다.

▶ **공유자의 사전 신고(선택 사항)**: 공유자는 매각기일 전에 법원에 '우선매수 하겠다'는 취지의 신고서를 제출할 수 있습니다. 이 경우 사건 기록에 공유자의 우선매수 의사가 미리 기재되며, 다른 입찰자들도 열람을 통해 이를 알 수 있습니다. 다만 공유자가 신고하고 보증금 미납 등으로 실제로 매수를 완료하지 못하면 그다음부터는 같은 사건에서 우선

참고로 공유자들 사이에 한 사람이 전부 매수한다는 별도의 합의가 이루어지면 한 명이 전량을 가져갈 수도 있지만 법이 기본적으로 상정하는 것은 비례에 따른 안분 매수입니다.

매수를 다시 청구할 수 없게 됩니다. 따라서 공유자도 신중히 판단하여 신고 여부를 결정합니다.

▶ **경매 당일(입찰 및 개찰)**: 모든 일반 입찰자들과 함께 공유자도 법정에 나와 대기합니다. 경매 당일, 공유자는 두 가지 행동을 취할 수 있습니다. 첫째, 다른 입찰자들과 마찬가지로 직접 응찰표를 내고 경쟁에 참여하는 방법입니다. 이 경우 공유자도 일반인과 동일하게 최고가매수인이 될 수 있고, 최고가를 쓰지 못하더라도 이후에 우선매수권을 별도로 행사할 수 있습니다. 즉, 공유자가 직접 응찰에 참여했다고 해서 우선매수권을 포기한 것으로 간주하지는 않습니다. 둘째, 공유자가 응찰표를 내지 않고 결과를 지켜보다가 최고가매수인이 결정되는 순간에 우선매수를 선언하는 방법입니다. 이미 사전에 신고만 해둔 상태라면 경매 현장에서 끝까지 눈치만 보고 있다가 다른 사람들 간의 경쟁이 끝나는 시점에 매수 의사를 밝히는 것입니다. 이처럼 공유자는 응찰 경쟁에 뛰어들 수도 있고, 경쟁을 구경만 하다가 마지막에 개입할 수도 있음을 유념해야 합니다.

▶ **최고가매수인 선정**: 집행관이 입찰 마감 시각을 알리고, 제출된 응찰표를 개봉하면 가장 높은 가격을 적어낸 최고가매수신고인을 결정하여 호명합니다. 공유자가 아무 행동을 하지 않았다면 일단 최고가를 쓴 입찰자가 낙찰 후보자가 됩니다. 공유자가 애초에 최고가 금액을 써냈다면 특별한 상황이 없는 한 그 공유자가 그대로 낙찰자로 확정될 가능성이 높습니다.

| 또 다른 공유자가 있는 경우는 별론(別論)으로 하겠습니다.

▶ **공유자 우선매수권 행사 확인**: 집행관이 최고가매수신고인을 확정 짓기 전에 법정에 공유자가 참석해 있는지, 우선매수권을 행사할 의사가 있는지 반드시 확인하게 되어 있습니다. 사전에 공유자 우선매수 신고가 접수된 상태라면 집행관이 직접 그 공유자의 출석 여부를 호명하며, 현장에서 즉시 매수보증금 납부를 요구합니다. 공유자가 이 순간 우선매수권 행사를 선언하면서 보증금을 집행관에게 건네면 우선매수권 행사가 성립됩니다.

▶ **공유자를 낙찰자로 결정**: 공유자가 우선매수권을 행사하면 법원은 최고가 응찰자를 제치고, 최고가매수신고인 대신 공유자를 낙찰자로 결정합니다. 경매는 그 시점부로 종료되며, 다른 입찰자들의 입찰보증금은 모두 반환 절차를 밟습니다. 그리고 원래의 최고가매수신고인은 자동으로 차순위매수신고인으로 전환됩니다.

▶ **매각허가결정 및 잔금 납부**: 경매 법원은 매각기일로부터 보통 1~2주 후 매각허가결정기일을 열어 최종적으로 매각을 허가할지 여부를 판단합니다. 공유자가 낙찰자로 선정된 경우에도 마찬가지로 이 절차를 거치며, 특별한 이의신청이나 문제가 없으면 법원이 공유자의 매수를 확정 짓습니다. 그 이후 공유자는 정해진 기한 내(통상 매각허가 후 약 30일 이내)에 낙찰대금 잔금을 모두 납부해야 합니다. 잔금까지 완납하면 부동산 소유권이 공유자에게 이전되면서 모든 경매 절차가 마무리됩니다. 그러나 공유자가 잔금을 납부하지 못하면 매각허가결정은 취소되고 낙찰이 불허됩니다. 그리고 바로 대기 중이던 차순위매수신고인의 낙찰 승계 여부가 결정되는 단계로 넘어갑니다.

▌ (3) 차순위매수신고인 전환과 포기각서 활용

공유자 우선매수권이 행사되면 「민사집행법」 제140조 4항에 의해 최고가 입찰자는 법적 절차상 자동으로 차순위매수신고인이라는 예비 낙찰자 지위를 부여받습니다. 이 차순위매수신고인에게는 두 가지 선택지가 있는데, 하나는 그대로 차순위 지위를 유지하며 기다리는 것이고, 다른 하나는 스스로 그 지위를 포기하는 것입니다. 이를 두고 흔히 '포기각서 전략'이라는 표현을 쓰는데, 공식 명칭으로는 '차순위매수신고인 지위 포기서' 정도로 부를 수 있습니다. 각 선택에 따른 사태 전개와 장단점을 살펴보면 다음과 같습니다.

▶ **차순위 지위 유지**: 공유자가 정해진 기한 내에 잔금을 납부하지 못해 낙찰 효력이 상실될 경우 법원이 차순위매수신고인에게 매각을 허가할지 검토합니다. 매각 허가가 내려지면 차순위매수신고인은 자신이 써냈던 입찰가에 해당 지분을 낙찰 받을 수 있는 두 번째 기회를 얻게 됩니다.[1] 차순위 지위를 유지하는 이점은 공유자가 잔금을 포기할 경우 원하던 물건을 차지할 수 있는 일말의 가능성이 있다는 점입니다. 그러나 단점은 그 가능성이 극히 낮고, 그동안 입찰보증금이 법원에 예치되어 있어 다른 기회를 놓치는 비용이 크다는 점입니다. 특히 잔금 기한까지 보통 4~6주가 주어지므로 그 기간 내내 수천만 원대의 보증금을 묶어둬야 하기 때문에 결과적으로 아무 일도 일어나지 않으면 시간만 허비하게 됩니다. 이처럼 차순위 지위를 붙들고 있는 전략은 현실적으로 실익이 거의 없고 불확실성이 큰 방안이라 할 수 있습니다.

---

[1] 공유자의 우선매수로 인해 금액이 깎이는 일은 없으므로 차순위매수신고인이 내야 할 금액은 본인이 적어낸 금액과 동일합니다.

▶ **차순위 지위 포기**: 다른 선택지는 차순위매수신고인의 권리를 포기하고 미련 없이 빠져나오는 것입니다. 법원에 간단한 포기서를 제출하면 차순위 지위를 즉각 내려놓을 수 있습니다. 더 이상 해당 경매에 대한 권리를 주장하지 않는 대신 입찰보증금을 조기에 반환받을 수 있습니다. 매각허가결정을 기다릴 필요 없이 법원의 절차에 따라 수일 내로 보증금을 돌려받을 수 있으므로 그 돈을 곧바로 다른 투자에 재투입할 수 있다는 장점이 있습니다. 설사 공유자가 잔금을 납부하지 못하더라도 차순위 권리가 포기된 상태이기 때문에 경매는 재매각 등 후속 절차가 이행됩니다. 차순위 권리를 포기함으로써 잃는 것은 공유자의 선택에 의해 낙찰자가 되는 단 한 번의 희박한 가능성입니다. 물건 자체에 하자가 있을 확률도 높으므로 대체로 큰 미련을 둘 필요가 없습니다. 실무적으로도 차순위 지위를 유지하기보다는 포기하는 쪽이 훨씬 흔하며, 반드시 해당 물건을 가져와야겠다는 확신이 없었다면 신속히 포기각서를 제출해 자금을 회전시키는 편이 현명합니다.

(4) 지분 경매 입찰 시 예상되는 위험 요소

경매 투자자 입장에서 공유자 우선매수권이 얽힌 지분 경매에 뛰어들면 일반 경매에서는 겪지 않을 추가적인 위험 요소들을 마주할 수 있습니다. 대표적인 위험 네 가지는 다음과 같습니다.

▶ **공유자의 개입으로 인한 낙찰 무산**: 가장 먼저 떠오르는 위험은 공유자가 우선매수권을 행사하여 낙찰을 가로채는 상황입니다. 열심히 권리 분석을 하고 응찰을 준비해 최고가 입찰자가 되었더라도 막판에 기존

공유자가 '나도 그 가격에 사겠다'고 나오면 그 즉시 낙찰자의 지위가 공유자에게 넘어갑니다. 투자자의 모든 노력과 기대가 한순간에 물거품이 되는 셈입니다. 실제로 지분 경매에서 이런 일이 빈번하며, 이 때문에 공유자에게 뺏길지 모른다는 불안감 속에 많은 경매 투자자들이 지분 물건을 기피하는 주된 이유가 되고 있습니다.

▶ **보증금 묶임 및 기회비용 손실**: 공유자가 개입하면 낙찰 실패에 그치지 않고 입찰보증금까지 일정 기간 묶이는 문제가 발생합니다. 법 규정상 공유자가 낙찰자로 결정되면 원래의 최고가 입찰자는 자동으로 차순위매수신고인이 되는데, 이 지위를 유지하는 한 낙찰자의 잔금 납부 기한(통상 30일 안팎)이 끝날 때까지 보증금을 반환받지 못합니다. 다시 말해, 그 돈을 한 달 가까이 다른 투자에 활용하지 못하는 기회비용 손해가 발생합니다. 결국에는 공유자가 예정대로 잔금을 완납하면 차순위자는 보증금을 돌려받게 되지만 그때까지 오랜 시간 다른 기회를 놓치게 되므로 투자 효율이 떨어집니다. 특히 해당 물건이 매력적이어서 공유자가 잔금을 포기할 가능성이 낮다면 차순위로 남아 기다린 투자자는 고스란히 시간만 낭비하게 될 공산이 큽니다.

▶ **차순위 승계의 불확실성**: 공유자가 우선매수권을 행사하면 원래 최고가 입찰자는 차순위매수신고인 지위를 부여받습니다. 언뜻 보면 '다음 순서'를 확보한 것이라 좋게 느껴질 수도 있지만 실제로는 매우 불확실한 기회일 뿐입니다. 공유자가 잔금을 납부하지 않아야 비로소 자신의 차례가 옵니다. 이 경우 공유자가 낙찰까지 받은 물건이라면 잔금까지 포기할 확률이 낮습니다. 설령 차순위자에게 기회가 오는 경우 대개 경매 물건 자체에 심각한 하자가 있어 공유자가 보증금을 손해 보면서

까지 물건 인수를 포기했을 때입니다. 결국 차순위라는 예비 낙찰자 자리가 겉보기에는 희망을 주지만 실제로는 실현 가능성이 낮고, 자칫하면 문제 있는 물건을 떠안게 되는 위험 부담까지 안고 있는 셈입니다. 상징적으로 표현하자면 차순위 승계의 기회는 '독이 든 성배'가 될 가능성이 있습니다.

▶ **공유자와의 이해관계 충돌**: 공유자는 해당 부동산을 일부 소유하고 있는 만큼 경매 과정에서 낙찰가를 의도적으로 교란하거나 낙찰자에게 압력을 행사하는 등 행동에 나설 가능성도 염두에 두어야 합니다. 예를 들어, 일부 공유자는 경매 진행 중 우선매수권 행사를 예고만 해두고(보증금은 내지 않은 채) 실제로는 행사를 미루면서, 다른 입찰자들이 경쟁을 꺼리게 만들어 고의로 유찰을 반복시키기도 합니다. 그렇게 몇 차례 낙찰 실패를 거듭해 매각 최저가가 충분히 떨어진 뒤에야 실제로 보증금을 내고 우선매수권을 행사하여 헐값에 지분을 차지하는 식입니다. 이러한 악용 사례가 빈발하자 현재는 동일한 사건에서 공유자 우선매수권 행사를 1회로 제한하고 있으며, 법원도 명백한 가격 교란 행위가 발견되면 매각을 불허하는 등 제재를 가하고 있습니다. 그러나 투자자 입장에서는 여전히 공유자의 존재 자체가 가격 형성에 영향을 미쳐 공정한 경쟁을 해치거나 낙찰 시 추가적인 분쟁의 불씨가 될 수 있다는 점에서 유의해야 합니다. 심지어 일부 공유자는 낙찰자에게 '우선매수권을 포기할 테니 대가를 달라'며 금품을 요구하기도 합니다. 이러한 일들은 법적으로 보호받을 수 없는 회색 영역이지만 현실 경매 세계에서 일어나고 있는 일들입니다. 결국 공유자의 개입은 가격 교란부터 협상, 압박까지 다양한 형태로 나타나며, 지분 경매 투자의 난이도를 한층 높이는 요소로 작용합니다.

(5) 실제 사례로 배우는 위험과 교훈

다음 사례는 공유자 우선매수권으로 인해 투자자가 겪을 수 있는 다양한 위험과 교훈을 담고 있습니다.

▶ **사례 1**: 경매 초보자인 A 씨는 공동주택 지분 경매에 참여하여 최고가 입찰자로 선정되었습니다. 그러나 기쁨도 잠시, 해당 부동산의 공유자가 우선매수권을 행사하는 바람에 A 씨는 차순위매수인고인이 됩니다. 차순위매수신고인의 지위를 포기하지 않은 채 그대로 유지했고, 그 결과 3천만 원가량의 입찰보증금이 약 40일 동안이나 법원에 예치되어 있게 되었습니다. 결국, 공유자는 예정된 기한 내에 잔금을 납부하여 소유권을 가져갔고, B 씨는 보증금을 돌려받았지만 한 달이 넘는 시간 동안 다른 어떠한 경매에도 참여하지 못한 채 아무런 수익도 없이 자금과 시간만 낭비해야 했습니다. 이 사례에서 보듯 차순위매수신고를 해두면 혹시나 하는 기대를 이어갈 순 있어도, 정작 남는 것은 허탈감뿐일 수 있습니다.

▶ **사례 2**: 지분 경매를 통해 아파트의 30% 지분을 낙찰받은 B 씨는 해당 아파트의 공유자 C 씨로부터 예상치 못한 연락을 받았습니다. C 씨는 우선매수권이 있었음을 강조하며, '내 지분을 시세보다 높게 사 주면 우선매수권을 포기해 주겠다. 그렇지 않으면 앞으로 법적으로든 어떻게든 괴롭힘을 당할 줄 알라'고 B 씨에게 압박을 가해왔습니다. 졸지에 C 씨와 공동소유관계가 되어버린 B 씨는 난감한 상황에 분쟁을 피하기 위해 C 씨의 지분을 상당히 높은 값에 사들이는 조건으로 합의할 수밖에 없었습니다. 이 사례는 비록 경매 단계에서 공유자가 우선매수

권을 행사하지 않았더라도, 낙찰 이후 새로운 공유자를 상대로 우월적 지위를 남용하려는 시도가 있을 수 있음을 보여줍니다. 이는 어디까지나 사적인 압박일 뿐 법적으로 보호되는 행위는 아닙니다. 그럼에도 불구하고 투자자 입장에서는 무시하기 힘든 현실적 변수로 작용합니다. 따라서 미리 원만하게 협의하여 우선매수권 포기각서라도 받아두면 불필요한 마찰이나 사후 갈등을 피할 수 있습니다.

공유자 우선매수권이 얽힌 경매에 참여할 때는 '될 대로 되겠지' 하는 막연한 기대를 경계해야 합니다. 낙찰이 순조롭게 이루어지지 않을 수 있다는 점, 입찰보증금이 상당 기간 묶일 수 있다는 점, 낙찰을 받더라도 이후 다른 공유자와 복잡한 관계 조정이 필요하다는 점 등을 충분히 각오하고 최악의 시나리오까지 염두에 두고 임해야 합니다.

(6) 투자자가 반드시 알아야 할 대응 전략

공유자 우선매수권 행사로 발생할 수 있는 상황에 대비하기 위해 투자자는 어떤 전략을 세워야 할까요? 다음은 실전에서 유용한 몇 가지 대응 요령입니다.

▶ **지분 경매 여부 사전 파악**: 경매에 참여하기 전 물건 정보를 검토하는 단계에서 해당 부동산이 지분 경매인지 확인해야 합니다. 공고문에 '공유자 우선매수권 있음' 등의 문구가 있다면 이 권리가 적용될 수 있다는 뜻입니다. 지분 경매 물건은 일반적으로 응찰자가 적고, 낙찰가가 저렴하게 형성되는 경향이 있지만 그만큼 낙찰 성공 확률이 낮고, 이

후 절차도 복잡해질 수 있다는 점을 명심해야 합니다. 초보 투자자라면 가급적 이처럼 변수 많은 물건은 피하는 것도 한 방법입니다.

▶ **공유자 정보 및 의향 조사**: 등기부등본 등을 통해 부동산의 다른 공유자가 누구인지, 지분 비율은 얼마나 되는지, 경매에 개입할 가능성이 있는지 미리 파악해 두는 것이 중요합니다. 예를 들어, 해당 부동산에 공유자 중 누군가가 실제 거주하고 있다면 우선매수권을 행사할 동기가 클 수 있고, 공유자가 재정 여력이 부족하다면 행사 가능성이 낮을 수도 있습니다. 경우에 따라서는 경매 전에 공유자와 직접 접촉을 시도해 볼 수 있지만 항상 가능하지도 않을뿐더러 공유자의 경계심을 높여 오히려 우선매수 의사를 자극할 위험도 있으므로 신중하게 접근해야 합니다.

▶ **포기각서 등 사전 협의**: 경매 전에 공유자로부터 우선매수권 포기각서를 받아두는 방안도 고려해 볼 만합니다. 공유자가 해당 경매에서 자신의 우선매수권을 행사하지 않겠다는 의사를 서면으로 표명한 문서는 법적 구속력이 강한 것은 아니지만 심리적 안전장치로 작용할 수 있습니다. 공유자가 애당초 경매에 개입할 생각이 없다면 비교적 수월하게 작성에 응해주기도 하므로 운이 좋다면 이러한 각서를 통해 마음 놓고 입찰에 임할 수도 있습니다. 물론 공유자가 이후 마음을 바꿀 가능성을 완전히 배제할 수 없어 과신은 금물이지만 최소한 투자자와 공유자 사이의 분쟁 소지를 줄이는 효과는 기대할 수 있습니다.

▶ **신중한 입찰 전략**: 공유자 우선매수권 물건에 참여할 때는 낙찰 후 시나리오까지 내다본 입찰 전략이 필요합니다. 우선 낙찰가 산정에 있

어 안전마진을 충분히 두고, 무리한 고가 입찰을 지양하는 것이 좋습니다. 공유자가 나설 가능성이 높다면 어차피 낙찰을 빼앗길 수 있으므로 지나치게 공격적인 가격을 써낼 이유가 없습니다. 또한 경매 당일 현장 분위기를 잘 파악해야 합니다. 혹시라도 공유자가 법정에 직접 나와 있는 것이 확인된다면 우선매수권 행사 가능성이 크니, 이때는 경쟁을 피하면서 낙찰 1순위를 굳이 다투지 않는 방어적 입찰로 선회하는 것이 바람직합니다. 실제로 일부 경험 많은 투자자는 공유자가 보이는 날에는 의도적으로 최고가를 써내지 않고 차순위 정도로 남는 전략을 취하기도 합니다. 반대로 공유자가 끝내 모습을 드러내지 않는다면 우선매수 의사가 없다고 보고 평소 계획대로 입찰에 임하면 될 것입니다. 마지막으로 응찰에 앞서 차순위매수신고인 유지 여부를 미리 결정해 두는 것도 중요합니다. 자금 여력과 물건에 대한 집착 정도를 따져본 뒤 방침을 세워두어야 합니다.

▶ **현장에서의 신속한 대응**: 경매 법정에서 실제로 공유자가 우선매수권을 행사했다면 최고가 입찰자로 호명되었던 투자자는 곧바로 차순위매수신고인으로 전환됩니다. 이때 지위를 유지할지 포기할지에 대한 결정을 지체 없이 내려야 합니다. 이미 위에서 충분히 따져본 바를 실천에 옮기는 순간입니다. 만약 포기를 택한다면 즉시 법원에 차순위 포기의사를 밝히고 관련 서류를 제출해 입찰보증금 반환 절차를 밟으면 됩니다. 반대로 차순위 지위를 유지하기로 한다면 매각허가 기일을 확인하고, 잔금 납부 등 후속 절차에 대비하면 됩니다. 중요한 것은 이 중요한 선택을 두고 우물쭈물 시간을 끌면 보증금 반환 지연이나 불필요한

---

1 물론 이를 위해 다른 입찰자와 담합하는 행위는 불법이지만, 혼자서 입찰 가격을 조정해 1등을 양보하는 것 자체는 판단에 따라 가능한 일입니다.

심적 스트레스가 가중될 뿐이라는 점입니다. 따라서 현장에서는 이미 세워둔 원칙에 따라 재빠르게 움직여야 합니다.

▶ **낙찰 후 플랜 B 모색**: 공유자가 개입하지 않아 지분을 낙찰받았다면 이제는 남은 공유자와의 지분 정리 방안을 고민해야 합니다. 공동소유 상태로는 부동산의 활용이나 환금에 제약이 많으므로 투자 수익을 실현하려면 결국 지분을 단일 소유로 통합하거나 매각하는 쪽으로 가닥을 잡게 됩니다. 구체적으로는 다른 공유자들의 지분을 사들여 단독 소유권자가 되거나 반대로 내 지분을 다른 공유자에게 팔아서 현금화하는 두 가지 방법 중 하나를 선택해야 합니다. 이미 매수한 지분과 남은 지분을 맞바꾸는 협상 과정을 거쳐 지분 통합을 이룬다면 가장 이상적입니다. 협의가 순조롭지 않을 경우 공유물 분할청구 소송을 통해 강제로라도 지분 관계를 해소하는 방법도 있습니다. 이는 법원을 통해 부동산 전체를 매각하고 대금을 지분대로 나누는 절차로 시간과 비용이 들지만 공동소유 상태를 끝내는 최종 수단이 됩니다. 물론 이러한 법적 분쟁까지 가지 않고도 공유자 간에 원만한 합의로 지분을 정리할 수 있다면 가장 좋을 것입니다. 어느 쪽 지분도 매매가 어렵고, 당분간 공동소유를 유지해야 한다면 임대 운용 등 장기 보유 전략으로 수익을 내는 방안을 강구해야 합니다. 결국 지분 투자를 통해 이익을 실현하려면 낙찰 직후부터 이러한 플랜 B를 염두에 두고 움직이는 것이 바람직합니다.

사해행위 취소 가처분: 경매 낙찰자의 법적 리스크와 대응 전략

(1) 사해행위 취소 가처분이란 무엇인가?

경매 물건의 등기부등본을 들여다보다 보면 가끔 등골을 서늘하게 만드는 문구와 마주칠 때가 있습니다. 바로 '사해행위취소를 원인으로 한 소유권이전등기 말소 가처분'이라는 길고 낯선 문구입니다. 부동산 경매 투자자들에게 이 표시는 붉은 경고등과도 같으며, 자칫 잘못하면 법률적 지뢰를 밟았음을 알리는 신호탄입니다. '사해행위(詐害行爲)'란 채무자가 자신의 재산을 처분함으로써 채권자를 해하는 행위를 말합니다. 쉽게 말해, 빚을 진 사람이 자기 재산을 친척이나 제3자에게 몰래 넘겨버려 채권자가 강제로 집행할 대상이 사라지도록 꾸미는 행위입니다. 예를 들어, 갑이 을에게 거액의 빚을 졌는데 이를 갚지 않으려고 자신의 유일한 부동산을 친척 병에게 무상 또는 저가 양도하는 행위를 말합니다. 또는 제3자에게 근저당권을 설정해 재산을 담보로 제공함으로써 채권자의 강제집행을 어렵게 만드는 행위도 해당됩니다. 이러한 행위는 채권자 을의 입장에서 보면 받아낼 자산이 사라지니 명백히 해를 입는 결과가 됩니다. 「민법」제406조에서는 채권자가 이렇게 은닉되거나 처분된 재산을 되찾아오기 위한 수단으로 '채권자취소권'을 규정하고 있습니다. 이는 채무자의 사해행위를 취소시켜 원래대로 복귀시키는 소송을 제기할 수 있는 권리입니다. 채권자가 사해행위 취소소송에서 승소하면 빼돌려진 부동산의 소유권을 다시 채무자 명의로 돌려놓거나(원상회복) 그에 상응하는 금전을 반환받는 식으로 채권 회수의 실효성을 확보하게 됩니다.

그러나 이러한 소송에는 상당한 시간이 걸리기 때문에 채권자는 소송이 진행되는 동안 해당 부동산이 제3자에게 다시 넘겨지지 않도록 법원에 '처분금지가처분'을 신청합니다. 가처분이란 본안 소송의 결과를 보호하기 위해 잠정적으로 부동산 등의 처분을 막아두는 임시 조치입니다. 결국 등기부에 기재된 '사해행위취소를 원인으로 한 소유권이전등기말소청구권에 대한 가처분'이라는 긴 문구의 정체는 채권자가 주장하는 '이 부동산의 소유권이전등기를 취소할 권리(말소청구권)'를 미리 확보해 두었다는 뜻입니다. 요컨대 채권자가 '이 부동산의 소유권 이동을 동결시킨다'는 의미로 부동산의 거래와 권리 변경을 묶어두는 강력한 사전 조치입니다.

(2) 경매 낙찰자에게 닥치는 법적 위험

문제는 사해행위 취소 가처분이 걸려 있는 부동산이 경매로 나오는 경우입니다. 경매를 통해 낙찰받으면 그간의 권리관계가 모두 깨끗이 정리된다고 생각하기 쉽습니다. 그러나 이 가처분이 존재하는 물건은 그 통념에 정면으로 반하는 위험을 내포합니다. 겉보기에는 경매 낙찰과 함께 모든 권리가 말소되고 새출발하는 것처럼 보여도, 숨은 '시한폭탄'이 하나 있는 셈입니다. 사해행위 취소소송에서 채권자(원고)가 승소하게 되면 비록 경매 절차상 형식적으로 가처분 등기가 말소되었더라도 낙찰자의 소유권 자체가 무효화될 수 있습니다. 다시 말해, 소송 결과에 따라 법원이 '해당 부동산의 이전 자체가 사해행위에 기한 것이므로 취소한다'는 판단을 내리면 이미 낙찰자에게 넘어간 소유권 등기가 원인 무효로 취급되어 지워질 위험이 있다는 뜻입니다. 결국 부동산의 소유권은 다시 채무자에게로 환원되고, 낙찰자는 거액의 대금을 치르고도 빈손이 될 가능성이 생깁니다. 설상가상으로 이미 납부한 돈을 돌려받기 위해 또 다른 소송 절차에 휘말려야 하는 악몽 같은 상황도 벌어질 수 있습니다.

　모든 경우에 낙찰자의 소유권이 무조건 박탈되는 것은 아닙니다. 「민법」은 선의의 제3자를 어느 정도 보호하기 위한 장치를 두고 있습니다. 「민법」 제406조 제1항에서는 채무자의 사해행위라 하더라도 그로 인해 이익을 받은 자(수익자)나 이후 그 재산을 넘겨받은 전득자가 '채권자를 해할 것을 알지 못한 때(선의일 때)'에는 취소할 수 없다고 규정합니다. 이 조항만 보면, 경매를 통해 해당 부동산을 인수한 제3자가 사해행위라는 사실을 전혀 모르고 취득했다면 채권자취소권의 효과가 그 사람에게 미치지 않아야 합니다. 그러나 현실은 그렇게 간단하지 않습니다. 경매에서는 등기부에 이미 가처분 권리가 선명하게 공개되어 있는 이상, 낙찰자는 이러한 분쟁 가능성을 '알고도 산 것'으로 간주될 소지가 크기 때문입니다. 다시 말해, 공시제도의 투명성이 오히려 낙찰자의 선의(善意) 주장을 봉쇄하는 역설이 나타납니다. 경매 시스템은 모든 권리문제를 투명하게 드러내어 매수인에게 주의를 환기시키는 장치가 있지만, 정작 그 공개된 위험을 안고 들어온 매수인은 선의의 제3자로서 보호받기 어렵습니다. 결국 사해행위 취소 가처분이 등기된 물건의 낙찰자는 애초부터 분쟁의 불씨를 인지하고 참여한 셈이어서 「민법」이 이론상 약속한 선의의 제3자 보호 장치가 사실상 유명무실해지는 셈입니다. 이러한 이유로 '사해행위취소 가처분이 붙은 물건에 입찰하는 행위는 매우 위험하다'는 경고가 실무에서 거듭 나오는 것입니다. 소송 결과와 그로 인한 권리 변동을 낙찰자가 미리 정확히 예측하는 것은 불가능하며, 자칫하면 수년간 공들인 투자금과 부동산 소유권을 모두 잃는 최악의 상황에 직면할 수 있기 때문입니다. 실제 경매 카페나 투자자 모임에서도 이런 가처분이 있는 물건은 웬만하면 쳐다보지도 말라는 조언이 나올 정도로 기피 대상이 됩니다.

(3) 입찰 전 체크 포인트와 전략

▶ **등기부등본의 철저한 검증**: 경매 물건의 등기부등본을 구석구석 살펴 가처분 등기의 존재 여부를 확인해야 합니다. 특히 '사해행위취소를 원인으로 한 소유권이전등기 말소청구권 가처분'이라는 문구가 있다면 그것은 최고 수준의 경고 신호로 받아들여야 합니다. 등기부상 해당 가처분의 피보전권리(보전하려는 권리 내용)를 꼼꼼히 읽어 '소유권이전등기 말소 청구권'인지, '소유권이전 청구권'인지를 파악합니다. 전자는 현재 소유자의 소유권 등기를 말소시키고자 채권자가 다투고 있다는 뜻이고, 후자는 현재 소유권을 자기 앞으로 이전받고자 다툰다는 뜻입니다. 어떤 형태든 낙찰자에겐 치명적인 위험이 될 수 있는 권리이므로 이런 가처분이 있다면 추가 조사나 법률 자문 없이는 함부로 입찰에 나서지 않는 것이 원칙입니다.

▶ **가처분의 순위와 말소기준권리 확인**: 문제가 된 가처분권리가 경매 말소기준권리보다 선순위인지 후순위인지를 따져봐야 합니다. 이는 가처

분의 등기 순서가 경매개시결정 이전인지 이후인지를 의미합니다. 경매 법원이 발행한 매각물건명세서를 보면 해당 가처분이 '매각으로 말소되는 권리'로 기재되어 있는지 확인할 수 있습니다. 이 가처분이 말소기준권리 이후에 등기된 후순위라면 서류상으로는 낙찰과 동시에 가처분 등기가 말소됩니다. 그러나 이러한 형식적 말소는 안심할 수 없습니다. 본안 소송에서 채권자가 승소하면 비록 등기부상의 가처분 표시는 지워졌더라도 낙찰자의 소유권 자체를 원천 무효화시킬 수 있기 때문입니다. 후순위 가처분의 경우 낙찰자는 '등기부에 그 가처분이 존재함을 알고도 입찰했다'는 점에서 이미 악의의 취득자로 취급될 위험이 큽니다. 따라서 설사 가처분이 경매로 지워졌더라도 낙찰자는 선의 취득을 주장하기 어려워 본안 소송 결과에 승복해야 하는 상황이 올 수 있습니다. 반대로, 가처분이 말소기준권리보다 선순위라면 문제는 더욱 심각해집니다. 이러한 선순위 가처분은 경매로도 소멸되지 않고 낙찰자가 그 효력을 고스란히 인수하게 됩니다. 다시 말해, 낙찰자가 그 가처분의 부담을 함께 떠안고 부동산을 취득하는 것이어서 소송이 끝날 때까지 '완전한 소유권을 행사하지 못하는 상태(소유권에 족쇄가 채워진 상태)'가 됩니다. 이런 물건은 아무리 시세보다 싸게 느껴지더라도 낙찰 후 지뢰가 폭발하듯 법적 분쟁에 휘말릴 가능성이 농후하므로 전문 투자자가 아닌 한 피하는 것이 상책입니다.

▶ **관련 소송 내용 및 진행 상황 조사**: 등기부등본에 가처분 등기가 있다면 본안 소송(사해행위 취소 소송)이 무엇인지 파악합니다. 가처분권자(채권자)와 접수일자, 사건번호 등의 단서를 이용해 해당 사건의 기록을 법원에 열람 신청하거나 관계 당사자와 접촉할 수 있다면 소송 내용을 문의해 볼 수 있습니다. 이를 통해 소송의 쟁점과 진행 정도를 가늠해 볼 수

있습니다. 채무자와 수익자(가처분으로 묶인 등기의 현 소유자)가 어떤 관계이고, 문제가 된 재산 처분이 어떠한 경위로 이루어졌는지, 현재 1심 판결이 나왔는지 혹은 계속 계류 중인지 등의 정보를 얻을 수 있습니다. 다만 이는 말처럼 쉽지 않습니다. 일반인이 소송 당사자가 아닌 상태에서 소송 정보를 온전히 파악하기는 어려우며 설령 알아낸다 해도 결과를 정확히 예측하기는 거의 불가능합니다. 법률 전문 지식과 자료가 뒷받침되지 않는 한 수박 겉핥기식 정보로 섣불리 괜찮을 것이라고 판단했다가는 큰코다칠 수 있습니다. 따라서 정보 파악이 어렵거나 확신이 서지 않는다면 가장 보수적인 선택을 하는 게 안전합니다.

▶ **입찰 여부 결정 – 포기 또는 제한적 참여**: 경매 실무에서 가장 중요한 원칙은 '위험한 권리는 처음부터 거른다'입니다. 권리분석에 자신이 없다면 투기적인 도박에 가까운 입찰은 절대 피해야 합니다. 사해행위 취소 가처분이 발견된 경우 가급적 그 물건의 입찰을 포기하는 것이 최선입니다. 아무리 해당 부동산이 매력적으로 보여도 일단 이러한 법적 위험이 깔려 있다면 뒤돌아서는 담대함이 요구됩니다. 부득이한 사정이나 높은 수익 기대 때문에 리스크를 안고서라도 도전하려 한다면 최악의 경우까지 감안한 입찰 전략을 세워야 합니다. 즉, 소유권 상실이라는 최악의 시나리오가 현실이 되더라도 감내할 수 있을 만큼 낮은 금액에 입찰해야 합니다. 예상 낙찰가 대비 충분한 위험할인(risk discount)이 반영되지 않는다면 그런 리스크를 떠안을 이유가 없습니다. 실제 전문 투자자들 사이에서도 이런 물건에 입찰할 때는 '나중에 치료비 두둑이 받을 각오하고 싸게 산다'는 우스갯소리가 있을 정도로 상당한 가격 할인 없이는 접근하지 않습니다.

(4) 낙찰 후 대응 전략

모든 경고에도 불구하고 가처분이 있는 물건을 낙찰받았거나 모르고 낙찰을 받은 후에야 이런 가처분의 존재를 알게 되었다면 이제부터는 시간과의 싸움이 시작됩니다. 우선 지체 없이 부동산 전문 변호사의 조언을 구해야 합니다. 그다음에는 협상과 소송이라는 두 가지 축으로 대응을 생각해 볼 수 있습니다.

▶ **채권자와의 협상 모색**: 가장 현실적이고 신속한 해결책은 해당 가처분을 신청한 채권자와 타협을 보는 것입니다. 채권자가 사해행위 취소소송을 제기한 궁극적 목적은 채무자로부터 자신의 채권을 회수하는 데 있습니다. 그렇다면 낙찰자가 채권자의 피해를 금전적으로 보전해 주는 대안을 제시하여 원만히 합의할 수도 있을 것입니다. 채권액 상당의 금액을 낙찰자가 대신 변제하거나 담보를 제공하는 조건으로 채권자가 소송을 취하하고 가처분을 풀어주는 방안을 생각해 볼 수 있습니다. 실제 사례를 보면, 낙찰자가 추가 자금을 들여 채권자와 합의서를 작성하고 소송을 종료시킨 경우도 있습니다. 채권자로서도 복잡한 소송 절차를 거쳐 부동산을 되돌리는 것보다 확실한 금전적 변제를 통해 신속히 채권을 회수하는 편이 유리할 수 있기 때문입니다. 다만 이러한 협상은 어디까지나 자발적 합의에 의한 것이므로 채권자가 완강하게 응하지 않을 가능성도 고려해야 합니다. 또한 합의에 이르더라도 구두 약속에 그쳐서는 안 되고, 공증된 합의서나 법원 조정을 통해 확실히 효력을 담보해야 추후 분쟁을 막을 수 있습니다. 협상을 통해 가처분이 취하된다면 낙찰자는 비교적 단기간 내에 소유권을 안정시킬 수 있으므로 최상의 시나리오라 할 만합니다.

▶ **가처분 이의신청 및 본안 소송 대비**: 채권자가 협의에 응하지 않거나 낙찰자가 추가 비용을 지불하면서까지 합의하고 싶지 않은 경우에는 법적 절차를 통해 정면 돌파를 해야 합니다.

우선 가처분 결정에 대한 이의신청을 고려할 수 있습니다. 이는 가처분 결정을 내린 법원에 해당 결정이 부당함을 주장하며 다투는 절차입니다. 낙찰자는 자신이 채무자와 아무런 특수 관계가 없는 제3자 매수인임을 소명하며, 경매를 통한 부동산 취득은 사해행위와 무관하므로 가처분을 취소해 달라고 주장할 수 있습니다. 실제 생활법령정보 등의 해설서를 보면 '전(前) 소유자와 사적인 관계가 전혀 없는 단순 매수인이라면 문제가 될 것이 없으니, 가처분에 대한 이의신청을 해서 이러한 사실을 입증하면 된다'는 취지의 안내를 하고 있습니다. 즉, 낙찰자가 선의의 취득자임을 적극적으로 소명하여 법원을 설득하면 법원도 제3자의 거래 안전을 고려해 가처분을 취소하거나 범위를 제한해 줄 가능성이 있습니다. 이의신청이 인용되어 가처분이 풀리면 부동산에 채워졌던 족쇄가 일단 해제되는 셈이므로 이후 본안 소송에서 채권자가 승소하더라도 낙찰자의 소유권을 직접 빼앗기는 한층 어려워집니다. 가처분이 취소되면 채권자는 더 이상 부동산 자체를 겨냥할 수 없게 되므로 사해행위가 인정되더라도 부당이득을 얻은 수익자에게 경매대금 반환을 요구하는 등 다른 방식으로 원상회복을 구해야 합니다. 이는 곧 낙찰자의 실질적 안전을 확보하는 효과가 있습니다.

한편 가처분 단계뿐만 아니라 사해행위 취소 본안 소송에도 낙찰자가 제3자인 참가인의 지위로 적극 관여할 수 있습니다. 민사소송법은 소송 결과에 이해관계가 있는 제3자가 당사자 측에 보조 참가하거나 독립당사자로 참가기관을 통해 의견을 개진할 길을 열어두고 있습니다. 낙찰자는

「민사소송법」 제71조와 제79조

자기 입장에서 '내 소유권을 지켜야 한다'는 논리를 펼쳐야 합니다. 구체적으로는 '나는 채무자나 기존 소유자와 아무 관계 없는 선의의 취득자로서, 이 거래에 어떤 불법이나 악의도 개입되지 않았다'고 주장하고 입증하는 것이 핵심 전략이 됩니다. 부동산을 낙찰받게 된 경위, 당시 제공된 정보, 매도인(채무자 측)과 사전 교류가 전혀 없었다는 점 등을 상세히 밝혀 자신의 거래행위가 정상적이고 투명했음을 강조해야 합니다. 다만 이러한 법적 대응은 전문적인 법률 지식과 증거자료가 뒷받침되어야 하므로 반드시 변호사의 도움을 받아 치밀하게 준비해야 합니다.

▶ **입증 책임과 현실적인 어려움**: 사해행위 취소 소송의 법리적 측면에서 보면 채권자 측이 채무자와 수익자 사이에 사해의도가 있었다는 점을 입증해야 합니다. 채무자가 재산을 처분한 시점에 큰 채무를 안고 있었는지, 그 처분으로 인해 채무자의 총재산이 줄어들어 결과적으로 채권자의 만족을 얻을 자력이 부족해졌는지가 핵심 판단 요소입니다. 또 '거래 상대방(수익자)'이 채무자의 배우자나 친인척 등 특수 관계인이었는지, 거래 대가가 현저히 헐값이거나 증여와 같이 무상이었는지도 중요한 정황입니다. 이러한 요소들이 입증된다면 비교적 쉽게 사해행위가 인정되어 거래가 취소될 수 있습니다. 반면 거래가 정상적인 시장가격으로, 그것도 채무자와 무관한 제3자에게 이루어진 것이라면 사해행위로 보기 어려울 수도 있습니다. 문제는 경매 낙찰자는 이 소송에서 '후발적 취득자(전득자)'의 위치에 있다는 점입니다. 즉, 애초의 채무자와 수익자 사이 거래에 직접 관여하지 않았기 때문에 사건의 전모를 충분히 알기 어렵고 법정에서 반증을 내놓기도 쉽지 않습니다. 더욱이 가처분까지 설정된 상황이라면 법원이 '채권자의 주장이 일리가 있다'고 잠정 평가한 셈이어서 낙찰자로서는 불리한 출발선에 서는 격

입니다. 현실적으로 법정에서 '나는 선의의 매수인이다'라고 항변하더라도 앞서 지적한 대로 경매 참여 시 공시된 가처분을 알고 있었다는 사실이 발목을 잡습니다. 결국 법리상 입증 책임은 채권자에게 있다지만 낙찰자로서는 사실상 대응이 벅찬 싸움이 될 가능성이 높습니다. 이러한 일련의 과정은 시간과 비용, 정신적 스트레스 면에서 막대한 소모전을 예고합니다. 그러므로 처음부터 이런 다툼에 휘말리지 않는 것이 최선이라는 점을 다시금 깨닫게 됩니다.

(5) 대법원 판례로 살펴본 위험과 교훈

대법원은 '채무자와 제3자 사이에 이루어진 근저당권 설정 행위가 사해행위로 취소되더라도, 그 부동산이 이후 경매로 낙찰되어 대금까지 완납된 경우라면 더 이상 낙찰인의 소유권 취득을 무효화할 수 없다'고 판시한 바 있습니다.[1] 경매의 공신력과 거래 안정성을 중시하여 경매대금을 모두 지급하고 취득이 완료된 낙찰자의 소유권은 건드리지 말아야 한다는 취지입니다. 대신, 사해행위로 이익을 얻은 수익자가 받은 경매 배당금을 채권자에게 반환하게 하는 방식으로 원상회복을 해야 한다고 보았습니다. 쉽게 말해, 경매로 부동산을 확보한 제3자의 권리는 보호하고, 그 대신 부당이득을 얻은 당사자에게 경제적 책임을 묻는 해법입니다. 겉보기에는 낙찰자를 구제해 주는 판결로 보이지만 이것이 모든 경우에 적용되는 안전판은 결코 아닙니다. 위 판례는 어디까지나 특정 사안에서 '가처분 등이 경매 진행 중에 말소되고 낙찰자가 소유권을 얻은 기정사실이 이미 성립된 경우'에 한해 낙찰자를 보호한 것입니다. 가처분이 경매로 말소

---

[1] 대법원 2001. 2. 27. 선고 2000다44348 판결

되지 않고 그대로 남아 있었다면 결과는 정반대가 될 수도 있습니다. 특히 이 가처분 권리가 말소기준권리보다 *선순위*인 경우에는 경매를 거쳐도 그 효력이 소멸되지 않아 낙찰자가 고스란히 그 부담을 떠안게 됩니다. 다시 말해, 가처분이 먼저 등기되고 나서 경매가 진행된 케이스라면 낙찰 후에도 가처분 효력이 유지되어 낙찰자의 소유권에 족쇄가 채워집니다. 이런 경우 채권자취소소송에서 채권자가 승소하면 낙찰자의 소유권은 곧바로 말소될 것이 거의 확실합니다. 낙찰자가 가처분의 존재를 알고도 인수한 것이므로 사법부도 이를 '본인이 감수하고 들어온 리스크'로 보는 경향이 강합니다. 실제 소송에서도 채권자는 '낙찰자도 해당 부동산의 사해행위성을 알았다'고 주장하며 취소 범위에 포함시키려 할 것이고, 낙찰자는 선의 항변에 힘을 받지 못해 속수무책으로 패소할 공산이 큽니다.

부동산 경매에서 '사해행위 취소 가처분'이 붙은 경매 물건은 그 자체로 법률적으로 가장 치명적인 지뢰밭이며, 낙찰자 입장에서 최악의 시나리오까지 각오해야 하는 고위험 요소입니다. 경매 시스템의 근간인 공신력, 즉 '경매를 통해 깨끗한 권리를 얻는다'는 믿음을 뒤흔드는 예외적 상황이기 때문입니다. 부동산 경매는 높은 수익만큼이나 높은 책임과 지식을 요구하는 분야입니다. 이번에 살펴본 사해행위 취소 가처분 사례는 그 경고를 단적으로 보여주는 교훈이라 하겠습니다.

〈사해행위 취소 가처분〉 경매 리스크 대응 FLOW CHART

① 등기부등본 검증
   → '사해행위취소를 원인으로 한 소유권이전등기 말소 가처분' 문구 주의
   ▶ 문구 無 → 이상 없음. 일반 권리분석 후 진행
   ▶ 문구 有 → **'초고위험'** 경고(가처분 문구 · 순위 · 피보전권리 내용 면밀 점검)

② 가처분 순위 파악
   ▶ **[후순위]**(말소기준권리 이후 등기): 경매로 **형식상 말소 예정**
   - 본안소송 승소 시 **낙찰자 소유권 무효화** 위험
   - 이미 공시된 가처분 → 선의 취득 주장 어려움(위험 인지 간주)
   ▶ **[선순위]**(말소기준권리 이전 등기): 경매로 **말소되지 않고 인수됨.**
   - 낙찰자가 가처분 효력을 그대로 **승계** → 소유권에 **족쇄** 상태
   - 소송 결과 채권자 승소 시 **소유권 박탈** 거의 확실

③ 입찰 전 전략 결정
   ▶ **포기** → 가장 안전(초보자 적극 권장)
   ▶ **초저가 입찰**: 최악의 상황(소유권 박탈) 염두, 가격 대폭 할인해서 접근
   ▶ 법률 대비책 마련: 입찰 전부터
   - 채권자와 **접촉**하여 채무 변제 제안 → **가처분 취하** 합의 모색
   - 전문 변호사 상담 → **가처분 이의신청** 등 법적 대응 플랜 준비

④ 낙찰 후 시나리오
   ▶ **BEST**: 채권자와 합의 성공 → **가처분 취하** 및 소송 종료 ⇒ 소유권 안정 확보
   ▶ **NORMAL**: **가처분 이의신청 인용** → **가처분 소멸**
         ⇒ 이후 소송 이어져도 부동산 직접 영향 감소
   ▶ **WORST: 본안소송에서 채권자 승소 시!**
   - 후순위 가처분: 낙찰자 소유권 박탈 또는 수익자가 받은 경매 배당금 반환 명령
   - 선순위 가처분: 낙찰자 소유권 등기 말소 확정 → 낙찰자는 이미 낸 대금 회수 소송 불가피

5. 단행 가처분과 경매 실무

(1) 부동산 인도·철거·수거 단행 가처분의 개념과 법적 근거

 부동산 단행 가처분이란 채권자(부동산 소유자나 경매 낙찰자)가 가지는 점유이전 청구권을 신속히 보전하기 위해 법원이 부동산의 점유를 채권자에게 넘겨주도록 명령하는 가처분을 말합니다. 쉽게 말해, 명도소송 같은 본안소송에서 최종 승소 판결이 나오기 전에라도 채권자의 승소 가능성이 높고, 즉시 점유를 돌려받지 않으면 회복하기 어려운 손해가 예상되는 경우 법원이 먼저 부동산 인도를 명령해 주는 제도입니다. 이는 마치 본안 승소 판결의 축소판을 미리 받아내는 셈으로 가처분이지만 채권자의 청구 내용을 만족시키는 효과를 내기 때문에 '만족적 가처분'이라고도 불립니다.

법원행정처의 정의에 따르면 이 절차는 '인도 청구권을 보전하기 위해 부동산 점유를 채권자에게 이전하도록 명하는' 가처분으로서 채무자(점유자)의 정당한 항변의 여지 없이 채권자의 명도청구권이 명백히 인정되고, 또한 본안 판결을 기다리면 채권자에게 중대한 손해가 생길 우려가 있을 때 허용된다. 법원행정처, 2014, 《법원실무제요》 IV. 민사집행: 보전처분.

이렇게 단행 가처분을 통해 채권자는 일반적인 명도소송 절차를 기다리지 않고도 훨씬 신속하게 강제집행을 할 수 있습니다. 보통 명도소송을 거쳐 확정판결을 받으려면 수개월에서 1년 이상이 걸릴 수 있지만 단행 가처분을 통해서는 법원의 가처분 결정만으로도 즉시 집행관에 의한 강제집행이 가능합니다. 그러나 그만큼 요건과 절차가 까다롭습니다. 민사집행법에서는 가처분 인용 결정 정본이 송달된 후 14일 이내에 집행을 신청해야 한다고 규정하고 있는데, 이는 법원이 '지금 바로 집행하라'는 촉박한 시한부 승소를 준 것과 같습니다. 2주 내에 집행 신청을 하지 않으면 가처분 결정의 효력이 사라지고(집행권원 상실), 애써 얻어낸 인도명령이 휴지 조각이 될 수 있습니다. 한편 14일 내에 집행 신청을 하더라도 채무자(현재 점유자)가 법원에 강제집행정지를 신청할 수 있습니다. 최근 법원은 이러한 집행정지 신청을 상당히 받아주는 추세인데 보통 상당한 금액의 현금 공탁이나 보증보험 증권을 채무자가 제공하도록 조건을 붙여 집행을 미루어 줍니다. 결과적으로 채무자가 돈을 예치하면 채권자는 가처분 승소에도 불구하고 당장 집행을 못 하고 발이 묶이는 상황이 벌어집니다.

절차적 측면에서도 채권자에게는 준비할 것이 많습니다. 단행 가처분을 신청하려면 민사소송규칙에 따른 인지대(본안 소송 가액의 1/2, 최대 50만 원)와 송달료를 준비해 관할 법원에 가처분신청서를 제출해야 합니다. 신청서에는 '목적물 표시', '채권자·채무자 정보', '주문(어떤 명령을 구하는지)', '신청 이유(인도 청구권의 내용과 긴급한 보전 필요성)', '소명 방법(증거 목록)' 등을 구체적으로 적시하고 관련 증거를 함께 내야 합니다. 사실상 본안 명도소송에 준할 만큼 상세한 주장과 입증이 요구됩니다. 즉, 채권자가 부동산을 인도받아야 할 법적 권리가 분명하다는 점과 현재 상대방(채무자)의 점유가 불법적이며 그대로 두면 채권자가 돌이킬 수 없는 손해를 볼 위험이 있다는 점을 높은 수준으로 소명해야 합니다. 단순히 '계약 해지 통보를 했다'는 정도만으로는 부족하며, 계약 관계, 해지의 적법성, 점유 경위, 유치권 존재 여부 등을 면밀한 자료로 입증해야 법원을 설득할 수 있습니다. 요컨대 단행 가처분은 절차적 무기로서 강력하지만 이를 손에 쥐기 위해서는 채권자가 철저한 준비와 법률적 정당성을 입증해야 하는 무거운 부담이 따릅니다.

(2) 재건축·경매 현장에서의 단행 가처분 활용 사례

현실의 부동산 시장에서 특히, 재건축·재개발사업이나 법원경매 상황에서 단행 가처분이 유용하게 쓰인 사례가 적지 않습니다.

▶ **재건축·재개발의 경우**: 사업 막바지에 시공사나 일부 소유자가 버티기에 들어가면서 사업 전체를 지연시키는 일이 종종 발생합니다. 서울 중구 신당동 S 연립 재건축 현장은 공정률 95% 시점에 이전 시공사가 공사비 미지급을 이유로 유치권을 주장하며 아파트 단지 출입구를 점거했습니다. 이로 인해 조합원들은 무려 5년 동안이나 새 아파트에 입주하지 못하는 사태가 벌어졌습니다. 서초구 반포동의 신반포 15차 재건축 단지도 비슷합니다. 이 경우 조합이 시공사를 교체하자 쫓겨난 이전 시공사가 '추가 공사비 문제가 해결되지 않았다'며 현장에서 물러나지 않고 유치권을 내세워 공사를 전면 중단시켰습니다. 이렇게 시공사 측이 유치권(공사를 했으니 돈 받을 때까지 점유를 유지할 수 있다는 권리)을 방패 삼아 불법 점유로 맞서는 경우 사업은 마비되고 조합원들은 막대한 피해를 보게 됩니다. 조합이나 새로운 사업 주체 입장에서는 하루 지연될 때마다 금융비용 등 손해가 커지기 때문에 이런 상황에서 법원에 부동산 인도 단행 가처분을 신청하여 현장을 강제로 넘겨받는 전략을 시도

합니다. 실제 법조계에 따르면, 어떤 재건축 조합은 신속히 단행 가처분을 법원에 신청해 인용 결정을 받아냈고, 법원이 '점유를 풀어주라'는 인도명령과 함께 무려 수백억 원대 공탁을 조건으로 부과하여, 시공사 측이 더 버티지 못하게 만든 사례도 있었습니다. 이는 법원이 가처분을 인용해 주되 채무자(점유자)의 권리도 고려해 거액의 담보 제공을 물려놓은 예외적인 조치였지만 결과적으로 조합은 지연된 공사를 재개할 돌파구를 마련했다는 점에서 의미가 있습니다.

▶ **법원경매의 경우**: 법원경매에서도 단행 가처분이 가끔씩 등장합니다. 경매 낙찰자는 법원의 매각허가결정 후 소유권을 취득하지만 막상 현 점유자가 퇴거를 거부하면 집을 인도받지 못해 애를 먹습니다. 일반적으로는 낙찰자가 명도소송을 제기하고 동시에 점유이전금지가처분(점유자를 바꾸지 못하도록 하는 보전처분)을 신청하는 것이 정석입니다. 그러나 경우에 따라서는 본안 판결 전이라도 집행관을 통해 현 점유자를 몰아낼 수 있는 단행 가처분을 병행하기도 합니다. 예를 들어, 주택 임차인이 전세보증금을 연체해 계약 해지 요건이 충족되었는데도 버티고 있다거나 낙찰자가 이사비 등 금전 지원을 해주기로 하고 퇴거 합의를 했는데도 점유자가 약속을 어기고 눌러앉는 경우 등이 있습니다. 이러한 경우 낙찰자는 단행 가처분을 통해 재판을 기다리지 않고 신속하게 인도받을 수 있습니다. 실무에서도 명도소송을 제기함과 동시에 단행 가처분을 신청해 두었다가 집행관이 본안 판결 전에 강제집행을 시도한 경우들이 있습니다. 물론 이런 경우에도 피고(점유자)가 즉시 집행정지를 신청해 시간을 끄는 전략을 펼칠 수 있으므로 결국 본안 소송을 병행해서 확정판결까지 받아두는 것이 안전망이 됩니다. 법조 전문 언론들도 '단행 가처분은 명도소송보다 훨씬 신속하게 강제집행을 할 수 있

다는 장점이 있지만 어디까지나 임시 조치이므로 본안 소송을 같이 진행하는 것이 바람직하다'고 조언합니다. 법원이 가처분 단계에서 채권자 손을 들어주더라도 나중에 본안 판결에서 채무자에게 유리한 사정이 드러나면 판결이 번복될 수 있기 때문입니다.

▶ **법원 결정문이나 언론 보도로 확인된 사례들**: 법무법인 LKB평산이 소개한 사건의 경우, 재건축 조합이 무단 점유로 사업 부지를 장악한 시공사를 상대로 인도 단행 가처분 인용을 받아냈습니다. 시공사가 이에 불복해 대법원까지 다퉜으나 법원이 원심 가처분 인용을 확정한 사례가 있었습니다. 해당 사건에서 조합은 본안 판결을 기다리지 않고도 단행 가처분 결정에 따라 즉시 강제집행을 함으로써 시공사의 부당한 요구에 끌려다니지 않을 수 있었다고 합니다. 이는 극히 이례적인 승소 사례로 평가되지만, '될 때도 있다'는 선례를 남겼다는 점에서 의미가 있습니다. 반면, 재건축 조합이 조합원(점유자)을 상대로 단행 가처분을 신청했으나 조합 측의 절차상 하자로 인해 기각된 경우도 있습니다. 의정부지법의 결정 사례인데, 조합이 조합원과 계약 해지를 진행하는 과정에서 절차적 정당성을 다소 잃어버린 부분이 문제가 되어 법원이 가처분을 허용하지 않은 것입니다. 이처럼 법원은 신청인의 처지나 사업 지연의 심각성만 보는 것이 아니라 신청인 측이 계약 관계에서 얼마나 공정하게 행동했는지도 따져봅니다. 제도가 남용되어 상대방의 권익을 지나치게 해치는 결과를 막겠다는 취지로, 이는 곧 단행 가처분이 아무 때나 다 통하는 만능 카드가 아니라는 증거이기도 합니다. 결국 단행 가처분 신청을 고려하는 쪽에서는 자기 발등을 찍는 불공정 행위는 없었는지 미리 살펴보고 하자를 정비한 뒤에 나서야 한다는 교훈을 줍니다.

▎ (3) 단행 가처분 제도의 한계와 실무상 문제점

단행 가처분은 강력한 무기이지만 실제 활용에는 여러 한계와 장애물이 따릅니다.

▶ **입증 부담**: 법원을 설득하려면 채권자의 권리가 명백하고 긴급함을 고도의 소명자료로 뒷받침해야 하기 때문에 입증 부담이 매우 큽니다. 앞서 언급했듯이 계약 해지 통보서 한 장만 내서는 어림없고, 계약서 원본, 내용증명 발송 내역, 전출입 기록, 미납 임대료 영수증, 현장 사진 등 가능한 모든 증거를 구비해야 합니다. 채무자(점유자)에게 혹시라도 정당한 권리가 있을 가능성은 모조리 차단해 놓아야 합니다. 예를 들어, 점유자가 법정유치권(점유자가 기여한 비용을 받기 전까지 점유를 유지할 수 있는 민법상 권리)을 주장할 여지가 조금이라도 있다면 법원은 가처분 인용을 꺼립니다. 따라서 신청인은 해당 점유자가 유치권을 내세울 근거가 없는지(또는 유치권이 이미 부인되었음을) 사전에 확인하고, 그런 사유를 없애는 자료를 제시해야 합니다.

▶ **집행 절차의 제약**: 가장 대표적인 것이 14일 이내 집행 신청을 해야 한다는 규정입니다. 결정문을 손에 쥐었더라도 단 2주 안에 실행하지 못하면 결정 효력이 상실됩니다. 현실적으로 가처분 결정 정본이 송달되고 집행관을 수소문하여 일정을 잡는 데 며칠은 금세 흘러갑니다. 준비가 조금이라도 늦어지면 14일은 순식간에 지나가 버리고 자칫하면 시간이 지나 효력이 상실되는 어이없는 상황이 됩니다. 게다가 앞서 말한 대로 채무자가 집행정지 신청이라는 역공 카드를 쓸 가능성도 늘 열려 있습니다. 특히 법원이 채무자의 집행정지 신청을 받아들이면서

'집행을 정지하되, 채무자가 ○억 원을 공탁할 것'이라는 조건을 붙이는 경우가 많습니다. 채무자가 큰돈을 부담하니 채권자에게 유리해 보일 수도 있습니다. 그러나 문제는 집행정지 인용 결정이 나고, 채무자가 기간 내 담보를 못 넣어 집행정지가 취소된다고 하더라도 이미 집행 타이밍을 놓쳐버리는 일이 생긴다는 점입니다. 채권자로서는 14일이라는 시간이 흐르는 동안 상대의 대응을 전전긍긍 지켜봐야 하고, 담보가 실제로 제공되지 않아 집행이 재개될 때쯤이면 기간이 촉박해져 다시 집행일을 잡기도 어려워질 수 있습니다. 실무자들은 '법원이 집행정지를 비교적 쉽게 내준다'는 점을 가장 큰 애로로 꼽습니다.

▶ **강제집행의 어려움**: 집행 단계에서 겪게 되는 현실적인 어려움도 있습니다. 결정문을 받았다고 곧바로 집행관이 들이닥쳐서 점유자를 쫓아내느냐 하면 실제로는 그렇게 간단하지 않습니다. 집행관들은 강제집행 현장에서 발생할 수 있는 마찰과 법적 문제에 매우 신중할 수밖에 없습니다. 그래서 현장에서 점유자가 강하게 항의할 경우, 집행관은 일단 '언제까지 나가달라'고 권고하거나 채무자 스스로 열쇠를 넘기도록 설득하는 선에서 집행을 멈추는 경우도 있다고 합니다. 원칙적으로 집행관은 영장 없이도 채무자를 내보낼 수 있지만 인권 문제가 불거질까 우려되어 강제력이 약한 소극적 태도를 취하는 것입니다. 이 때문에 '결국 영장 없이 사람을 끌어내는 건 쉽지 않다'는 푸념이 채권자들 사이에서 나옵니다.

▶ **인권 및 절차적 정당성 논란**: 단행 가처분은 채무자인 점유자의 입장에서는 본안 소송에서 다툴 기회도 없이 거주지나 영업장을 빼앗기는 결과가 될 수 있습니다. 실제로 법원도 이러한 부분을 의식해 심문 절차

에서 채무자의 선의(善意) 여부나 중과실 여부, 계약 해제 사유의 타당성 등을 꼼꼼히 따집니다. 즉, 채무자에게도 최소한의 방어권 기회를 주고, 추후 이의신청 등을 통해 다툴 여지를 남겨두려는 것입니다. 그러나 아무리 사후 구제가 있다 해도 일단 강제집행이 되면 점유자는 생활 터전에서 쫓겨나는 것이니 인권 침해 소지가 계속해서 지적되고 있습니다. 만약 채무자가 이에 불복하여 이의신청을 제기하면 가처분 결정 자체가 취소되거나 변경될 수 있고, 앞서 말한 집행정지로 시간을 벌 수도 있습니다.

▶ **절차의 왜곡 가능성**: 시장과 이해관계자 측면에서 절차의 왜곡 가능성도 문제로 거론됩니다. 법원경매 현장 주변에는 소위 '경매 브로커'들이 암약해 왔습니다. 이들은 일반 입찰자들이 잘 모르는 정보를 미리 파악하고, 때로는 담합을 통해 의도적으로 유찰을 만들어 내는 등 부당한 이득을 취한다는 비판을 받아왔습니다. 심지어 일부는 법원 집행관 사무원과 결탁해 경매 관련 내부 정보를 빼내어 사고파는 범법 행위도 벌인 것으로 알려졌습니다. 이러한 행태는 단행 가처분 절차에서도 부정적인 영향을 미칠 수 있습니다. 또한 단행 가처분은 법원이 채권자의 일방적 주장에 근거해 신속하게 결정되는 구조적 특성 때문에 집행관 측이나 브로커가 제공하는 정보에 지나치게 의존하면 법원의 판단이 왜곡될 수 있습니다. 따라서 절차의 투명성과 공정성이 떨어질 수 있다는 지적입니다.

▶ **관료주의적 행태**: 강제집행 절차는 법률상으로는 정해진 틀이 있지만 집행관이나 법원 직원들이 현실적인 어려움이나 내부 규정을 이유로

김세훈, "대구법원 사무원 비리…항응 받고 경매 정보 넘겨," 노컷뉴스, 2018. 1. 11.

불필요하게 까다롭게 구는 경우가 있습니다. 「민사소송법」 제690조는 집행관이 인도명령을 실행할 때 원칙적으로 채무자 본인에게 목적물을 인도하도록 해야 한다고 규정합니다. 그러나 실제 집행 현장에서는 채무자가 집에 있어도 형식적으로만 열쇠를 채무자에게 건네게 한 뒤, 곧바로 그 열쇠를 채권자 대리인에게 받아넘기는 관행이 만연해 있습니다. 법조문을 따르지 않고 편의대로 처리하는 셈입니다. 또 어떤 경우 집행관실 직원들이 추가 서류를 요청하며 채권자에게 이것저것 요구해 절차를 지연시키는 일도 있다고 합니다. 절차를 엄격히 지키는 것은 당연하지만 때로는 지나친 엄격함이 채권자에게 추가적인 행정 부담을 준다는 지적입니다.

(4) 제도의 실효성과 한계: 사례로 보는 교훈

단행 가처분은 분명 위기 상황의 해결사 역할을 한 성공 사례들도 꽤 있습니다. 앞서 소개한 법무법인 LKB평산 사건 외에도, 언론과 업계에서 종종 '단행 가처분으로 점유자를 몰아냈다'는 승소담이 들려옵니다. 한 부동산 전문 변호사는 "민사집행법 제301조에 따라 가처분이 인용되면 14일 내 반드시 집행 신청을 해야 한다는 점을 명심해야 한다"면서, 실제로 가처분 인용 직후 현장에 집행관을 대동해 바로 집행함으로써 점유자를 내보낸 사례를 소개했습니다. 그는 잠깐이라도 주저하면 채무자에게 대응 시간을 주는 꼴이 되니 결정문이 나오면 곧바로 행동에 옮겨야 한다고 강조합니다. 실제로 이렇게 신속과단하게 집행하여 성과를 거둔 사례들이 여러 건 존재합니다.

그러나 실패 사례나 위험성을 경고하는 목소리도 적지 않습니다. 앞서

본 의정부지법 사례처럼 채권자 측 행동에 흠결이 있을 경우 법원이 가처분을 불허하기도 하고, 심지어 인용 결정이 났다가도 채무자의 이의제기로 취소되는 경우도 있습니다. 또 다른 사례로 단행 가처분 결정을 받아 집을 넘겨받았지만 채무자가 몰래 다시 들어와 점유해 버려서 또다시 소송을 해야 했던 일도 있습니다. 이처럼 인도를 받아냈어도 모든 문제가 영구히 해결되는 것은 아니어서 근본 분쟁(계약 분쟁 등)이 남아 있다면 언제든 분쟁이 재점화될 수 있습니다. 법원도 이런 위험을 알기에 가처분은 임시 조치일 뿐 근본 해결이 아니라는 점을 계속 강조하는 것입니다.

언론 보도 또한 단행 가처분의 빛과 그림자를 동시에 보여줍니다. 유치권 갈등으로 입주가 막힌 재건축 단지 사례처럼 사회적으로 이슈가 된 사건에서는 조합이나 낙찰자가 법원의 구제 수단을 적극 활용합니다. 그리고 실제로도 상황에 따라서는 법원이 신속히 가처분을 인용해 줘서 조합이 거액의 공탁금을 조건으로 걸고라도 점유를 풀어내는 실익을 얻기도 합니다. 반면, 법원은 다양한 장치 통해 가처분 결정이 남용되어 채무자에게 부당한 피해가 발생하는 것을 방지합니다. 앞서 말한 조합 사건처럼 법원이 250억 원에 달하는 거금을 공탁 조건으로 내걺으로써 조합 측이 제도를 함부로 남용하지 못하도록 재정적 부담과 긴장감을 주려고 한 의도로 보입니다. 이는 채권자의 권리를 보호하는 동시에 제도가 악용되거나 남용되는 것을 막겠다는 법원의 메시지로 해석됩니다. 단행 가처분의 성공 여부는 사안별로 천차만별이므로 조금만 방심하거나 준비가 부족하면 채권자 자신에게 오히려 상처를 낼 수 있는 양날의 검이 될 수 있다는 점을 명심해야 합니다.

(5) 단행 가처분을 고려하는 신청자(채권자)를 위한 전략

단행 가처분은 일단 성공하면 강력한 무기지만 실패하면 시간과 비용만 잃고 상황은 더 나빠질 수 있는 수단인 만큼 하이 리스크 하이 리턴(High Risk High Return)의 성격을 갖습니다. 부동산 인도·철거·수거 단행 가처분을 생각 중인 일반인 투자자, 재건축 조합 등 채권자 측이라면 다음과 같은 전략과 대비책을 준비할 필요가 있습니다.

▶ **충분한 법률 검토와 증거 준비**: 점유자가 내세울 수 있는 모든 항변 사유를 사전에 검토해야 합니다. "임차인이 계약 연장을 주장할 가능성은 없는가?", "점유자가 법적으로 유치권을 행사할 여지가 남아 있는가?", "장기간 점유로 인한 특별한 권리가 인정될 수 있는가?" 등의 쟁점을 미리 따져봐야 합니다. 그리고 항변을 반박할 증거를 철저히 수집해야 합니다. 계약서, 등기부등본, 전입세대 열람내역, 내용증명 복사본, 현장 사진 등 모든 자료를 빠짐없이 확보하는 것이 중요합니다. 특히 주택 임차인 문제라면 해당 임차인이 보증금을 연체했는지, 갱신요구권을 행사할 자격이 있는지 등을 확인합니다. 사업장 임차인이라면 임대차계약 당사자가 누구이며 권리가 적법하게 종료되었는지 등을 살펴야 합니다. 한마디로 '채무자에게 정당한 권리가 없다'는 점을 입증할 수 있는 증거자료 일체를 완벽하게 갖춰야 합니다.

▶ **본안 소송 병행 준비**: 단행 가처분은 어디까지나 임시 조치입니다. 그렇기 때문에 가능하다면 본안인 명도소송도 동시에 제기해 두는 편이 안전합니다. 가처분 신청서에는 본안 소송의 진행 여부와 상관없이 가처분 요건만 쓰면 되지만 심리 과정에서 재판부가 본안 소송 병행 여부

를 묻는 경우도 있습니다. 이는 채권자의 진정성과 분쟁 해결 의지를 보기 위함입니다. 따라서 가처분이 인용되면 곧바로 집행을 진행하되, 설사 기각되더라도 이미 제기해 둔 본안 소송을 통해 최종적으로 명도를 받아낼 수 있도록 투트랙 전략을 쓰는 것이 좋습니다. 그리고 가처분이 인용되더라도 본안 소송을 취하하지 말고 판결 선고까지 유지하는 것을 권장합니다. 나중에 가처분 결정이 취소되거나 집행이 풀릴 위험에 대비한 보험용 설차라고 생각하면 됩니다.

▶ **신청 후 즉각 집행 대비**: 법원으로부터 인용 결정을 받아냈다면 14일 이내에 집행 신청을 해야 하는 만큼 시간과의 싸움이 시작됩니다. 가처분 결정 정본을 교부받는 즉시 관할 집행관실과 연락해 집행 일정을 잡고, 필요한 인력과 장비를 준비해야 합니다. 점유자가 폭력 등으로 저항할 가능성이 있으면 경찰 지원을 미리 요청해 두는 것도 중요합니다. 특히 채무자가 집행정지 신청을 넣을 가능성에 대비해 '법원 전산(사건 검색 시스템)'을 수시로 확인하면서 집행정지 결정 여부를 모니터링해야 합니다. 채무자가 현금 공탁이나 보증보험 증권을 요구받는 집행정지를 신청했다는 소식을 들으면 즉시 법원에 이의제기를 검토하거나 담보 제공해 집행정지를 해제하는 등 그에 맞서는 전략을 세워야 합니다. 일부 변호사들이 '결정문을 받는 그날 바로 집행관과 함께 현장으로 가라'고 조언할 정도로 최선의 방법은 집행정지 신청 자체를 못 하게 신속히 집행을 끝내버리는 것입니다.

▶ **법원의 조건 수용 대비**: 단행 가처분 결정에는 흔히 법원의 조건이 붙을 수 있습니다. 특히 채무자가 이의나 항고를 제기할 경우를 대비해 채권자에게도 담보 제공을 요구하거나 집행정지 상황에서 상당한 공

탁금을 예치하도록 조건을 달기도 합니다. 이는 법원이 신중을 기하는 절차이므로 피할 수 없는 부분입니다. 재건축 조합이 시공사를 상대로 가처분을 낼 때 250억 원 공탁을 조건으로 인용 결정이 난 사례가 있었던 만큼, *내가 받아낼 부동산 가치와 상대방 손해 가능성을 감안해 법원이 얼마나 요구할지 가늠해 둘 필요가 있습니다.* 그러므로 신청인은 필요 자금을 산정해 자금을 마련하거나 담보로 넣을 부동산, 보증보험 가입 등을 사전에 검토합니다.

▶ **소송비용 및 경제성 고려**: 단행 가처분 신청에는 인지대와 송달료 등 비용이 듭니다. 인지대는 본안 소송의 절반 수준이라고 하지만 막상 집행 단계에 들어가면 집행관 수수료, 보관비용 등 부대비용이 발생합니다. 더구나 앞서 말한 공탁금을 예치하는 경우 수백만 원에서 수억 원 단위의 목돈이 필요합니다. 최악의 경우 본안 소송에서 패소하면 채무자가 '부당한 가처분으로 피해를 입었다'며 역으로 손해배상 청구를 해올 위험도 있습니다. 그러므로 비용 대비 효과를 냉정하게 따져봐야 합니다. 비용과 노력이 향후 얻을 이익(신속한 부동산 활용 등)보다 과도하지 않은지 계산해 보고, 시간적 여유가 있고 점유자가 협상에 나설 여지가 있다면 합의로 푸는 편이 낫지 않은지 현실적인 판단도 해봐야 합니다.

▶ **전문가 상담**: 단행 가처분 사례는 많지 않고, 재판부마다 견해가 조금씩 다를 수 있습니다. 부동산 전문 변호사나 법무사 중에는 경매나 재건축 분야 단행 가처분을 성공시킨 이들이 있습니다. 따라서 유사 사건으로 승소 경험이 있는 전문가와 상의하는 것이 큰 도움이 됩니다. 그들은 어떤 증거가 특히 유효했고, 어떤 재판부가 어떤 요건에 민감했는지 등의 노하우를 갖고 있습니다. 비용이 조금 들더라도 사전에

전문가에게 사건의 쟁점을 진단받고 전략을 가다듬는 과정을 거치는 것이 성공 확률을 높입니다. 또한 관할 법원의 집행관실 업무 관행을 잘 아는 전문가라면 집행 단계에서 맞닥뜨릴 시행착오를 줄여줄 수도 있습니다.

▶ **점유자와의 협상 병행**: 법적 절차와 별개로 점유자(채무자)와의 합의 가능성을 끝까지 열어두는 것이 중요합니다. 사실 단행 가처분까지 가는 상황이라면 이미 협상이 결렬되었거나 상대가 막무가내일 공산이 크지만 마지막까지 대화의 창구를 두는 전략적 유연성이 필요합니다. 적절한 이사비 지원이나 유예 기간 부여 등 현실적인 조건을 제시하면 의외로 쉽게 퇴거에 응하는 경우도 있습니다. 다만, 설령 합의가 되더라도 반드시 가처분 신청을 넣어두는 것이 안전합니다. 왜냐하면 서류로 합의했더라도 법적 강제력이 부족해 상대가 마음을 바꾸면 그만이고, 그때 다시 신청하려면 시간상 너무 늦을 수 있기 때문입니다. 실제 현장에서도 '합의서를 받았더라도 가처분 신청 접수까지 마쳐둬라'는 조언이 있습니다. 최선은 당사자 간 원만한 해결이지만 Plan B로서 법원의 힘을 빌릴 채비는 해두라는 뜻입니다.

이상의 사항들을 염두에 두고 준비한다면 단행 가처분 제도를 활용해야 하는 상황에서 실패 가능성을 크게 줄이고 성공 확률을 높일 수 있을 것입니다.

〈부동산 인도 · 철거 단행 가처분〉 실전 FLOW CHART

① '신속 명도' 필요성 판단

점유이전청구권 **명백**
\+   ⇒   단행 가처분 검토
긴급한 **현실적 손해 위험**

② 반드시 갖춰야 할 3대 요건

(권리존재)	**인도청구권**이 **명백**한가?	⇒	계약서, 해지통보서 사본
(보전필요)	본안판결 전 지체하면 **회복이 어려운**가?	⇒	등기부등본, 점유 사진
(급박성)	지연으로 **현저한 손해**가 우려되는가?	⇒	임대료 연체 내역 등

③ 신청 절차(14일 타임어택!)

관할법원 접수	· 인지대 = 본안 소가의 1/2 (상한 50만 원) · 송달료 동봉(채무자 수 × 2회분)
서류 구성	· 신청서 작성(목적물 표시, 채권자/채무자 정보, 인도 · 철거 명령 구하는 주문, 신청 이유 등) · 신청 이유 소명: 사실관계 + 보전필요성(상세 서술) · 소명자료 첨부(계약서, 전입세대열람, 사진 등)
법원 심문(필요시)	· 점유자 무(無)항변 또는 반박 근거 빈약 → 인용 가능↑ · **인용결정 송달 → 14일 내 집행신청 필수**

④ 인용 후 집행 흐름

▶ 인용결정 → (≤14일) 집행관실 신청 → 집행일 지정
▶ 채무자의 집행정지 신청 대응

채무자에게 '현금 공탁 · 보증보험' 요구	→	채무자 담보 미제공	→	집행 강행 (집행정지 신청 해제)

▶ 강제집행 실시: 경찰 입회 → 열쇠 인계/물건 반출 → 채권자 인도 완료

⑤ 주의! 3大 리스크

▶ **집행정지** ⇒ 고액 공탁 요구(자금 압박)
▶ **14일 내 미집행** ⇒ 효력 소멸(절차 무효화)
▶ **본안소송 패소** ⇒ 손해배상 역공('가처분 남용' 인정 시)

6.
시행사 vs. 지주, '알박기' 전쟁의 현실과 전략

"개발사업, 단 한 명이 좌우한다"

대규모 부동산 개발에서도 한 명의 지주가 끝까지 버티면 사업 전체가 흔들리는 경우를 우리는 종종 봅니다. 이를 흔히 '알박기'라고 부릅니다. 투자자라면 재개발·재건축 등에 참여할 수도 있고, 반대로 내 땅이 개발지에 편입되는 경우 언제든 부딪힐 수 있는 문제입니다. 이 장에서는 시행사(개발사)와 지주 간의 분쟁 사례를 통해 매도청구제도 등 법적 수단과 현실에서의 한계를 살펴보겠습니다. '개미 vs. 공룡' 또는 '다윗 vs. 골리앗'의 싸움이라 불리는 시행사와 알박기 지주의 대립 양상을 비판적 시각에서 분석해 보겠습니다.

(1) 매도청구제도 - 시행사의 법적 무기와 한계

한 지방 도시에서 A 시행사는 100필지에 달하는 낙후된 주택가를 밀고 신규 아파트 단지 개발을 추진하고 있었습니다. 이미 99필지는 동의나 매입을 완료했지만 딱 한 필지의 땅 주인 B 씨가 완강히 버티고 있었습니다. 현행법에 매도청구권이라는 개발사 측 무기가 있긴 하지만 현실의 알박기 전쟁은 그렇게 간단하지 않았습니다. 예상대로 A 시행사와 지주 B씨의 줄다리기는 장기전으로 접어들었습니다. 개발 부지는 이미 철거와 정리가 대부분 완료됐지만, 주변에서 흔히 볼 수 있는 것처럼 B 씨의 작은 땅과 그 위에 있는 단층주택만은 끝까지 남아 섬처럼 버티고 있었습니다. 답답한 A 시행사는 결국 매도청구제도에 기대기를 결정했습니다. 매도청구란 '강제로 팔 것을 청구한다'는 뜻으로, 개발사업에서 일정 조건이 충족되면 안 팔겠다는 토지도 법원의 힘으로 시행사가 강제로 매수할 수 있게 한 제도입니다. A 시행사의 경우 99%에 가까운 부지를 이미 손에 넣은 상태였기에 95% 요건을 충족하여 B 씨에게 매도청구권을 행사할 수 있는 상황이었습니다.

현행 「주택법」 제22조 등에 규정된 매도청구제도는 크게 두 가지 요건으로 발동됩니다. 하나는 전체 사업 부지의 80% 이상을, 다른 하나는 95% 이상을 확보했을 경우입니다.

▶ 매도청구권 행사 요건
 ① 사업 주체가 사업계획 승인을 받았을 것
 ② 매도청구 대상 대지 소유자와 3개월 이상 협의를 거쳤을 것

▶ **매도청구제도 행사 대상**

80% 이상 확보	나머지 토지 중에서 **최근 10년 이내 매입한 지분**의 매도청구 가능 (투기 지주 강제 정비 요건)
95% 이상 확보	잔여 토지에 대해 **지분 취득 시기와 상관없이 전부** 매도청구 가능 (원주민 지주라도 예외 없이 강제 매수 대상이 됨)

    그러나 매도청구의 현실적인 난관은 그다음부터 시작입니다. 우선 매도청구를 하려면 관할 행정청의 사업계획 승인을 받아야 합니다. A 시행사는 다행히 이미 승인 고시까지 받아둔 상태였습니다. 승인 고시 후 5일이 지나면 매도청구권을 행사할 수 있는데, 법은 또한 그 전에 3개월 이상 토지 소유자와 성실히 협의할 것을 요구합니다. 즉, 강제 매수를 법원에 청구하기 전에 '우리는 충분히 대화하려 노력했다'는 증빙이 필요하다는 뜻입니다. 그러나 현실에서는 B 씨 같은 지주는 연락 자체를 회피하거나 대놓고 '배 째라'는 태도로 반응합니다. A 시행사도 여러 차례 내용증명을 보내고 면담을 요청해서 겨우 만나 대화를 시도해 봤지만 B 씨는 요지부동이었습니다. 결국 A 시행사는 법원에 매도청구 소송을 제기했습니다. 법정 다툼은 예상보다 훨씬 지루하고도 험난했습니다. B 씨 측은 소장을 받고도 일부러 답변서를 늦게 내고, 기일을 미루는 등 지연 전술을 써서 1심 판결까지 최소 6~8개월이 걸렸습니다. 1심에서 다행히 승소 판결을 받았지만 B 씨는 곧바로 항소했습니다. 2심까지 가면 전체 소송이 1~2년 더 연장됩니다. 이 기간 동안 사업은 전면 중단된 것이나 마찬가지입니다. 게다가 1심에서 이겼다고 해서 당장 그 땅을 내 마음대로 할 수 있는 것도 아닙니다. 판결이 확정되어야 비로소 강제로 소유권을 넘겨받을 수 있기 때문입니다. A 시행사는 1심 승소 후 법원에 매매대금을 공

탁하며 만반의 준비를 했지만, B 씨가 항소로 시간을 끄는 한 소유권 등기 이전을 완료할 수 없었습니다. 확정판결 전까지는 남의 땅인 상태이니 섣불리 그 위의 주택을 철거하거나 건드렸다간 오히려 재물손괴 등으로 처벌받을 위험마저 있었습니다. 결국 아무리 매도청구제도가 있더라도 확정판결까지의 시간과 비용을 견딜 인내가 필요합니다. A 시행사로서는 수백억 사업이 한 사람 때문에 몇 년씩 지연되는데도 법적으로 속도를 낼 방법이 없어 속이 타들어 갔습니다.

(2) 지주의 알박기 전략 - 지뢰를 밟게 하라!

B 씨처럼 노련한 지주들은 단순히 버티는 것에 그치지 않습니다. 법 테두리 안에서 할 수 있는 모든 알박기 전략을 총동원합니다. 그야말로 땅 한 조각을 지키기 위해 각종 지뢰를 묻어두는 것입니다. B 씨가 구사한 주요 전술들을 살펴보겠습니다.

▶ **가등기 설정**: B 씨는 자신의 친척 C와 미리 매매예약을 맺고 가등기를 설정해 두었습니다. 표면적으로는 'C에게 팔기로 했다'는 예약이지만 실제로는 개발사를 견제하기 위한 알박기 수단에 불과했습니다. 이 가등기가 있는 한 A 시행사가 B 씨 땅을 강제 매수하더라도 선순위로 걸린 C의 권리를 무시할 수 없게 됩니다. 가등기는 훗날 본등기를 통해 실제 소유권이 넘어갈 수 있는 권리이기 때문에 법적 분쟁의 불씨로 남습니다. 한 알박기 지주가 매도청구 소송 1심에서 패소하자 재빠르게 자기 친척에게 가등기해 놨던 것을 본등기로 전환해 버린 실제 사례가 있습니다. 그 결과 시행사는 이미 이긴 소송을 무용지물로 만들고 처음부

터 다시 소송을 해야 했습니다. B 씨도 판결 선고 직전에 이 가등기를 본등기로 만들어 버릴 속셈임을 노골적으로 내비친 것입니다.

▶ **근저당권 설정**: B 씨는 또 다른 카드로 자기 땅에 제3자 명의의 근저당권을 설정했습니다. 예를 들어, 친구 D의 페이퍼컴퍼니로부터 거액을 대출받는 형식으로 자신의 토지에 근저당을 설정한 것입니다. 이렇게 해두면 A 시행사가 강제로 땅을 사더라도 그 위에 얹힌 거액의 근저당권(허위 채무라 하더라도 형식상 존재하는)을 함께 인수해야 하는 문제가 생깁니다. 쉽게 말해, '알박기 프리미엄'을 한층 더 얹어놓는 효과입니다. 시행사로서는 그만큼 추가 비용 부담을 지고 사야 하니 난색을 표할 수밖에 없습니다. 물론 이런 근저당이 허위라면 법정에서 통정허위표시로 무효 주장을 할 수 있지만 입증이 만만치 않고 시간도 걸리니 지주 입장에서는 일단 해볼 만한 견제책인 셈입니다.

▶ **임차인 투입**: 여기에 더해 B 씨는 자신의 집 일부를 E 씨에게 임대했습니다. 말하자면 새로운 임차인을 집에 들인 것입니다. 그러면 A 시행사가 소유권을 가져가도 임차인 보호법에 따라 계약 기간 동안은 E 씨를 함부로 내보낼 수 없습니다. 심지어 E 씨가 주거용이 아니라 상가 세입자라도 된다면 사업장 이전 보상금 등을 추가로 요구받을 수 있습니다. 실제로 도시정비사업 등에서 한두 명의 임차인 때문에 철거와 착공이 지연되는 일은 비일비재합니다. A 시행사는 B 씨만 달래서는 안 되고, E 씨와도 별도 협상을 하거나 나중에 명도소송을 해야 합니다. 단 한 명의 임차인이 알박기 지주와 시행사 간 분쟁의 판을 더 복잡하게 만든 사례입니다.

▶ **각종 가처분·가압류**: 이 외에도 B 씨는 혹시 모를 상황에 대비해 부동산에 가압류나 가처분을 걸어둘 수 있습니다. B 씨의 가족이나 지인이 '돈을 빌려준 게 있다'며 가압류를 해놓으면, 나중에 A 시행사가 땅을 넘겨받아도 그 가압류를 해결하기 전에는 깨끗한 소유권을 확보하지 못합니다. 물론 실체가 없는 채권이라면 법정에서 다툴 수 있지만 역시나 시간 지연 효과는 톡톡히 봅니다. 요컨대 알박기 지주는 땅에 각종 법적 족쇄를 채워 둠으로써 개발사가 내 땅을 가져가더라도 골치 아픈 문제들을 같이 떠안게 만드는 전략을 구사하는 것입니다.

(3) 시행사의 대응 - 법과 협상의 이중 전략

이쯤 되면 A 시행사도 속이 탈 대로 탔을 것입니다. 사업을 포기할 수 없는 이상 시행사의 대응 전략은 크게 두 가집입니다. 하나는 협상이고, 다른 하나는 소송 등 법적 조치를 병행하는 것입니다.

▶ **당근과 채찍 협상**: A 시행사는 B 씨에게 다시 협상 의사를 보입니다. 이번에는 '실익 계산'을 할 수밖에 없었습니다. 법적 싸움으로 2년을 더 버티는 것보다 차라리 웃돈을 얹어주고 빨리 합의하는 편이 싸게 먹힐 수도 있기 때문입니다. 실제로 노련한 시행사들은 알박기 지주와의 협상 비용을 처음부터 사업비에 일정 부분 반영해 두기도 합니다. A 시행사도 내부 논의를 거쳐 추가 프리미엄을 제공하거나 완공 후 새 아파트 한 채를 무상 제공하는 등의 조건을 제시했습니다. 협상의 자리에서는 채찍도 함께 나옵니다. '우리는 이미 법적 조치를 취했고, 결국에는 판결로 넘겨받을 겁니다. 괜히 시간을 끌면 서로 손해만 커진

다'는 압박을 주어 긴장감을 조성합니다. 감정적으로 대립하지 않도록 최대한 예의를 지키면서 지금 합의하면 ○원을 드리지만, 나중에 법대로 하면 그보다 적은 금액을 드린다는 식으로 현실적 계산을 일깨워 주는 것이 중요합니다.

▶ **법적 절차 추진**: 협상이 여의치 않으면 법원의 힘을 빌리는 작업에 집중합니다. 매도청구 소송은 진행 중이고, A 시행사는 이 소송에서 한 번에 확정판결까지 받을 수 있도록 증거와 법리를 탄탄히 준비합니다. B 씨가 주장하는 '각종 권리(가등기, 근저당, 임차권)'에 대해서는 별도로 권리무효 확인 소송이나 말소 청구 소송도 병행 검토합니다. 가등기가 통정허위계약임을 입증해 가등기 말소를 청구하고, 근저당권이 허위 채무임을 밝혀내 근저당 말소도 함께 노리는 것입니다. 이 경우 입증을 위해 각종 금융자료나 통화내역 등을 법원 명령으로 제출받는 등 공격적 소송 전략이 필요합니다. 또한 경우에 따라 B 씨를 형사 고소하는 방안도 고려합니다. B 씨의 행위가 악의적 업무방해나 사기에 해당한다면 수사 압박을 가해 협상력을 높이는 것입니다. 물론 형사 고소는 신중을 기해야 하지만 개발사업을 방해할 목적으로 허위 권리를 설정한 게 드러나면 법도 가만있지 않기에 심리적 효과는 큽니다.

▶ **강제집행 대비**: 법원 싸움도 결국 이긴 후가 중요합니다. A 시행사는 1심 승소 후 매매대금을 공탁해 두는 등 형식적 요건을 모두 갖춰두었습니다. 그래야 추후 확정판결이 나는 즉시 소유권이전등기를 할 수 있기 때문입니다. 또한 강제집행 단계에서의 물리적 실행을 미리 준비합니다. 경찰 및 집행관의 협조를 구해 집행 계획을 세워두고, 집행 전문 인력(용역 업체 등)도 상황에 따라 투입할 수 있도록 대비합니다. 가능

하면 그렇게 하기 전에 합의로 끝내는 게 최상이겠지만 최악의 상황에도 대비책이 있어야 협상에서도 밀리지 않습니다.

(4) 개발사업의 현실 - 사람과의 싸움, 시간과의 싸움

위 사례는 결말이 어떻게 났을까요? A 시행사는 결국 B 씨와 극적으로 합의에 이르렀습니다. 정확히 밝힐 수는 없지만 알려진 바로는 초기에 제시했던 금액보다 훨씬 높은 보상을 B 씨에게 주었다고 합니다. 시행사는 최후의 제안을 했고, B 씨도 수년 더 소송을 끌며 불확실성을 이어가는 것보다는 그쯤에서 실리를 취하는 것이 낫다고 판단한 것으로 보입니다. 그리고 B 씨의 임차인 E 씨에게도 별도의 이주 지원비와 대체 영업장 알선 등 조건을 제시하여 퇴거에 동의를 받았습니다. 결국 마지막 남은 퍼즐이 맞춰지자 그토록 애태웠던 개발사업은 비로소 본궤도에 오를 수 있었습니다. 완공 시기가 처음 계획보다 2년 이상 늦어졌지만 말입니다.

이 사건을 겪으면서 A 시행사 대표는 뼈저리게 느낀 바가 있었다고 합니다. '결국 단 한 사람이 이렇게까지 사업 전체를 흔들 수 있다'는 점입니다. 또한 '법적 무기가 있어도 결국 중요한 건 사람을 어떻게 설득하느냐'라는 깨달음입니다. 개발사업이란 수많은 이해관계인의 퍼즐을 맞추는 작업이고, 거기에는 법과 돈만이 아니라 사람의 감정과 사회적 맥락까지 얽혀 있다는 것을 말입니다. B 씨 입장에서는 조상 대대로 대물려 온 땅일 수도 있고, 본인 인생의 마지막 자존심일 수도 있습니다. 개발사 입장에서는 하나의 비즈니스 프로젝트일지 몰라도 지주 개인에게는 삶의 터전과 기억이 담긴 공간일 수 있다는 점도 무시할 수 없습니다.

이처럼 부동산 개발사업의 성패는 결국 사람에게 달려 있습니다. 아무리 100명의 동의를 받아도 한 명의 반대가 모든 것을 멈추게 할 수 있습니다. 결국 얽힌 사람이 협조하지 않으면 그림의 떡이 되는 셈입니다. 그 한 명을 어떻게 할지는 어느 교과서에도 정답이 없습니다. 법이 도와줄 거라 기대하지만 실제 법은 양측이 알아서 적당히 합의하도록 유도할 뿐입니다. 매도청구권 같은 제도도 최후의 수단일 뿐, 결국은 시간과 비용을 강제로 들여야 하는 길입니다.

따라서 개발 관련 부동산 투자에 나서는 분들은 법률 지식만큼이나 협상력과 인내심을 길러야 합니다. 때로는 상대방의 처지를 이해하고 공감대를 형성하는 부드러운 접근이, 때로는 냉정한 계산으로 Win-Win 해법을 제시하는 전략이 필요합니다. 또한 언제 물러나야 할지 아는 것도 중요합니다.

(5) 알박기 현상의 비판적 시선

알박기 현상은 우리 사회의 구조적 문제를 드러냅니다. 개발 논리도 중요하지만 개인 재산권과 공동체 이익 사이의 균형을 어떻게 잡을 것인가 하는 숙제를 던집니다. 현행 매도청구제도는 다수의 이익을 위해 개인의 권리를 제한하는 장치지만 동시에 지주의 정당한 몫을 보장하는 안전장치가 충분한가에 대한 의문도 제기합니다. 또한 알박기 지주들의 악의적 행태는 비판받아 마땅하지만 그들이 그렇게까지 해서라도 목소리를 내는 배경과 원인도 살펴봐야 합니다. 때로는 개발 정보의 비대칭, 보상 기준의 불만족 등이 한 사람을 끝까지 버티게 만드는 동력으로 작용합니다. 결국 이런 분쟁을 줄이는 길은 투명한 정보 공개, 합리적 보상체계, 원만한 협상 문화를 정착시키는 데 있을 것입니다.

시행사 vs. 지주 – '알박기' 분쟁 대응 전략

① 토지 확보 현황

~80%	매도청구 요건 미충족 → 지주들과 협의 지속
80~94%	조건부 매도청구 가능(최근 10년 내 취득 지분 대상)
95%~	매도청구권 발동 가능(기간 불문 잔여 지분 모두)

② [필수] 사업계획승인(관할 행정청)
- ▶ 인·허가 승인 고시 완료(고시일 기준 5일 경과 후 매도청구권 행사 가능)
- ▶ 승인 이후 **3개월 이상 실질적 협의 노력** 요구(내용증명, 조정신청 등 **협상 시도 증빙** 마련)

③ 협상 단계[3개월~]

성공	⇒ 자발적 매매 계약 체결(필요시 프리미엄·새 아파트 분양권 제공 등)
실패	⇒ 매도청구 소송 제기(잔여 지주 상대)

④ 지주의 알박기 방어 수단
- ▶ **가등기**(매매예약 등): 선순위 권리 확보로 소유권 이전 지연/무효화 노림
- ▶ **근저당권 설정**: 고액 부채 설정으로 개발사에 추가 비용 전가 유도
- ▶ **임차인 투입 및 사업자등록**: 명도 지연 및 영업보상 요구권 확보
- ▶ **기타 지연 전술**: 소송 서류 송달 회피, 관할 변경 신청, 항소 남발 등 시간 끌기

⑤ 시행사의 대응 수단
- ▶ **재협상 시도**: 추가 보상 제시(현금 프리미엄, 입주권 등) + 심리적 **압박**
- ▶ **매도청구 소송 집중**: 법원에 충분한 협의 노력 입증 + 신속한 판결 유도 전략(지연전술 차단 논리 준비)
- ▶ **대금 공탁**: 1심 승소 시 매매대금 즉시 공탁 → 항소 중이라도 '대금 지급 준비 완료' 상태 구축(성의 표시 및 추후 신속 집행 대비)
- ▶ **권리 방해 말소 소송**: 허위 가등기·근저당 시 **통정허위표시 무효** 주장 & 말소 청구, **가장임대차 입증** 시 법적 무효화 추진
- ▶ **형사적 압박**: 업무방해·사기 등 형사 고소 검토
- ▶ **강제집행 준비**: 최종 승소 판결 시 **집행관·경찰 협조** 사전 확보, 필요 장비와 인력 대기(※ 확정 전 철거는 금물!)

⑥ 예상 타임라인 & 리스크 관리
- ▶ 소송 기간: 1심(6~12개월) + 2심 이후(6~12개월 이상) ⇒ 최대 2~3년 지연
- ▶ 확정판결 전 철거·공사 시도 금지(※ 재물손괴 등 형사책임 우려)
- ▶ 소송 결과
  - **시행사 승소**: 강제 매수 진행
  - **지주 승소**: 사업 계획 전면 재검토(설계 변경 또는 사업 무산까지)

⑦ 개발 투자 성공을 위한 네 가지 핵심 역량: 법률 전략, 협상 스킬, 공감 능력, 끈질긴 인내

7.
임대차계약서 실전 전략과 예방 조치

▍(1) 초보 임대인의 흔한 착각과 실수

임대 사업을 처음 시작하는 사람들이 흔히 빠지는 함정은 계약서를 그저 형식적인 서류쯤으로 여기는 착각과 방심입니다. 임대차계약서는 임대인과 임차인 모두의 권리를 지켜주는 가장 기본적인 장치입니다. 경험 부족으로 이를 소홀히 하면 나중에 큰 낭패를 볼 수 있으므로 초보 임대인들이 자주 하는 세 가지 착각부터 살펴보겠습니다.

착각 1: "표준계약서만 쓰면 다 되는 거 아냐?"

정부 표준 임대차계약서에 서명만 받으면 안심해도 된다고 믿는 경우입니다. 그러나 현실은 다릅니다. 표준계약서만으로 임대인을 완벽하게 보호하긴 어렵습니다. 집의 상황에 따라 꼭 필요한 조항들을 추가로 넣어야만 임대인의 권익을 충분히 지킬 수 있습니다. 결국 계약서에 추가 특약사항을 어떻게 담느냐에 따라 임대인의 위험 노출이 크게 달라집니다.

착각 2: "좋은 게 좋은 거지, 굳이 문서화할 필요 있나?"

임차인과 구두로 약속한 내용을 문서에 남기지 않고 넘어가는 경우입니다. 사람 좋게 '설마 약속을 어기겠어' 하며 구두 합의에 의존하지만 막상 문제가 생기면 말로 한 약속은 증거로 남지 않아 소용이 없습니다. 계약 관계에서는 어떤 사소한 합의라도 반드시 서면으로 명시해야 합니다. '못 믿어서가 아니라 기록을 정확하게 남기기 위한 절차'임을 설명하며 양해를 구해 문서화하면 추후 법적 분쟁에서 힘을 발휘할 수 있습니다.

착각 3: "법대로 하면 되겠지"

별다른 대비 없이 법이 알아서 자신을 보호해줄 것이라고 막연히 기대하는 경우입니다. 법은 최소한의 틀만 제공할 뿐 구체적인 상황에서 임대인이 적극적으로 권리를 행사하지 않으면 충분한 보호를 받기 어렵습니다. 임대차 분쟁이 생겼을 때 특약 유무에 따라 법적 보호의 정도가 크게 달라집니다. 대비 없이 '법이 지켜주겠지' 하고 있다가는 뒤늦게 후회해도 소용이 없다는 뜻입니다.

실제로 임차인이 월세를 몇 달씩 밀리고 관리비까지 체납한 채 잠적해버려도 계약서에 아무 대비 조항이 없으면 임대인은 속수무책으로 당할 수밖에 없습니다. 보증금에서 제해도 나머지를 손해 보는 사례가 주변에서도 심심찮게 볼 수 있습니다. 따라서 초보 임대인일수록 초기 계약 체결 단계에서 철저하게 대비하는 것이 무엇보다 중요합니다.

(2) 임대인을 지켜주는 다섯 가지 필수 특약

임대인을 각종 위험으로부터 보호해 줄 다섯 가지 필수 특약사항과 법적으로 대처하는 방법을 구체적으로 알아보겠습니다.

1) 월세 선불 조항

▶ **내용**: 임차인이 매달 월세를 선불로 내도록 하고, 구체적인 납부 기한을 명시하는 특약입니다. 예를 들어, '매월 25일까지 다음 달분 월세를 선납한다'와 같이 계약서에 작성합니다.

▶ **효과**: 임차인이 월세 납부를 다음 달로 미루기 어렵고, 정해진 기한을 넘길 경우 명백한 계약 위반이 되므로 곧장 대응할 수 있습니다. 특히 일부 얌체 세입자가 마지막 달 월세를 보증금에서 제하고 버티려 하는 꼼수를 막아 임대인이 계약 종료 시점까지 월세를 차질 없이 받을 수 있게 해줍니다.

2) 연체 이자 부과 조항

▶ **내용**: 임차인이 월세를 제때 내지 않을 경우 지연 일수만큼 연체 이자를 부과하도록 정해둡니다. '임차인이 월세를 납부 기한까지 지급하지 않을 시, 지연 일수에 대하여 연 10%의 지연이자(일일 약 0.03%)를 가산한다'와 같이 명시합니다.

▶ **효과**: 임차인에게 시간이 곧 돈임을 환기시킴으로써 월세 연체를 예방

하는 효과가 있습니다. 그리고 연체가 발생하더라도 임대인은 법정 이율(연 5%)을 웃도는 수준의 지연이자를 통해 어느 정도 금전적으로 보전을 받을 수 있습니다. 또한 연체가 반복될 경우 이 조항은 계약 해지의 정당한 근거가 됩니다.

3) 무단 반려동물 사육 금지

▶ **내용**: 임차인이 임대인의 사전 서면 동의 없이 주택 내에서 개나 고양이 등 반려동물을 기를 수 없으며 이를 위반하면 계약을 즉시 해지할 수 있다는 특약입니다.

▶ **효과**: 애완동물로 인한 소음, 악취, 시설 파손 등의 문제 발생을 미연에 방지합니다. 임대차계약서에 이 조항이 있으면 임차인은 몰래 반려동물을 키울 엄두를 내기 어렵고, 몰래 키우다 적발되면 임대인은 바로 퇴거(명도) 요구를 하거나 손해배상을 청구할 수 있는 확실한 근거를 확보하게 됩니다.

4) 전대 및 권리양도 금지

▶ **내용**: 임차인은 임대인의 허락 없이 임차권이나 전세권을 제3자에게 양도하거나 임차 주택을 무단으로 전대(재임대)하지 못한다는 특약입니다. 이를 위반하면 계약을 해지할 수 있다고 명시해 둡니다.

▶ **효과**: 임차인이 임대인 몰래 임차권을 다른 사람에게 팔아넘기거나 집을 빌려 놓고 남에게 다시 세주는 행위를 원천 차단합니다. 「민법」 제

629조에서도 임차인은 임대인의 동의 없이 임차권을 양도하거나 전대하지 못하도록 규정하고 있습니다. 이 특약을 통해 그러한 상황이 발생했을 때 임대인이 명시적으로 해지 권한을 행사할 수 있음을 분명히 해두는 것입니다. 임대차 관계에 제3자가 끼어들어 분쟁이 복잡해지는 일을 예방하는 효과가 있습니다.

5) 수리 책임 범위 명시

▶ **내용**: 임대인과 임차인 중 누가, 어떤 수리의 책임을 질 것인지 계약서에 구체적으로 구분해 적어둡니다. 예를 들어, '전구 교체나 막힌 하수구 뚫기 같은 경미한 수리는 임차인이 한다. 단, 보일러 고장·누수 등 주요 설비나 건물 구조와 직결된 큰 수리는 임대인이 책임진다'와 같이 작성합니다.

▶ **효과**: 수선 의무의 경계를 미리 명확히 정해두면 나중에 다투는 일을 예방할 수 있습니다. 덕분에 임차인은 일상적인 경미한 고장은 스스로 해결하여 사소한 일로 임대인을 번거롭게 하지 않게 되고, 임대인은 거주에 중대한 영향을 미치는 큰 고장이 생겼을 때 신속히 수리해 주는 대신 사소한 수리에 일일이 대응해야 하는 부담을 덜 수 있습니다.

이상 살펴본 다섯 가지 특약들은 단 몇 줄에 불과하지만 거짓말처럼 큰 분쟁을 막아주는 보물 같은 조항들입니다. 임대인 입장에서는 계약 체결 시 이러한 내용을 빠짐없이 기재해 두는 습관을 들여야 합니다. 나중에 후회하지 않도록 철저히 대비하는 것이 프로 임대인의 자세입니다.

(3) 문제 발생 시 법적 대응 절차

아무리 계약서 특약을 잘 만들어 두고 관리해도 현실적으로 임차인이 문제를 일으킬 가능성을 완전히 배제하기 어렵습니다. 임차인이 위와 같은 계약을 위반하거나 문제가 발생했을 때, 임대인은 다음과 같은 법적 절차를 따라 침착하게 대응해야 합니다.

▶ **내용증명 발송**: 문제가 발생하면 내용증명 우편으로 임차인에게 공식적으로 요구 사항을 통보합니다. '현재 월세 ○개월 치가 연체되어 있으니 ○일까지 완납하지 않으면 계약을 해지하겠다'와 같이 최후통첩을 내용증명으로 보내는 것입니다. 내용증명을 보내두면 임차인에게 심리적 압박을 주어 자발적 시정을 유도할 수 있고, 동시에 추후 법정 다툼 시 해당 문서 자체가 유력한 증거가 됩니다.

▶ **계약 해지 및 명도소송**: 임차인이 시정하지 않거나 위반 행위가 심각하다면 임대인은 임차인에게 계약 해지 통보를 한 뒤 곧바로 명도소송(부동산 인도 청구 소송)을 제기합니다. 특히 계약서 특약에 '위반 시 임대인이 즉시 계약을 해지할 수 있다'는 조항이 있다면 임대인의 해지 통보가 정당하다는 것을 법정에서 입증하기가 한결 수월해집니다. 중요한 것은 시간을 끌지 않고 제때 조치에 나서는 것입니다. 소송 절차가 길어질수록 공실 기간이 늘어나 임대인에게 손해이므로 적법한 요건이 갖춰졌다면 신속히 청구하는 것이 좋습니다.

▶ **가처분 및 가압류 신청**: 명도소송과 병행하여 두 가지 법적 조치를 추가로 검토합니다. 하나는 임차인이 점유하는 부동산을 제3자에게 임

의로 처분하거나 다른 사람에게 점유를 넘기지 못하도록 법원에 부동산 점유이전금지가처분을 신청하는 것입니다. 다른 하나는 나중에 받아낼 밀린 월세나 손해배상금을 확보하기 위해 임차인의 가치 있는 재산에 가압류를 해두는 것입니다. 임차인의 예금 계좌나 차량 등에 법원이 가압류 결정을 내려두면 임대인이 추후 승소했을 때 미납금 등을 집행해 회수할 수 있습니다. 이러한 가처분·가압류 조치는 문제가 심각해질 조짐이 보일 때 초기에 법률 전문가의 도움을 받아 신속하게 진행하는 것이 좋습니다.

▶ **강제집행 신청**: 임대인이 명도소송에서 승소했음에도 임차인이 계속 집을 비워주지 않는다면 최후의 수단으로 법원에 강제집행(집행권원에 따른 부동산 인도 집행)을 신청합니다. 강제집행 결정이 내려지면 법원의 집행관이 임차인과 그 가재도구 등을 강제로 집 밖으로 내보내고, 집의 점유를 임대인에게 인도해 줍니다. 이 단계까지 가는 경우는 흔치 않지만 일단 법적 절차를 시작하면 상당한 시간과 비용이 들기 때문에 그 전에 원만하게 해결하는 것이 최선입니다.

'임대 사업은 공격보다는 수비가 최선의 전략'이라는 말처럼 계약 단계부터 강한 방어망을 쳐두고, 혹여 사태가 발생하면 법이 부여한 무기들을 적기에 활용하여 내 재산을 지키는 지혜가 필요합니다.

임대차계약서 실전 전략과 예방 조치

① **초보 임대인의 흔한 착각과 실수**
  ▶ 착각 1: "표준계약서만 쓰면 다 되는 거 아냐?"
  ▶ 착각 2: "좋은 게 좋은 거지, 굳이 문서화할 필요 있나?"
  ▶ 착각 3: "법대로 하면 되겠지"
  ⇒ 임대차계약 시, 구두 합의 사항 특약으로 문서화, 문자나 녹취 등 객관적인 기록을 남김.

② **임대인을 지켜주는 다섯 가지 필수 특약**
  ▶ 월세 선불 조항 ▶ 연체 이자 부과 조항 ▶ 무단 반려동물 사육 금지
  ▶ 전대 및 권리양도 금지 ▶ 수리 책임 범위 명시

③ **문제 발생 시 법적 대응 절차**
  ▶ 내용증명 발송 → 계약 해지 및 명도소송/가처분 및 가압류 신청 → 강제집행 신청

8. 법정지상권 이해와 대응 전략

법원경매 물건을 보다 보면 '법정지상권 성립 여지 있음'이라는 문구가 등장하는 경우가 있습니다. 경매 초보자라면 이 문구 하나만으로도 질겁하여 입찰을 포기하기 일쑤입니다. 그만큼 법정지상권은 제대로 알지 못하면 위험천만한 복병입니다. 그러나 그 원리와 대응법을 이해하면 남들이 기피하는 물건에서 기회를 찾을 수 있습니다. 여기서는 법정지상권의 개념과 성립 요건, 경매 물건에 붙었을 때의 영향과 투자 전략, 그리고 권리를 활용하거나 제거하는 실무 방법까지 차례로 살펴보겠습니다.

(1) 법정지상권의 개념과 성립 요건

▶ **개념**: 법정지상권은 토지와 그 위 있는 건물의 소유자가 달라진 경우, 건물이 철거당하지 않고 토지 위에 존치할 수 있도록 법이 직접 부여

하는 지상권을 말합니다. 쉽게 말해, 원래 한 사람이 소유하던 땅과 건물이 매각, 경매, 상속 등으로 소유자가 분리되었을 때 건물주를 보호하기 위해 자동으로 설정되는 토지 사용권입니다. 이는 별도의 계약이나 등기가 없어도 성립하는 강력한 물권으로서, 건물 소유자는 토지 소유자의 동의 없이도 해당 토지를 사용하며 건물을 유지할 권리를 얻고, 토지 소유자는 대신 그 대가로 '지료(토지 사용료)'를 받을 수 있습니다. 법정지상권 제도가 마련된 취지는 건물을 함부로 철거함으로써 생기는 사회경제적 손실을 막고, 토지 이용과 건물 재산권 사이의 균형을 맞추기 위함입니다.

▶ **「민법」 규정에 따른 법정지상권**: 대표적으로 「민법」 제366조는 '저당권의 실행(경매)'으로 토지와 그 지상 건물의 소유자가 달라지는 경우, 토지 소유자가 건물 소유자에게 지상권을 설정해 준 것으로 본다고 규정합니다. 토지와 건물이 한 사람 것이었는데 건물에만 근저당이 잡힌 후 경매로 건물만 다른 사람에게 넘어간 경우, 새 건물주는 그 건물이 서 있는 토지에 대해 법정지상권을 취득하여 계속 건물을 사용할 수 있게 됩니다. 같은 원리로 건물에 전세권이 설정된 상태에서 토지 소유자가 바뀐 경우(「민법」 제305조)나 담보가등기의 실행으로 토지와 건물 소유자가 엇갈리게 된 경우(「가등기담보 등에 관한 법률」 제10조)에도 법정지상권이 성립합니다.

▶ **관습법상 법정지상권**: 「민법」 조문에 직접 규정되지 않은 경우라도 대법원은 관습법에 따라 법정지상권 성립을 인정해 왔습니다. 관습법상 법정지상권이 성립하려면 ① 처음에 토지와 건물이 동일인의 소유였고, ② 매매나 경매 등으로 소유자가 달라졌으며, ③ 건물을 철거하기로 한 명시적 특약이 없을 것 등의 요건을 갖춰야 합니다. 건물주 A 씨

가 자신의 토지만 B 씨에게 팔았는데 *건물을 철거하기로 약속하지 않았다면*, A 씨는 관습법상 법정지상권을 취득하여 B 씨의 땅에 계속 그 건물을 둘 수 있습니다. 실제로 '토지와 건물의 소유자가 달라질 때 별다른 철거 약정이 없는 한 건물 소유자에게 관습법상 법정지상권이 인정된다'는 원칙은 오래전부터 확립되어 왔고, 2022년 대법원 전원합의체 판결에서도 이러한 입장이 재확인되었습니다.[i] 반대로 건물을 철거하기로 명확히 합의했다면 법정지상권은 발생하지 않습니다. 또한 건물주가 토지주와 토지 임대차계약을 맺었다면 이는 토지 사용에 대한 별도 약정이므로 관습법상 법정지상권을 스스로 포기한 것으로 간주됩니다. 실제로 '동일인 소유의 토지와 건물 중 하나만 처분되어 소유자가 달라진 경우 관습상 법정지상권이 성립하지만, 건물 소유자가 토지 임대차계약을 체결했다면 법정지상권을 포기한 것으로 본다'는 대법원 판례도 있습니다.[ii] 법정지상권에 관한 중요한 판례를 보면, 토지와 건물이 한 사람 소유였다가 매매·증여·상속·공유물 분할·강제경매(압류) 등으로 소유자가 달라진 경우에도 당사자 사이에 별다른 약정이 없다면 관습법상 법정지상권을 폭넓게 인정해 왔음을 알 수 있습니다. 쉽게 말해, 저당권 경매뿐 아니라 일반 경매나 공매로 토지와 건물의 주인이 달라진 상황에서도 특별한 철거 특약이 없었다면 법이 건물 존치권을 부여하는 쪽으로 판례가 형성되어 온 것입니다. 이러한 판례법상의 법정지상권은 당사자 간 계약으로 배제할 수 없는 강행규정적 성격을 가지며, 효력은 등기된 지상권과 동일하게 취급됩니다.[iii]

---

i 대법원 2017다236749 전원합의체 판결
ii 대법원 1992. 10. 27. 선고 92다3984 등
iii 지료 지급 의무나 존속기간 등에서 차이가 없습니다.

▶ **성립 요건 정리**: 법정지상권이 성립하려면 ⓐ 우선 토지 위에 독립된 건물이 존재해야 합니다. 앞에서 잠깐 언급했듯이 여기서 건물이란 지붕과 기둥·벽을 갖추고 사회 통념상 건축물로 인정될 만한 구조물을 의미합니다. 가설건물이라 해도 실제로 존재하기만 하면 건물 요건을 충족하며, 등기되었는지 여부나 무허가인지는 중요하지 않습니다. 반대로 저당권 설정 당시 토지 위에 건물이 없었는데 이후 신축한 경우(설령 채권자가 건축에 동의했더라도)에는 법정지상권이 성립하지 않습니다. 저당권자가 토지 가치를 평가할 때 건물 존재를 고려하지 못했으므로, 뒤늦게 지어진 건물까지 보호해 주지는 않는다는 취지입니다. 또한 ⓑ 토지와 건물이 동일인의 소유였어야 합니다. 애초부터 남의 땅에 무단으로 지은 건물이라면(이른바 구분소유 상태) 법정지상권 논의 자체가 적용되지 않습니다. 그리고 ⓒ 토지와 건물의 소유자 분리가 경매든 매매든 적법한 원인에 의한 것이어야 합니다. 불법 점거가 아니라 정상적인 권리 변동이어야 하며, 공유 관계 해소(공유물 분할)로 인한 분리도 여기 포함됩니다. ⓓ 결정적으로 철거 특약의 부존재가 중요한 요건입니다. 판례는 '건물 철거 없이 토지를 사용하기로 한 묵시적 합의'가 있다고 보고 법정지상권을 인정해 왔기 때문에 매매 시에 건물 철거 약정을 명시했다면 권리가 생기지 않습니다.

정리하면, '토지와 건물이 애초에 한 소유자 → 건물이 있는 상태에서 소유자 분리 → 철거 약정 없음'이면 법정지상권 성립 가능성이 높다고 볼 수 있습니다. 이때 법정지상권의 존속기간은 별도 약정이 없으면 「민법」이 정한 최단 기간(석조 등 견고한 건물은 30년, 그 외 건물은 15년 등)이 적용되고, 기간 종료 후에는 갱신이나 건물 매수 등의 과정으로 권리관계가 정리됩니다. 이처럼 법정지상권은 「민법」 규정이든 관습법이든 토지와 건물의 일체성이 깨졌을 때 건물 존치를 보장하는 안전장치이며,

법에서 정한 요건을 충족하면 등기 없이 자동 성립하는 권리입니다. 경매 투자자는 대상 부동산에 이러한 권리가 붙을 가능성이 있는지 미리 확인해야 불의의 손실을 피할 수 있습니다.

(2) 법정지상권이 붙은 경매 물건의 특징과 입찰 전략

경매에서 매각물건명세서에 법정지상권 가능성이 언급된 부동산은 가치 평가와 권리분석에서 각별한 주의가 필요합니다. 핵심은 경매로 나오는 대상이 '토지'만인 경우와 '건물'만인 경우를 구분해서 전략을 달리하는 것입니다.

1) 토지만 경매로 나오는 경우

토지 위에 남의 건물이 올라가 있어 법정지상권 성립 가능성이 있는 상황입니다. 이때 토지를 낙찰받으면 건물 소유자가 법정지상권자로서 상당 기간 토지를 계속 사용할 권리를 가지게 됩니다. 토지 매수인의 입장에서는 법정지상권이 존재하는 동안 자기 땅을 마음대로 활용하지 못하는 중대한 제약이 생깁니다. 함부로 건물을 철거할 수도 없고, 건물주의 동의 없이는 개발이나 이용에 제한을 받습니다. 법정지상권의 법정 존속기간 동안은 이러한 상태를 감수해야 합니다. 게다가 존속기간이 끝나도 건물주에게는 계약 갱신 요구권이 있습니다. 토지주가 갱신을 거절하면 오히려 토지주에게 건물을 매수해 달라고 요구(지상권자의 매수청구권)할 수 있습니다. 이로 인해 토지주는 최종적으로 건물을 상당한 보상을 주고 사들여야 할 가능성도 있습니다. 법정지상권이 붙으면 토지는 '반쪽짜리 땅'이 되어버리지만 그렇다고 토지 소유자에게 완전히 손해만 있는 것은 아닙니다. 우선 법정지상권이 존속하는 동안 건물주에게 '지료(땅 임대료)'를 청구할 권리가 있습니다. 지료 액수는 당사자 간 협의로 정하되, 합의가 안 되면 법원이 적정 금액을 정해줍니다. 건물주가 지료를 2년분 이상 밀리면(「민법」 제287조) 토지소유자는 별도 소송 없이도 지상권 소멸을 통보할 수 있고, 필요한 경우 지상 건물에 대한 경매(담보권 실행)를 다시 신청할 수 있습니다. 이렇게 토지 소유자를 위한 안전장치도 마련해 두고 있습니다. 따라서 토지 낙찰자는 낙찰 후 반드시 건물주에게 지료를 청구하고 관리해야 하며, 혹여 건물주의 지료 연체가 발생하면 이를 방치하지 말고 법적 권리를 행사해야 합니다. 법정지상권이 만료된 후 토지주는 더 이상 건물 존치를 허락할 의무가 없으므로 건물주에게 철거 및 토지 인도를 요구하는 소송을 제기하여 완전한 토지 사용권을 회복할 수 있습니다. 이때 건물주도 더 이상 버티기 어렵기 때문에 토지주와 협의하여 건물을 저렴하게 매각하는 방식으로 문제를 해결하기도 합니다. 요컨대 토지만 경매에 나왔을 때 법정지상권이 성립하면 온전한 활용이 어려워 '반쪽짜리 땅'으로 평가됩니다. 그러나 그만큼 경쟁이 적어 낙찰가가 낮게 형성됩니다. 투자자는 이처럼 낮은 가격에 낙찰받아 법정지상권 기간이 끝나거나 조기에 권리를 소멸시키면 큰 시세차익을 거둘 수도 있으므로 장기적인 관점에서 투자 가치를 검토해 볼 만합니다. 실제 투자 고수들은 이런 물건을 과감히 낙찰을 받아 건물주와 지료 협상이나 조기 보상 협의를 시도하고, 최종적으로 토지와 건물을 통합해 가치를 높이는 전략을 취하기도 합니다.

▶ 토지 입찰 시 유의사항

① **현장 및 권리관계 철저히 확인**: 토지 위 건물의 상태, 구조, 신축 시기 등을 반드시 직접 확인해야 합니다. 건물이 저당권 설정 이후에 지어진 것이라면 법정지상권이 성립하지 않아 오히려 토지 활용에 유리합니

다. 반대로 건물이 무허가라 하더라도 실제 존재하면 권리가 생겨버리므로 '불법 건물이니 무시해도 된다'고 방심해선 안 됩니다.

② **수익성 분석**: 법정지상권 상태에서 받을 수 있는 지료 수입 대비 향후 건물 매입이나 철거 비용을 따져 수지 분석을 해야 합니다. 경우에 따라서는 토지 낙찰가에 향후 건물 매입비용을 더하면 시세차익이 줄어들거나 없을 수도 있습니다.

③ **입찰 경쟁자 동향**: 법정지상권 리스크 때문에 일반 입찰자는 기피하지만 내부적으로 건물주와 접촉해 미리 합의를 마친 전문 투자자가 참여할 수 있습니다. 이들의 존재를 염두에 두고, 지나치게 높은 가격을 써내지 않도록 유의해야 합니다.

2) 건물만 경매로 나오는 경우

토지 소유자는 따로 있고 건물만 단독으로 매각되는 사례입니다. 토지 소유자가 바뀌는 것이 아니므로 원칙적으로 기존 토지 소유자와 건물 소유자 사이에 법정지상권 성립 여부가 문제가 됩니다. 일반적으로는 앞에서 설명한 요건을 충족하면 낙찰자는 토지 위에 건물을 계속 유지할 권리(법정지상권)를 주장할 수 있습니다. 법정지상권이 인정되는 건물이라면 법정 존속기간 동안 토지를 마치 임대한 것처럼 안정적으로 사용할 수 있게 됩니다. 그 기간 동안 건물을 임대하여 얻는 임대수익이 지료 부담보다 크다면 투자 가치가 있습니다. 반면 법정지상권이 인정되지 않는 건물이라면 상황이 정반대가 됩니다. 그 건물은 토지 위에서 불법 상태가 되므로 토지주는 언제든 건물 철거를 요구할 수 있고 법적으로도 강제집행이 가능합니다. 한마디로 '법정지상권 없는 건물 경매는 절대 금물'이라는 것이 실전 투자자들의 정설입니다. 법정지상권이 없으면 건물 낙찰가는 싸게 느껴질지 몰라도 낙찰을 받고도 곧바로 건물을 철거당하거나 토지주에게 끌려다닐 위험이 큽니다.

▶ **건물 입찰 시 유의사항**

① **성립 여부 확인 필수**: 명세서의 '성립 여지 있음' 문구만 보고 안심하지 말고, 반드시 토지 등기부와 저당권 설정 시점, 건물의 건축 연도 등을 꼼꼼히 따져 실제로 법정지상권이 인정될 상황인지 확인해야 합니다. 의심스러우면 법무사나 변호사 등 전문가의 의견을 구하는 것이 좋습니다.

② **수익성 검토**: 법정지상권 유지 기간 동안 예상 임대수익 대비 지료 부담을 계산해 봐야 합니다. 지료는 토지주와 협의 또는 소송으로 결정되는데, 주변 토지 임대료 시세를 참고하여 대략적인 부담액을 산정할 수 있습니다.

③ **토지주와의 관계 형성**: 낙찰 후 토지 소유자와의 원만한 협상이 중요합니다. 지료 지급 방법, 기간 종료 후 처리 방안 등을 미리 협의해 두면 분쟁을 줄일 수 있습니다. 반대로 관계가 틀어지면 토지주는 기간이 만료되자마자 갱신을 거절하고, 건물 매수청구나 철거를 요구할 수도 있으므로 임차인만큼이나 각오와 준비가 필요합니다.

3) 토지 vs. 건물 중 어느 쪽이 유리한가?

투자 경험자들은 "차라리 토지를 사는 게 낫다"라고 합니다. 토지는 단기적으로 활용 제약이 있지만, 낮은 낙찰가로 취득할 수 있다는 장점이 있습니다. 그리고 장기적으로 법정지상권 문제를 해결하면 토지 가치를 온전히 실현할 수 있어 높은 시세차익을 기대해 볼 수 있습니다. 무엇보다 토지 소유자는 법정지상권이 있든 없든 최종 결정권을 쥐고 있는 유리한 위치입니다. 반면 건물은 법정지상권이 있어야만 존속이 가능하고, 없으면 철거될 수 있습니다. 그렇게 되면 건물 낙찰자는 투자금 대부분을 날릴 수 있습니다. 설령 권리가 있더라도 매년 지료를 내야 하고, 토지주가 갱신을 거부하면 결국 건물을 떠나거나 토지주에게 매각해야 합니다. 따라서 전문가들은 법정지상권 물건이라고 무조건 기피하지 말되, 토지일 경우 오히려 적극 검토하고, 건물일 경우 법정지상권 성립이 확실치 않으면 절대 입찰하지 말라고 조언합니다. 요컨대 토지는 법정지상권이 있어도 지료 청구·경매 신청 등 활용 수단이 있고, 향후 통합 시 큰 이익을 기대할 수 있습니다. 반면 건물은 권리가 불확실하면 애초에 입찰 자체를 피해야 합니다.

▶ **현실 사례**: 법정지상권 성립 가능성이 있던 토지를 한 투자자가 저렴하게 낙찰을 받은 후, 20년간 건물주로부터 꾸준히 지료를 받으며 기다렸습니다. 그리고 기간 만료 후 건물을 철거하고 토지 활용권을 완전히 회복하여 큰 차익을 거둔 일이 있습니다. 이처럼 오래 기다리지만 안정적인 수익을 올리는 전략도 가능하지만 초보자에게는 쉽지 않은 길입니다. 반면 건물만 경매에 나온 물건에 무지하게 입찰했던 초보자가 법정지상권이 인정되지 않는 바람에 낙찰 후 토지주와 소송 끝에 건물을 철거당해 큰 손실을 본 사례도 보고되고 있습니다. 결국 법정지상권 물건은 '위험과 기회가 공존'하므로 철저한 권리분석과 수익 계산, 그리고 전문가와의 상담을 거쳐 신중히 도전해야 합니다.

(3) 법정지상권의 활용 또는 제거 방법
(합의, 소송 등 실무 대응)

법정지상권이 실제로 성립했을 경우 토지 소유자와 건물 소유자가 각자 어떤 전략을 취할 수 있는지 살펴보겠습니다.

▶ **건물 소유자의 권리 활용**: 법정지상권은 건물주에게 일종의 강력한 무기가 됩니다. 토지주의 동의 없이도 토지를 계속 사용할 수 있으므로 건물주는 안정적으로 거주하거나 임대수익을 올릴 수 있습니다. 실무에서 건물주는 이를 지렛대 삼아 토지주와 협상에 나서는 경우가 많습니다. 예를 들어, 건물주는 '내 건물을 철거해 주면 법정지상권을 포기하겠다'며 토지주에게 보상금을 요구하거나 반대로 토지주가 개발을 원할 때 건물값을 높게 부르고 권리를 양도하는 식입니다. 이러한 합의를 통해 토지와 건물 소유자가 서로 윈윈하는 해결책을 찾기도 합니다. 특히, 친인척이나 지인 사이에 법정지상권 관계가 생긴 경우 매매나 지분교환 등으로 아예 토지와 건물의 소유를 일치시켜 버리는 것도 한 방법입니다. 실제로 법정지상권이 붙은 채 오래 방치되었던 땅들이 건물주가 토지를 매입하거나 토지주가 건물을 매수하면서 문제가 해소되는 사례도 적지 않습니다. 이 경우 합의 과정을 문서로 남겨두고 필요하면 공증을 받아두어야 나중에 분쟁 소지를 없앨 수 있습니다.

▶ **토지 소유자의 권리 제거**: 토지주 입장에서는 법정지상권을 하루빨리 없애거나 부담을 최소화하고 싶어 할 것입니다.

첫 번째 수단은 '시간'입니다. 법정지상권은 영구권리가 아니므로 존속기간이 끝나면 소멸합니다. 「민법」이 정한 최단기간 동안은 존속을 보장하지만 그 이후로는 연장 합의가 없으면 자동 소멸합니다. 또한 지상권에는 주택임대차처럼 묵시적 갱신이 인정되지 않으므로 기간이 끝나면 권리관계를 새로 정해야 합니다. 토지주는 기간 만료 시 갱신을 거절하고 지상물 철거 청구를 통해 토지 사용권을 완전히 회복할 수 있습니다. 다만 노후 건물의 존속기간을 연장해 달라는 갱신 요구가 오면, 토지주는 건물 가격 상당액을 지급하고 매수하라는 청구를 받을 수 있습니다. 따라서 갱신 단계에서도 전략이 필요한데, 토지 활용 가치가 높으면 건물을 사들이고, 그렇지 않으면 법정 절차를 밟아 철거합니다.

두 번째 수단은 '지료 관리'입니다. 앞서 언급했듯 2년분 이상의 지료가 밀리면 토지주는 법정지상권 소멸청구권을 행사할 수 있습니다. 이는 비교적 빨리 권리를 제거할 수 있는 강력한 수단입니다. 실무적으로 토지주는 내용증명을 보내 2년분 이상의 지료 연체를 근거로 지상권 소멸을 통보하고, 건물 명도와 토지 인도를 요구합니다. 지상권이 소멸되면 건물주는 더 버틸 명분이 없으므로 대개 명도소송 없이도 자진 철거에 응하게 됩니다. 다만 한 가지 유의할 점은 건물주가 법정지상권을 담보로 대출을 받아 법정지상권 자체에 저당권 등이 설정된 경우에는 함부로 소멸시킬 수 없다는 예외입니다. 이런 때는 담보권자의 동의를 구해야 하므로 절차가 복잡해집니다. 어쨌든 일반적인 경우 토지주는 지료 연체를 방치하지 말고 증거를 남겨 신속히 소멸 통보를 합니다. 물론 일부러 연체를 조장하는 것은 법적으로나 도의적으로 문제가 될 수 있으니 정당한 범위 내에서 권리를 행사해야 합니다.

세 번째 수단은 '소송을 통한 권리 확인'입니다. 법정지상권 존재 여부가 애매하거나 분쟁이 있는 경우, 토지주 또는 건물주가 먼저 '법정지상권부존재(不存在) 확인'이나 '존재 확인' 소송을 제기하기도 합니다. 예를 들어, 낙찰자가 보기에 건물이 저당권 설정 후 신축된 것 같은데 기존 건물주는 권리가 있다고 주장한다면, 결국 법원이 판결로 성립 여부를 가려줘야 할 수 있습니다. 이런 소송에서는 건물의 건축 시점, 저당권 설정일, 당사자들의 행위 등이 증거로 다루어집니다. 소송 결과 법정지상권이 부정되면 토지주는 즉시 건물 철거 및 토지 인도 청구를 할 수 있게 되고, 건물주는 큰 손해를 보게 됩니다. 반대로 법정지상권이 인정되면 건물주는 안심하고 권리를 행사하면 되고, 토지주는 체념하고 지료를 받으며 기다리거나 합의에 나서야 합니다. 이러한 소송은 법리도 복잡하고 시간도 오래 걸리므로 가능하면 당사자 간 협의로 해결하는 것이 바람직합니다.

네 번째 수단은 '합의 소멸'입니다. 권리를 없애는 가장 빠르고 원만한 방법은 역시 당사자 간 협의입니다. 토지주가 'ㅇ원을 줄 테니 6개월 내 건물을 자진 철거하고 법정지상권 포기각서를 작성하라'는 조건을 제시해 건물주와 타협점을 찾는 식입니다. 실무에서는 내용증명을 보내 '의사 타진 → 금전 보상 협상 → 공증된 합의서 작성' 순으로 진행되며, 합의에 성공하면 소송비용과 시간을 아낄 수 있습니다. 다만 건물주 입장에서 헐값 보상에 선뜻 권리를 포기하느니 차라리 끝까지 버티겠다고 나오는 경우도 많아 협상이 항상 통하는 것은 아닙니다.

다섯 번째 수단은 '권리 귀속 통일'입니다. 결국 가장 근본적인 해결책은 둘로 나뉜 권리를 하나로 모으는 것입니다. 즉, 토지주가 건물을 사들이거나 건물주가 토지를 사들이는 방식입니다. 이렇게 되면 토지와 건물이 다시 한 사람의 소유가 되면서 법정지상권은 당연히 소멸합니다. 물론 상대방이 원하지 않거나 가격 합의가 어려우면 실현되기 힘들지만 여건만 맞으면 가장 깔끔한 해결책입니다. 실제 사례를 보면 토지주가 건물주에게 다른 대체 토지를 마련해 주는 대신 기존 건물을 철거하도록 합의한 경우도 있고, 건물주가 토지주에게 지상권 포기 대가로 일시금을 받고 권리를 넘긴 경우도 있습니다. 이렇게 창의적인 대처로 문제를 푸는 사례도 있지만 어디까지나 경우에 따라 가능한 일이라 전문적인 법률 자문을 받아 진행해야 합니다.

▶ **건물의 이용**: 법정지상권이 인정된 건물의 소유자는 해당 건물을 제3자에게 임대하는 것도 가능합니다. 즉, 자신이 직접 쓰지 않고, 다른 사람에게 월세를 받아 지료를 충당하고 수익을 남길 수 있다는 뜻입니다. 이때 임차인에게 법정지상권으로 토지 사용권이 한시적이라는 사실을 미리 고지하고, 임대차 기간을 법정지상권 존속기간 내로 제한하는 것이 안전합니다. 또한 건물을 개축하거나 대수선하고 싶다면 토지주의 동의를 구하는 것이 좋습니다. 관습법상 법정지상권의 경우 구건물의 범위 내에서는 개축이나 재건축을 해도 권리가 유지된다고 하지만 기존 건물보다 지나치게 증축하거나 용도를 변경하면 토지주와 분쟁이 생길 수 있으니 유의해야 합니다. 참고로 법정지상권은 건물과 함께 양도될 수 있어서 건물주가 바뀌어도 새로운 건물주가 동일한 법정지상권을 승계합니다. 그렇더라도 건물 소유권 변동 시 토지주와 협의해 두면 향후 갈등을 줄일 수 있습니다.

▶ **대처 요령**: 토지 소유자는 ① 2년분 이상 밀리지 않도록 지료 관리를 철저히 하여 소멸 청구권을 확보, ② 기간 만료 대비해 만료 6개월~1년 전부터 건물주와 협의하여 철거 또는 매수 계획 수립, ③ 필요시 보상금, 대체 토지 제공 등 협상 카드 제시 방안 마련, ④ 합의 실패 시 소송 플랜 마련 및 증거(등기, 사진 등) 수집해 법적 조치 준비합니다.

건물 소유자는 ① 법정지상권 성립 근거(과거 동일 소유 증명 등)를 준비하는 등 권리 입증 자료를 확보, ② 권리 유지를 위해 지료를 한 번도 연체하지 않도록 성실히 관리(2년분 이상 밀리면 권리 소멸 위험), ③ 일방적으로 버티지 말고 개발계획 등을 토지주와 소통하여 상호 이익이 되는 협상점을 모색, ④ 건물이 노후한 경우 존속기간 내 매각이나 이주 등 계획을 세워 기간 만료 시 큰 비용 부담을 막는 방안을 마련해야 합니다.

(4) 법정지상권 관련 분쟁 사례 및 최근 판례 동향

법정지상권을 둘러싼 다툼은 주로 성립 여부와 권리 범위, 존속기간 종료 후 처리 등을 둘러싸고 벌어집니다.

어떤 경매 사건에서 낙찰자가 건물이 근저당 설정 이후에 지어진 것이니 법정지상권이 없다며 건물 철거를 청구했고, 건물주는 저당권 설정 당시 이미 건축허가를 받아 골조 공사가 진행되고 있었다고 맞섰습니다. 대법원은 '저당권 설정 당시 건물이 사회통념상 독립된 건물로 인정될 정도로 공사가 진전됐으면 법정지상권을 인정한다'고 보아 건물주의 손을 들어주었습니다.[i] 반대로 '건물이 전혀 없는 나대지에 저당권 설정 후 신축을 저당권자가 사후 동의했다'는 사례에서는 대법원이 '제3자인 낙찰자가 알 수 없는 사정이므로 법정지상권 성립을 부정한다'고 판시하여 토지주의 손을 들어주기도 했습니다.[ii] 이렇듯 건물의 존재 시점과 공시 여부(등기 등), 채권자의 예측 가능성 등이 법정에서 중점적으로 다뤄집니다.

▶ **권리의 범위와 내용상 분쟁**: 관습법상 법정지상권은 특별한 정함이 없으면 민법상의 지상권 규정을 준용하는데 실제로 건물주와 토지주 사

---

[i] 대법원 1992. 6. 12. 선고 92다7221 판결
[ii] 대법원 2003. 9. 5. 선고 2003다26051 판결, 부록 3 판례 1번을 참고하십시오.

이에 이견이 생길 수 있습니다. 예를 들어, 건물주가 건물을 증축한 경우, 토지주는 건물 면적 이상은 내 땅에서 허용한 적 없다고 다툴 수 있고, 건물주는 법정지상권 범위 내에서 증축도 가능하다고 주장할 수 있습니다. 판례는 '증축·개축하거나 건물을 철거 후 재건축해도 법정지상권은 유지되지만, 어디까지나 구건물 기준 일반적으로 필요한 범위의 토지에 한정된다'고 보기 때문에 무리한 확장 공사는 허용되지 않습니다.

▶ **존속기간 만료 후 갱신 문제:** 건물주는 갱신을 요구하며 버티고, 토지주는 갱신을 거부하면서 건물 매수 대금(보상금) 문제로 다툴 수 있습니다. 이런 경우 민법상의 지상권 갱신 규정(건물 매수청구권 등)이 적용되어, 토지주가 갱신을 거절하려면 건물을 시가로 매수해야 합니다. 서울의 한 사례에서는 건물주가 갱신을 요구하며 버티자 법원이 토지주에게 건물을 매수하도록 판결하여 분쟁을 마무리한 일도 있습니다. 이처럼 기간 만료 시점에 가서야 최종 정리가 이루어지는 경우가 많습니다.

▶ **토지와 건물의 소유자가 다른 경우:** 토지는 단독 소유인데, 건물이 공유인 경우, 또는 그 반대의 특수 상황에서도 법정지상권 문제가 복잡하게 얽힙니다. 과거 판례는 '토지 공유자 중 한 명이 건물 지분을 양도하여 토지와 건물 소유자가 달라진 경우에도 관습법상 법정지상권이 성립한다'고 보았지만,[ii] 2022년 대법원 전원합의체는 '건물이 공유인 경우 일부 지분 변동만으로는 관습법상 법정지상권을 인정하지 않는다'

---

[i] 대법원 1997. 1. 21. 선고 96다40080 판결
[ii] 대법원 1989. 2. 14. 선고 88다카25916 판결

고 판시하여 기존 입장을 일부 변경했습니다. 이는 공유 관계의 복잡성을 감안한 판결로 공유자 사이에 지상권 유사 권리 조정이 가능하다는 논리입니다. 이러한 최신 판례 경향도 투자 시 참고해야 합니다.

▶ **악의적 주장 및 지연 전술**: 현실에서는 악의적으로 법정지상권을 주장하거나 이를 빌미로 갈등을 장기화하는 사례도 있습니다. 예를 들어, 경매로 낙찰한 토지에 전 소유자(채무자)가 계속 점유하는 경우입니다. 이때 낙찰자는 인도명령 등을 통해 명도를 받아내야 하고, 전 소유자는 사실상 불법 점유로 간주되지만 표면적으로는 법정지상권 분쟁이라 강제집행이 지연되는 효과가 있습니다. 또 다른 예로 건물 소유자가 존속기간이 다 되었음에도 '묵시적으로 연장됐다'고 우겨 토지주를 곤란하게 만드는 경우도 있습니다. 지상권에는 묵시 갱신이 없지만 일반인이 헷갈릴 수 있어 분쟁이 길어지기도 합니다. 결국 법원이 나서 연장이 안 된다고 확인해 줘야 끝이 납니다.

(5) 법정지상권 악용 및 유의해야 할 함정들

법정지상권이 얽힌 경매 물건은 복잡성을 틈타 불법 담합이나 각종 편법이 개입될 소지가 있습니다. 담합 세력은 일반 입찰자를 쫓아내고 자신들이 헐값에 낙찰받기 위해 법정지상권의 위험을 과장하거나 정보를 독점하는 수법을 씁니다. 예를 들어, 경매 현장에서 누군가 다가와 '저 물건은 법정지상권 문제 심각하니 다 같이 입찰하지 맙시다' 하고 은근히

대법원 2017다236749 전원합의체 판결

일반 투자자 입장에서는 공유 관계 물건은 권리관계가 훨씬 복잡하므로 초보자는 가급적 피하는 편이 좋습니다.

제안한다면 담합을 의심해야 합니다. 이런 제안에 휘말려 경쟁이 사라지면 그 세력 중 한 명이 낮은 가격에 낙찰을 받고 나중에 이익을 나눕니다. 담합은 명백한 범죄 행위이며, 적발 시 처벌 대상입니다. 초보 투자자는 남의 말에 휘둘리지 말고 스스로 분석해서 판단해야 하며, 불법적인 제안에는 절대 가담하지 말아야 합니다.

허위 임대차계약으로 권리관계를 왜곡하는 사례도 있습니다. 채무자 겸 건물주가 경매 직전에 토지주와 짜고 토지 임대차계약서를 작성하는 경우입니다. 건물주가 이미 토지 임대차계약을 통해 토지 사용권을 확보하고 있는 상황이므로, 토지와 건물의 소유자가 처음부터 달라 관습법상 법정지상권이 성립하지 않습니다. 경매 정보를 접한 일반 입찰자들은 법정지상권이 없다고 보고 건물 입찰을 꺼리게 됩니다. 그 틈을 타 채무자의 친인척 등 공모자가 건물을 헐값에 낙찰을 받고, 낙찰 후 그 임대차를 바로 해지합니다. 결과적으로 채무자는 건물을 사실상 헐값에 자기편에게 넘겨 빼돌리고, 채권자는 헐값 낙찰로 돈을 제대로 돌려받지 못하는 피해를 봅니다. 이러한 허위 임대차 수법은 법원을 기망하는 행위로 형사처벌 대상이 될 수 있지만 교묘하게 이루어져 겉으로 쉽게 드러나지 않습니다. 따라서 토지주와 건물주가 가족이나 특수 관계로 보이는데 경매 직전에 임대차계약이 맺어졌다면 이를 의심해 볼 필요가 있습니다.

허위 건물 신축도 악용됩니다. 채무자가 경매 직전에 없던 건물을 급조하여 법정지상권을 노리는 경우입니다. 다행히 법원과 판례도 이러한 악용을 경계하고 있어, 2003년 전원합의체 판결 등에서 '경매 직전 무단 신축된 건물에는 법정지상권을 인정하지 않는다'는 입장을 분명히 했습니다.¹ 즉, 노골적인 집행 방해 행위에는 면죄부를 주지 않겠다는 것입니다. 그럼에도 현실에서는 소규모 담합 세력이 은밀하게 이런 시도를 하는 경우가 있으니 방심해서는 안 됩니다. 경매 자료나 현장 조사에서 '*최근에 지은 가건물*', '*건축물대장에 없는 건물*' 같은 단서를 발견하면 그 건물이 언제 어떻게 지어졌는지 반드시 파악하고 법정지상권 성립 여부를 판단해야 합니다. 필요하면 인근 주민들에게 물어 채무자가 경매 직전에 급히 건물을 세웠는지 알아보는 것도 방법입니다.

그 밖에도 허위 주장으로 법정을 지연시키는 경우도 있습니다. 법정지상권 요건이 안 되는데도 억지 주장을 펴서 시간을 끄는 식입니다. 이런 경우 결국 재판에서 지면 그동안의 지연에 대한 비용도 물거나 권리 남용으로 제재를 받게 됩니다. 또 법정지상권과 유사한 분묘기지권(묘지 주변 땅에 대한 사용권)이나 공사대금 유치권 등을 내세워 경매를 방해하면서 실은 법정지상권 분쟁으로 끌고 가려는 꼼수도 있습니다. 이렇게 복잡한 권리관계로 입찰자의 혼란을 유도하는 전략도 있으므로 하나의 권리만 볼 것이 아니라 전체 권리관계를 종합적으로 분석해야 합니다.

---

1 대법원 2003. 12. 18. 선고 98다43601 전원합의체 판결. 부록 3 판례 8번을 참고하십시오.

법정지상권 이해와 대응 전략

① **법정지상권**
- 토지와 그 위 있는 건물의 소유자가 달라진 경우, 건물이 철거당하지 않고 토지 위에 존치할 수 있도록 법이 직접 부여하는 지상권
- 건물주를 보호하기 위해 자동으로 설정되는 토지 사용권
- 등기 없이 성립

② **성립 요건**
- 토지 위에 **독립된 건물**이 존재해야 함.
  ※ 건물: 지붕, 기둥과 벽이 갖춰진 영구적인 건축물, 사회 통념상 건축물로 인정될 만한 구조물
- 토지와 건물이 동일인의 소유였어야 함.
- 적법한 절차에 의한 토지와 건물의 소유자 분리
- 철거 특약의 부존재

③ **존속기간**
- 석조 등 견고한 건물은 30년, 그 외 건물은 15년 등

④ **토지만 경매로 나온 경우**
- 법정지상권 有 → 존속기간 동안 토지 사용 불가능. 지료 청구 가능
- 지료 2년분 연체 시 지상권 소멸 → 건물 철거 및 토지 인도 요구

⑤ **건물만 경매로 나온 경우**
- 법정지상권 有 → 존속기간 동안 토지 사용 가능, 안정적 임대 수익 기대
- 법정지상권 無 → 건물 철거 위험 ⇒ 입찰 절대 금물
- 존속기간 만료 시, 갱신청구권 또는 매수청구권 행사

⑥ **토지 vs. 건물 중 어느 쪽이 유리한가?**
- 토지가 유리
- 왜? 낮은 낙찰가에 취득 가능, 지료 청구 가능, 경매 신청 가능, 장기적으로 높은 시세 차익 기대

⑦ **투자자 주의사항 - '모르는 게 약이 아니라 독'**
- ☑ 서류+현장 이중 확인: 등기부등본, 현황조사보고서, 매각물건명세서 파악, 현장 답사로 건물 존재 여부와 상태, 건축 연혁 등 확인
- ☑ 시나리오별 손익 계산: 법정지상권 성립 여부에 따라 시나리오별 수익과 비용 계산
- ☑ 전문가 상담: 경매 전문 변호사나 법무사의 자문으로 리스크 줄이기
- ☑ 도덕적 해이 경계: 불법 담합이나 편법 행위 금지
- ☑ 과감한 포기도 용기

PART 5

전세사기
·HUG/LH 개입

1.
경매 투자자를 위한 경매사기 예방 지침서

(1) 전세사기 피해와 경매의 관계

▶ **전세사기 여파와 경매시장 악순환**: 최근 사회문제가 된 전세사기의 여파로 경매에 넘어오는 주택이 늘면서 임차인(세입자) 피해와 경매시장이 긴밀하게 맞물려 있습니다. 전세사기 피해주택의 경우 대부분 대항력 있는 임차인이 거주하고 있어 경매로 낙찰되더라도 그 임차인의 권리가 그대로 새로운 낙찰자에게 인수됩니다. 새로 집을 낙찰을 받은 입찰자가 남은 보증금을 돌려줘야 하므로 추가 비용 부담의 위험이 크고, 그 결과 일반 입찰자는 이런 물건을 기피해 유찰이 반복됩니다.

▶ **피해자 구제 노력과 편법 동원**: 기존 경매법 체계는 임차인 보호 장치가 부족하여 악의적인 임대인에게 당한 임차인이 경매 과정에서까지 추가 피해를 입는 사례가 속출했습니다. 이에 대응해 2023년 정부는 전

세사기 피해 지원을 위한 특별법을 마련하고 한국토지주택공사(LH)와 HUG 등이 피해 지원에 나서기 시작했습니다.

LH는 전세사기 피해주택을 경매로 직접 낙찰을 받아 그 차익을 피해 임차인 보증금 변제에 활용했습니다. 과거에는 LH가 경매로 남긴 차익을 임차인에게 줄 법적 근거가 없었으나 2024년 말 법 개정으로 이러한 문제가 개선되면서 2025년 3월 인천 미추홀구에서 피해 보증금 전액을 돌려준 첫 사례가 나왔습니다.

주택도시보증공사(HUG)가 경매에 직접 참여하여 피해주택을 낙찰을 받은 뒤 공공임대주택으로 활용함으로써 피해 임차인이 계속 거주할 수 있도록 돕고 있습니다. 그리고 HUG가 일부 물건에 대해 임차인의 대항력 포기각서를 받아내 경쟁을 유도하기도 합니다. 전세사기 피해 임차인들은 경매로 집이 넘어가면 보증금을 거의 돌려받지 못할까 봐 직접 경매에 참여(소위 셀프 낙찰)하기도 합니다. 피해자로 인정된 임차인에게 거주 주택 경매 시 우선매수권을 부여하거나 저금리 대출을 지원하는 등의 대책을 마련했습니다. 그러나 가등기와 같은 편법이 동원되면서 피해자의 셀프 낙찰을 가로막는 사례도 적지 않습니다. 사기 가담자가 미리 소유권이전청구권 가등기를 걸어두면 임차인이 경매에서 집을 낙찰받아 소유권을 얻어도 가등기권자가 나중에 본등기를 함으로써 그 소유권을 가로챌 수 있습니다. 실제로 이를 모르고 임차인이 가등기 말소 소송을 냈다가 패소한 경우도 발생했습니다. 그리고 HUG의 '셀프 낙찰' 개입은 낙찰가율을 높여 경매 투자자의 수익 기회를 감소시키는 등 시장 왜곡 논란도 있습니다. 피해자 보호와 시장 기능 간의 균형을 어떻게 맞출지에 대한 고민이 필요한 대목입니다.

▶ **제도적 허점을 노린 2차 가해**: 제도적 허점을 이용한 사기 수법 때문에

선의의 임차인이 경매를 통해서도 구제받기 어려운 함정이 존재합니다. 전세사기 피해주택은 애초에 깡통전세(담보대출 등 선순위 채권 합계가 매매가와 맞먹는 전세)인 경우가 많아 경매로 매각되어도 보증금 전액을 변제받기 어렵습니다. 예를 들어, 선순위로 거액의 근저당이 설정된 채 전세계약이 이뤄진 경우 경매 낙찰대금이 은행 대출금으로 거의 배분되고, 임차인은 한 푼도 건지지 못할 수 있습니다. 특히 피해자의 보증금액이 소액보증금 우선변제 한도를 넘으면 법적으로 보호받을 길이 없습니다. 설상가상으로 일부 '경매 투자자(일명 경매꾼)'들은 이런 피해주택을 헐값에 낙찰받아 원임차인에게 '추가 대출을 받아 집을 다시 사가라' 하거나 '웃돈을 주면 집을 넘기겠다'는 식으로 2차 가해를 가하기도 합니다. 실제 인천 미추홀구의 한 전세사기 피해자는 감정가가 2억 원이 넘는 아파트가 유찰 끝에 1억 대 초반에 남에게 낙찰되면서 보증금 9천만 원을 고스란히 날리고 집에서 쫓겨나는 일을 겪었습니다. 이러한 피해가 속출하자 피해자들은 법원에 경매 일시중단과 피해 임차인의 우선매수권 부여, 저금리 대출 지원 등의 특별대책을 요구하고 있습니다. 정부도 긴급 주거지원과 공공매입 등의 대책을 시행 중이지만 여전히 경매를 둘러싼 피해자의 불안은 큰 상황입니다.

전세사기 → 경매 → 공공개입 흐름도

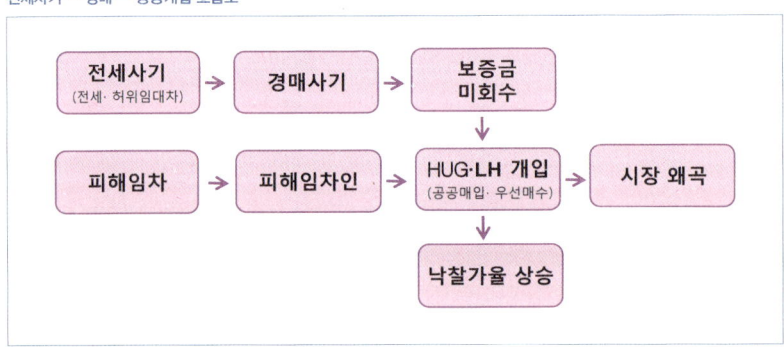

(2) 경매사기 수법의 주요 유형과 특징

부동산 경매에는 명도 사기, 입찰대행 사기, 허위 임차인 공모 사기 등 여러 유형의 사기가 존재합니다. 법적 절차의 빈틈과 경험 부족을 노리는 이 수법들은 큰 금전적 피해를 일으킬 수 있으므로 주요 사례와 예방책을 반드시 숙지해야 합니다.

1) 가장임차인 판별 및 선순위 임차인 대응 전략

경매 투자에서 가장 복잡하고 골치 아픈 시나리오 중 하나가 '선순위 임차인(낙찰자가 인수해야 하는 임차인)'과 '가장(假裝)임차인(속칭 위장 세입자)' 문제입니다. 특히 최근 기승을 부리는 전세사기 수법 중 집주인이나 공모자가 세입자인 척 위장하여 배당금을 가로채거나 낙찰자에게 추가 돈을 요구하는 사례가 많습니다. 진짜 임차인(진정임차인)인지 가짜 임차인인지에 따라 낙찰자의 대응은 완전히 달라지므로 현장에서 이를 재빨리 가려내는 안목이 필요합니다.

▶ **진정임차인**: 말 그대로 진짜 세입자입니다. 위장이나 가장과 달리 실제 그 집에 거주하면서 정상적으로 임대차계약을 맺은 사람을 뜻합니다. 낙찰자는 해당 점유자가 진정임차인인지, 가장임차인인지에 따라 명도 전략을 정반대로 세워야 합니다. 진정임차인이라면 보증금 반환 문제를 해결해 주는 쪽으로 협상하고 원만히 이사시키는 데 주력해야겠지만, 가장임차인으로 밝혀지면 합의해 줄 필요 없이 법적 조치를 통해 강제퇴거를 추진하면 됩니다.

▶ **가장임차인(위장임차인)**: 실제로는 그 집의 세입자가 아니면서 소액보증금 최우선변제 등을 노리고 임차인 행세를 하는 사람을 말합니다. 주로 집주인(채무자)의 친인척이나 지인이 공모하여 세입자인 척 허위 계약서를 꾸며 전입신고를 합니다. 이후 경매에서 진짜 세입자처럼 배당금을 받아 가거나 낙찰자에게 보증금 명목의 금전을 요구합니다. 한 마디로 '가짜 세입자'로 경매사기꾼입니다.[i]

낙찰자는 보통 경매 물건의 내부를 확인하기 어렵고, 명도 단계에서야 임차인을 대면하는 경우가 많습니다. 다음은 가짜 임차인을 판별하기 위해 점검해야 할 사항입니다.

▶ **1단계 – 전입 시기 및 보증금 규모 확인**: 임차인의 주민등록 전입신고 시점과 신고된 보증금 액수를 살펴봅니다. 전입일이 경매개시결정 등기 바로 직전에 이루어졌는데, 신고된 보증금이 공교롭게도 소액보증금 최우선변제 한도 이내라면 가장임차인일 가능성이 매우 높습니다. 실제 전세계약은 그런 식으로 이루어지기 힘들기 때문에 이러한 케이스는 '전세사기를 위한 맞춤 세팅이 아닌가?' 하고 의심해야 합니다.[ii]

▶ **2단계 – 세대 수 및 실제 거주 형태 확인**: 주민등록상 전입된 세대 수가 몇 가족인지도 확인합니다. 작은 집에 여러 세대가 동시에 전입돼 있다면 그중 일부는 유령 세입자일 확률이 큽니다. 방 3개짜리 단층주택에 무려 4세대가 전입돼 있다면 물리적으로 모두 거주하기 힘들기 때

---

i 이런 사기 수법에서 악질적인 경우, 실제로 집에 거주하지도 않으면서 배당금을 노리고 번호표 뽑듯 여러 경매 물건에 돌아가며 위장 전입하는 사례도 있습니다.

ii 가장임차인의 목적은 오로지 소액보증금 우선변제를 노리는 것이므로 애초부터 보증금을 그 한도에 맞춰 신고하는 경우가 많습니다.

문에 누군가는 거짓말일 가능성이 높습니다. 또한 미성년자나 학생, 무직자 등이 거액의 보증금으로 계약했다면 더욱 의심해야 합니다. 실제 경제력이 없거나 사회초년생인 사람이 거액의 전세 계약을 맺었다면 누군가 앞에 나서서 대신 계약하고 전입만 시켰을 수 있기 때문입니다. 관리비나 전기·가스 등 각종 공과금 고지서에 임차인 이름이 전혀 없다면 실제로 살지 않았을 가능성이 높습니다. 우편물 수취 기록이나 택배 배송 기록 등도 生活 흔적을 파악하는 근거가 됩니다. 주변 이웃들에게 '해당 거주인을 거의 본 적 없다'는 진술서를 요청하거나 생활의 흔적이 거의 없는 집 내부 사진을 촬영해 놓는 것도 추후 위장임차인을 가려내는 데 유용한 증거가 됩니다.

▶ **3단계 – 주민등록 및 공적 서류 교차 확인**: 임차인의 주민등록초본을 발급받아 전입 일자와 과거 전출 내역 등을 확인합니다. 초본에는 그 사람이 언제, 어떤 주소로 전입신고를 했고, 언제 다른 곳으로 전출했는지가 상세히 기록되어 있습니다. 임대차계약서상 입주일과 초본의 전입일이 지나치게 차이가 크다면 허위 계약의 근거가 될 수 있습니다.¹ 또한 그 임차인이 다른 주소에 세대주로 등재되어 있지는 않은지, 동일인인데 두 집에 주민등록을 동시에 두고 있지는 않은지도 살펴봐야 합니다. 가족관계증명서를 보면 집주인과 임차인의 친족 관계 여부를 공식적으로 확인할 수 있습니다. 흔히 집주인의 부모·형제·친척 등이 가장임차인으로 위장하는 경우가 많으므로 가족관계 서류로 친인척 관계가 드러나면 이는 매우 결정적인 증거가 됩니다. 이 밖에도 임대차계약서 원본, 계약금·보증금의 통장 입출금 내역 등 입증 자료를

---

1 예를 들어, 계약서에는 2022년 1월 입주로 되어 있는데 초본상 실제 전입은 2023년 5월이라면 계약 자체가 거짓일 개연성이 있습니다.

요구해 볼 수도 있습니다. 진정임차인이라면 계약서와 계좌 거래 내역 등을 첨부해 배당요구도 하고 자신의 권리를 주장하겠지만, 가짜 임차인은 계약서 작성일이나 송금 내역을 얼버무리며 증거 제시를 피하려 들 것입니다. 이러한 공적 장부와 증거자료를 종합 검토하여, 임차인이라고 주장하는 사람이 과연 실제 거주 목적으로 계약한 사람인지 판단해야 합니다.

▶ **4단계 – 신속한 법적 절차 활용**: 앞서 1~3단계를 거쳐 상당 부분 증거를 모았다면 정식 소송까지 가지 않더라도 특별 절차를 통해 빠르게 해결을 시도할 수 있습니다. 대표적으로 법원에 인도명령을 신청하는 것입니다. 해당 임차인이 진정임차인이 아니라는 신빙성 있는 증거를 법원에 제출한다면 예외적으로 인도명령 신청이 받아들여질 가능성이 있습니다. 인도명령 결정문을 받으면 곧바로 강제집행을 진행할 수 있으므로 몇 달씩 걸리는 명도소송에 비해 시간과 비용을 크게 절약할 수 있습니다. 아울러 필요한 경우 형사 고소도 병행하여 압박 수단으로 활용합니다. 가짜 임차인이라면 엄연히 사기죄 또는 경매방해죄 등에 해당할 수 있습니다. 그러므로 사문서위조나 사기죄 등으로 고소를 제기해 두면 버티고 있는 임차인 입장에서도 부담을 느낄 수밖에 없습니다. 단, 어떠한 경우에도 거듭 강조하지만 불법적인 방법이나 물리력 행사는 금지입니다. 욕설과 협박은 물론이고 자력구제 시도는 절대 해서는 안 됩니다. 초기 대응을 잘못하면 오히려 낙찰자가 형사 처벌을 받을 수도 있고, 이후 법정 다툼에서도 불리해지니 유의해야 합니다.

위 4단계를 빠짐없이 체크했다면 대부분의 위장세입자를 가려낼 수 있습니다. 법적 지식을 갖추고, 증거를 확보하여 대응하면 *가장임차인도 결*

국 한낱 연기자에 불과함이 드러나게 마련입니다. 실제 많은 경매 투자자들이 이러한 단계를 거쳐 가짜 임차인을 퇴거시키고, 정상 명도를 받아냅니다. 가장임차인으로 판명되면 감정적인 대응은 피하고 곧장 법적으로 접근하는 게 상책입니다. 법원과 수사기관을 통해 압박 수위를 높이면 전문 사기꾼도 장기간 버티기 어렵다는 점을 기억해 두십시오.

2) 수도권 경매시장 '이중 임차인' 사기의 실태와 제도적 허점

전세사기 범죄의 후폭풍으로 경매시장에도 새로운 변종 사기가 등장하고 있습니다. 대표적으로 최근 수도권을 중심으로 '이중 임차인' 사기가 기승을 부리고 있습니다.

일례로 경남 사천에서 보증금을 돌려받지 못한 세입자의 시세 1억 원짜리 전셋집이 경매에 넘겨졌는데, 이를 고작 160만 원에 낙찰을 받은 낙찰자가 기존 세입자에게 보증금은 돌려주지 않은 채 곧바로 새로운 월세 임차인을 들여 월세 보증금을 받아 챙긴 일이 있었습니다. 결국 원세입자는 1억 원의 전세보증금을 한 푼도 돌려받지 못한 채 쫓겨났고, 오히려 집을 되찾기 위해 600만 원 이상의 추가 비용을 들여 재경매를 신청해야 했습니다. 언론에서는 이를 두고 '전세사기에 경매 지식을 결합한 신종 갭투자'라고 비판하며 사회적 문제로 부각시켰습니다. 낙찰자는 헐값에 집을 인수한 뒤, 경매 절차에서 세입자의 권리가 사라진 틈을 타 새로운 보증금으로 자기 자금을 회수하고 시세차익까지 노린 것입니다. 전문가들 역시 '경매에서도 전세 끼고 집을 사는 갭투자 방식'이며, 법적으로 큰 문제가 없어 사기라고 단정하기 어려운 교묘한 편법이라고 평가했습니다.

실제 경매에서는 세입자가 미처 배당요구를 하지 않은 보증금은 낙찰자가 인수하게 됩니다. 이점을 악용하여 위 사례처럼 낙찰자가 기존 세입자의 보증금 반환 책임을 떠안는 대신 새로운 세입자를 받아 그들의 보증금으로 앞선 세입자의 돈을 메꾸는 행태가 벌어지는 것입니다. 결과적으로 기존 세입자는 보증금을 온전히 돌려받지 못하고, 낙찰자 역시 새 세입자의 돈으로 보증금을 변제해야 하는 이중고에 시달릴 수 있습니다.

이렇듯 사적 투기꾼들은 법의 맹점을 파고들어 '정보 비대칭'을 악용하고 있습니다. 특히 *신탁 부동산이나 전월세 이중계약* 같은 사례는 임차인 보호 제도의 빈틈을 노린 전형적인 수법입니다. 신탁으로 맡겨진 주택의 경우 임대차보호법 적용 대상에서 제외되어 세입자는 대항력·우선변제권은커녕 임차권 등기마저 할 수 없는 사각지대에 놓입니다. 또한 임대인이 이중으로 전세계약을 받아놓고 일부 세입자를 입주조차 못 하게 만든 이른바 '이중계약'의 경우, 피해 세입자는 실제 입주를 못 했기 때문에 확정일자는 물론 임차권 등기 제도의 보호 대상에서도 제외됩니다. 최근 정부가 「전세사기특별법」을 논의하면서도 '입주조차 못 한 이중계약 피해자는 구제 대상에서 빠질 수 있다'는 지적이 나왔습니다. 현행 법체계에서는 이런 악질적인 변종 사기를 완벽히 막아낼 장치가 부족합니다. 결국 전세사기와 경매가 결합된 투기적 시장에서는 임대인과 임차인 간 정보 격차와 법·제도상의 허점이 악용되어 선량한 임차인이 속수무책으로 당하는 일이 벌어지고 있는 것입니다.

수도권 '이중 임차인' 사기 + 경매 갭투자 수법 FLOW CHART

START ──▶
① 사기 설계 - 빌라왕·임대인(최초 사기꾼)
- ▶ 전세보증금으로 자금 확보
- ▶ 선순위 권리 설정: 신탁 등기 또는 담보대출
- ▶ 대항력(전입신고+확정일자) 방해 또는 유도, 배당요구 못하게 방치
▼
② 경매 개시
- ▶ 보증금 미반환
- ▶ 매각물건명세서 작성: 선순위 근저당권 O, 세입자 배당요구 X
- ▶ 세입자가 권리 주장을 하지 않은 것처럼 보여 다른 입찰자에게 혼란 야기

③ 헐값 낙찰 - 경매 낙찰자(갭투자자)
- ▶ 저가 낙찰: 사기꾼과 공모한 갭투자자(낙찰자)가 수백만 원대의 헐값에 낙찰
- ▶ 보증금 인수: 기존 세입자의 거액 보증금 채권을 인수하지만, 낙찰가가 낮아 큰 손해가 아님.
- ▶ 새 세입자 입주: 새로운 월세 세입자에게 보증금을 받고, 기존 세입자에게 돌려줘야 할 보증금을 충당
- ▶ 주택 매도하거나 재경매를 통해 시세 차익을 얻음.
▼
④ 피해 확산 - 기존 세입자
- ▶ 보증금 손실 및 퇴거
- ▶ 추가 비용을 들여 재경매 신청, 복잡한 권리관계로 보증금 전액 회수 어려움.
- ▶ 재경매 진행되더라도 보증금 온전히 배당받기 어려움.
▼
⑤ 제도의 허점 이용
- ▶ 신탁 주택 또는 이중계약으로 세입자의 대항력·우선변제권 무력화
- ▶ 임차권 등기 미신청 시, 배당에서 받을 돈이 0원이 됨.
- ▶ 구제 사각지대: 「전세사기특별법」이 입주하지 못한 계약의 피해자를 충분히 보호하지 못하는 점을 악용

3) 명도 사기

 명도 사기: 낙찰받은 부동산에서 기존 점유자가 버티며 이사비나 명도비를 요구하는 경우입니다. 가짜 임차인을 앞세우거나 가짜 명도 컨설팅을 내세워 '짐 빼는 비용'을 청구하고, 집주인은 '이사비만 주면 빨리 끝난다'며 낙찰자를 법적 대응 대신 합의로 유인합니다. 이 사기는 낙

찰자가 절차 부담 탓에 법원이 마련한 인도명령 제도(잔금 후 6개월 내 신청) 활용을 망설이는 틈과 등기부등본 같은 서류에 드러나지 않는 점유 상황이라는 허점을 악용합니다. 실제로 '확정일자 찍힌 월세계약서'를 믿고 이사비까지 줬다가 계약서가 허위로 판명돼 전세보증금 반환 채무까지 떠안은 사례도 있습니다.

▶ **예방법**: 낙찰 후 곧바로 인도명령 신청 등 법적 절차로 강제집행을 추진하고, 낙찰 전후 현장을 직접 확인하여 세입자의 이사 여부를 파악하고, 명도확인서 등 증빙을 확보합니다. 매각대금은 반드시 법원 지정 계좌로만 납부하고, 사설 업체나 개인에게 직접 돈을 주어서는 안 됩니다. 모든 협의 내용은 문자 메시지나 녹취 등 반드시 기록으로 남겨두고, 점유자가 터무니없는 이사비를 요구하거나 협박하면 즉시 경찰에 신고하거나 전문가의 도움을 받는 것이 좋습니다.

4) 입찰대행 사기

▶ **입찰대행 사기**: 입찰을 대신 해주겠다고 접근해 낙찰가의 1~2%를 수수료로 노리는 수법입니다. 브로커나 온라인 카페 운영자 등 무자격자들이 대행을 자처하며 돈만 받고 입찰하지 않은 채 잠적하거나 허위 물건으로 계약금만 가로채는 식으로 피해를 입힙니다. 이러한 사기가 반복되는 이유는 입찰 대리가 법적으로 변호사·법무사·공인중개사 등만 할 수 있다는 정보를 초보자들이 잘 모르기 때문입니다. 게다가 법원 입찰 현장에서도 대리인 자격을 엄격히 확인하지 않아 무자격자가 끼어들 허점이 있습니다. 결국 '전문가가 다 알아서 해준다'는 말만 믿고 돈을 맡겼다가 낭패를 보는 피해자가 계속 생기고 있습니다. 실

제로 무자격 입찰대행은 변호사법 위반으로 처벌 대상이지만, 이를 믿고 계약금을 맡겼다가 가로채인 피해 사례가 빈번하게 발생하고 있습니다. 결국 불법 대행의 피해자만 양산하고 있습니다. 또한 의뢰인마저 법적 문제에 휘말릴 위험이 있으므로 주의해야 합니다.

▶ **예방법**: 입찰대행을 의뢰하기 전 반드시 대행인의 '자격증(변호사·법무사·공인중개사)'을 확인해야 합니다. 계약서에는 수수료, 추가 비용, 환불 조건 등을 빠짐없이 명시하고, 과도한 위약금 등 불리한 조항이 있다면 계약하지 않는 것이 좋습니다. 가능하면 직접 입찰에 참여하여 통제권을 갖는 것이 가장 안전합니다. 모르는 부분은 전문가에게 일회성 조언을 받거나 현장 동행만을 요청하고, 핵심 절차(입찰표 작성, 인감증명 제출 등)는 직접 수행합니다. 부득이 대행을 쓰더라도 한 곳에 다 맡기지 말고, 믿을 만한 전문가를 찾아 위험을 분산시키는 것이 좋습니다. 그리고 계약금은 반드시 계좌이체 등 기록이 남는 방법으로 보내고 영수증을 보관하며, 현금이나 구두 약속만으로 진행하는 일은 절대 피하십시오.

5) 경매 컨설팅 업체 사기

경매 컨설팅을 표방하는 일부 악덕 업체나 브로커들이 초보 투자자를 노리는 경우입니다. 이들은 '100% 낙찰 보장' 같은 그럴싸한 약속을 내걸어 고객을 끌어들입니다. 그리고 의도적으로 무리하게 높은 입찰가를 쓰게 만들어 낙찰부터 시키려 합니다. 심지어 의뢰인 몰래 자기 식구를 다른 입찰자로 참여시켜 경쟁이 있는 척 연출하기도 합니다. 그 이유는 단 하나, 낙찰만 되면 감정가의 3~5%에 달하는 막대한 성공 수수료를 챙길 수 있기 때문입니다. 반면 정작 중요한 권리분석이나 명도, 추가 비용 문제 등 중요한 과정은 대충 넘기는 경우가 많습니다. 경우에 따라 낙찰 후 임차인 명도 협상을 빌미로 '추가 금품(명도비)'을 요구하기도 합니다. 결국 투자자는 시세보다 비싼 가격에 물건을 떠안고 예상치 못한 부담까지 지게 되지만 컨설팅 업체는 수수료만 챙긴 뒤 모든 책임을 회피합니다.

6) 허위 임대차계약 사기

▶ **허위 임대차계약 사기**: 임대인(집주인)과 임차인, 공인중개사가 공모하여 경매 입찰자를 속이는 조직적 사기입니다. 경매로 나오는 집의 실제 임대차관계와는 다른 가짜 계약서를 만들어 겉으로 보기에는 '안전한 물건'으로 포장하는 수법입니다. 실제로 전세계약을 맺어 거액의 보증금이 오갔지만, 서류상으로는 소액의 월세계약서로 위조하고 확정일자까지 받아둡니다. 이렇게 해두면 선순위 임차인이 없는 데다 보증금 부담도 거의 없어 보이니 낙찰자 입장에서는 안심하고 입찰하게 됩니다. 그러나 낙찰 후 진짜 임대차계약(전세계약)이 드러나면서 낙찰자는 세입자의 거액 보증금 반환 채무나 보증금을 담보로 한 대출금 상환 책임까지 떠안게 됩니다. 반대로, 실제 월세 세입자였는데 나중에 허위 전세계약서를 꾸며 '보증금을 돌려달라'며 낙찰자를 상대로 소송을 거는 변형도 있습니다. 이처럼 임차인 지위를 악용한 사기는 등기부등본만 봐서는 임대차의 실제 내용을 알 수 없고, 확정일자 제도의 허점을 파고들기 때문에 낙찰자가 사전에 이를 걸러내기란 매우 어렵습니다.

▶ **예방법**: 경매 물건에 임차인이 있다면 등기부뿐 아니라 신탁원부 등 관련 서류까지 확인하여 실제 전세 여부를 살펴봅니다. 낙찰자들이 확정일자가 찍힌 계약서를 믿고 방심하는 허점을 노려 사기꾼들은 허위

확정일자까지 받아내 악용합니다. 그러므로 확정일자가 찍힌 계약서라고 해도 그대로 믿지 말고, 임대인·임차인의 실제 계약 관계와 신원을 직접 확인합니다. 경매 전에 현장을 방문해 세입자가 실제 거주 중인지 확인하고, 집 상태나 거주 흔적이 서류상의 임대차 내용과 다르거나 수상한 정황이 조금이라도 보이면 예상 수익에 현혹되지 말고 곧바로 전문가 상담을 받아 경매 참여를 재검토합니다.

7) 경매 교육, 공동투자 미끼 사기

경매 학원이나 온라인 투자 모임을 가장해 벌이는 신종 사기입니다. 일부 경매 교육 과정에서는 수강생들에게 특정 매물을 '유망한 물건'이라며 추천하고 함께 공동입찰 하자고 부추깁니다. 그러나 그 이면에는 해당 매물의 채권이나 지분을 헐값에 사들인 주최 측이 숨어 있습니다. 수강생들이 경쟁적으로 높은 가격을 써내 낙찰가를 끌어올리면 미리 채권을 확보한 주최 측은 낙찰대금에서 거액의 차익을 챙기고 슬그머니 빠져나갑니다. 결국 초보 투자자는 기대했던 수익은커녕 그보다 훨씬 낮은 수익을 얻거나 손해를 보게 됩니다. 반면 주최 측은 말 그대로 '리스크 없는 사기 수익'을 챙기는 구조입니다. 최근 유튜브나 부동산 카페에서 이런 식으로 허위 정보를 흘리고 자기 잇속을 차리는 사례가 늘고 있으니 각별한 주의가 필요합니다.

8) 기타 사기 유형

그 밖에도 경매 과정에서 임차인을 속여 배당요구를 포기하게 만든 뒤 낙찰자에게 보증금 반환 책임을 떠넘기는 행태, 유령 입찰자를 내세워 경쟁이 있는 것처럼 꾸미는 행위 등 다양한 변종 수법이 판치고 있습니다.

 이러한 사기 수법들은 하나같이 단계별로 원인과 결과가 촘촘히 연결된 치밀한 구조로 설계되어 있습니다. 어느 한 단계에서 방심하거나 확인을 소홀히 하면 다음 단계에서는 돌이킬 수 없는 피해로 이어집니다. 따라서 사후약방문이 되지 않으려면 원인(행위)과 결과(피해)의 인과관계를 제대로 이해하고 그 고리를 끊는 예방이 무엇보다 중요합니다.

(3) 경매 컨설팅의 숨겨진 위험
– 초보 투자자를 위한 경매사기 예방 가이드

 초보 투자자들을 위해 경매 컨설팅에 숨어 있는 위험과 사기 수법을 사례와 함께 살펴보고 스스로를 지키기 위한 핵심 점검 사항을 제시합니다.

1) '낙찰 = 수익'이라는 위험한 착각

 법원경매로 부동산을 싸게 사서 바로 되팔면 큰돈을 번다는 말이 많습니다. 유튜브나 광고에서는 '감정가보다 싸게 낙찰을 받아 쉽게 수천만 원 이익을 낼 수 있다'며 초보 투자자를 부추깁니다. 전문 컨설턴트가 복잡한 권리분석부터 점유자 명도(퇴거)까지 다 해준다고 하니 모든 과정을 맡기면 안전할 것이라 느껴집니다. 그러나 현실은 다릅니다. 감정가보다 저렴하게 낙찰을 받았다고 해서 무조건 남는 장사가 되지는 않습니다. 실제로 감정가보다 5천만 원 낮은 가격에 낙찰을 받았던 한 초보 투자자는 6개월 후 취득세 등 부대비용을 제하고 1200만 원의 손실을 봤습니다.

결국 '낙찰은 수익이 아니라 오히려 손실의 시작'이 될 수 있다는 사실을 유념해야 합니다.

2) 경매 컨설팅의 실체와 수수료 구조의 함정

경매 컨설팅 업체는 복잡한 경매 절차를 대신 처리해 주는 대가로 수수료를 받습니다. 이들은 물건 추천, 권리관계 분석, 적정 입찰가 산정, 대리 입찰, 명도 협상까지 '원스톱 서비스'를 홍보하며 초보 투자자를 유인합니다. 그러나 수수료 구조를 자세히 들여다보면 정보 비대칭을 악용한 함정이 숨겨져 있습니다.

컨설턴트의 수익은 의뢰인이 낙찰되는 순간 확정됩니다. 많은 업체들이 계약금 외에 낙찰가의 0.5~1%를 성공 수수료로 받고, 이후 명도 비용도 별도로 청구합니다. 한 사례에서 컨설턴트는 의뢰인이 높은 금액으로 입찰하게 유도하고, 낙찰되자마자 낙찰가의 0.5%에 해당하는 금액을 수수료로 받아 갔습니다. 그리고 '점유자를 내보내야 한다'며 400만 원을 추가로 요구하고, 이사비 명목으로 200만 원을 더 받아 간 일도 있었습니다. 컨설팅 업체는 투자 성패와 무관하게 자기 수익을 보장받는 구조로 그 위험은 온전히 초보 투자자에게 돌아갑니다. 이 수수료 구조의 함정을 반드시 인지해야 합니다.

3) 경매 컨설팅의 대표적 사기 수법

경매 컨설팅 업계에서 보고된 전형적인 사기 수법을 알아보겠습니다. '100% 낙찰 보장'을 내세우지만 실상은 의뢰인을 허울 좋은 승리로 유인하는 치밀한 작전입니다.

▶ **더미 입찰('바지' 입찰) 조작**: 컨설턴트는 의뢰인이 생각하는 최고 입찰가를 미리 파악한 뒤, 자기 직원 등 허수 입찰자(일명 '바지')를 의뢰인 바로 아래 금액에 입찰시킵니다. 겉보기에 경합이 치열했던 것처럼 꾸며 의뢰인이 간신히 1등으로 낙찰된 듯한 착각을 일으키는 수법입니다. 컨설턴트가 초보 고객 A 씨에게 '최대 2억 6천만 원까지 써도 된다'고 알려주고, 자기 쪽 사람을 2억 5990만 원에 입찰시켜 A 씨가 10만 원 차이로 1등을 하게 만든 사례가 있었습니다. A 씨는 간발의 차로 이겼다며 컨설팅 실력을 대단하게 여겼지만, 실제 낙찰가는 시세보다 훨씬 높은 가격이었고, 3등 입찰자와는 큰 차이가 있었습니다. 이렇게 '아랫바지'를 세우면 2등 입찰가가 인위적으로 높게 형성되어 초보 의뢰인은 자기 낙찰가가 비싸다는 사실을 깨닫지 못합니다. 컨설턴트는 높은 낙찰가 덕분에 수수료를 극대화하지만 투자자는 시세보다 비싼 부동산을 떠안아 결국 손해를 보게 됩니다.

▶ **차순위 입찰자 악용('윗바지' 세우기)**: 법원의 차순위매수신고 제도를 악용하는 방법입니다. 컨설턴트는 더미 중 한 명을 의뢰인보다 더 높은 가격 즉, 1등으로 입찰시킨 뒤에 고의로 자격 미달이 되게 만듭니다. 예를 들어, 가짜 1등이 보증금을 봉투에 넣지 않고 제출해 낙찰이 취소되도록 하거나 대리 입찰 시 인감증명을 빼먹어 실격되게 하는 식입니다. 그러면 최고가매수인이 탈락하면서 자동으로 2등이었던 의뢰인이 낙찰 자격을 얻습니다. 컨설턴트 입장에서는 계획대로 의뢰인을 차순위로 만들어 놓았으니 100% 낙찰이나 다름없습니다. 의뢰인은 '운 좋게 1등이 실격돼서 내게 기회가 왔다!'고 흡족해하지만 1등 입찰자는 가짜였기에 자신이 써낸 가격의 적정성을 판단할 기회를 잃어버린 셈입니다. 전문가들은 실제 경매 결과에서 2등과 근소한 차이로 낙찰된

경우 조작을 의심하라고 조언합니다. 특히 컨설팅을 통한 초보자의 낙찰이라면 이런 가짜 입찰자의 개입 가능성을 늘 염두에 둬야 합니다.

▶ **고의 경매**: 이 밖에도 컨설턴트가 정상 매매로는 팔기 어려운 부동산을 경매로 넘기는 '고의 경매' 사례도 있습니다. 권리관계나 물건 상태에 치명적 하자가 있어 향후 되팔기 어려운 물건을 일부러 경매로 유도하는 것입니다. 겉보기에 감정가 대비 싸 보여도 실은 '독이 든 사과'일 수 있으므로 특정 물건을 집요하게 권한다면 그 이유를 의심해야 합니다.

경매 컨설팅 사기의 전형적인 진행 시나리오

단계	내용
과장 광고로 유인	유튜브, 블로그, 설명회를 통해 "100% 낙찰 보장", "싸게 사서 무조건 이익" 등으로 초보 투자자 유인
계약 체결 및 수수료 확정	계약금 받고 착수, 성공 수수료(0.5~1%) 약정, 책임명도로 의뢰인 안심, 계약서에 '낙찰 후 책임은 투자자에게 있다'는 면책조항 명시
문제 물건 추천 및 고가 입찰 유도	복잡한 권리관계에 있는 물건 소개, 시세 대비 저렴함을 강조, 높은 입찰가 유도
더미 입찰 낙찰 조작	의뢰인이 낙찰되도록 경매 조작 - 근소한 차이로 의뢰인이 낙찰되게 하기 - 가짜 1등 실격시키기 등
낙찰 직후 수수료 및 추가 비용 요구	컨설팅 수수료 청구, 추가 이사비나 명도비 요구
투자자에게 남은 것은 손실	기대보다 비싼 낙찰가, 세금·명도비·수리비 등 예상치 못한 추가 비용, 손실 매각, 컨설팅 업체의 약속 불이행과 책임 회피, 기회비용 및 금전적 손실 발생

(4) 공유지분 가등기 수법으로 본 경매시장 부조리

1) 불법 수법의 배경

부동산 가격이 급등하고 경매 경쟁이 과열되면서 공유지분 가등기 수법이라는 불법적 편법이 경매시장을 교란하고 있습니다. 권리분석이 쉬운 아파트 경매는 참여자가 몰려 낙찰이 어렵고 수익도 적습니다. 이에 일부 사기꾼들은 법의 빈틈을 파고들어 경매 경쟁을 피하고 인위적으로 가격을 낮추는 수법을 동원합니다. 그 대표적인 예가 여러 사람이 지분으로 소유한 부동산(공유물)에 허위 가등기를 설정해 전체 부동산을 헐값에 탈취하는 시나리오입니다.

2) 공유지분 가등기 수법 6단계

경매 실무에서 드러난 공유지분 가등기 수법은 다음과 같은 단계로 이루어집니다.

▶ **1단계 – 공유지분 일부 취득**: 사기꾼 A 씨는 목표 부동산의 일부 지분을 경매나 매매로 헐값에 매입합니다. 이때 대상은 처음부터 여러 사람이 공유한 물건으로 선정합니다.

▶ **2단계 – 공유물 분할 소송 제기**: A 씨는 공유물 분할 소송을 통해 법원에 해당 부동산을 경매로 팔 것을 청구합니다. 「민법」 제268조, 제269조에 따라 공유자는 누구나 분할을 청구할 수 있고, 법원이 경매를 통한 분할(대금 분할)을 판결하면 부동산 전체를 경매에 붙일 수 있게 되니

다. A 씨는 이 절차로 집 전체를 경매로 팔 명분을 확보합니다.

▶ **3단계 – 허위 가등기 설정**: 경매개시 직전에 A 씨는 자신의 지분 일부에 대해 지인 B 씨와 매매예약을 맺은 것처럼 가장하여 소유권이전청구권 가등기를 설정해 둡니다. 가등기란 훗날 소유권이전을 보장하기 위한 임시 등기로, 원래는 정당한 매매계약을 보호하는 장치입니다. 그러나 여기서는 통정허위표시(짜고 한 허위 계약)로 실제 돈 거래 없이 서류상으로만 매매예약을 만든 뒤 최선순위 가등기를 거는 것입니다. 표면상 '미래에 B 씨에게 팔 예정'이라는 표시가 등기에 남아 있게 됩니다.

▶ **4단계 – 경매 진행과 가격 하락**: 부동산이 경매에 나오면 등기부에 올라 있는 B 씨 명의의 가등기가 최선순위 권리로 보입니다. 일반 입찰자들은 이 가등기를 보고 법적 분쟁이나 추가 비용 부담을 우려하여 입찰을 꺼리게 됩니다. 가등기를 인수하거나 해결해야 할지도 모른다는 불안 때문에 응찰자가 급감하고, 경매는 연거푸 유찰됩니다. 그 결과 최저입찰가는 감정가 대비 크게 떨어지고, 시세보다 훨씬 낮은 수준까지 가격이 내려갑니다.

▶ **5단계 – 단독 응찰로 저가 낙찰**: 여러 차례 유찰로 가격이 바닥을 찍으면, 결국 A 씨나 A 씨의 공범만이 마지막에 남아 단독 응찰합니다. 경쟁자가 없으니 A 씨는 시세보다 턱없이 싼 가격에 부동산 전체 지분을 낙찰받게 됩니다. 부산 경매에서 있었던 일로, A 씨는 1/6 지분을 손에 넣은 뒤 장모 명의로 가등기를 설정하여 경매 물건의 가치를 떨어뜨렸습니다. 이로 인해 여러 번 유찰되자 A 씨가 직접 빌라 전체를 헐값에 낙찰받았습니다.

▶ **6단계 – 가등기 말소 및 소유권 독점**: A 씨는 낙찰대금을 법원에 완납한 후 곧바로 가등기 말소 소송을 제기합니다. '애초에 B 씨와의 매매계약은 허위이므로 가등기는 무효'라는 주장(통정허위표시의 법리)을 펴서 가등기를 지워달라고 법원에 요구하는 것입니다. 실제로 돈이 오가지 않은 가짜 계약임이 드러나면 가등기는 말소 결정이 내려집니다. 그렇게 되면 A 씨는 방해 요소 없이 부동산의 모든 지분을 자기 명의로 확보하게 됩니다. 최근 대법원 판례에서 '공유물 분할 경매에서 매수인이 대금을 완납하면 가등기 권리자는 특별한 사정이 없으면 권리를 잃는다'고 판시한 바 있습니다. 결국 A 씨는 법을 교묘히 이용해 혼자만 전체 부동산을 차지하고 막대한 시세차익을 실현합니다.

공유지분 가등기 사기 6단계

3) 사기꾼들의 심리와 행태

이런 수법을 쓰는 행위자들의 심리는 극단적인 탐욕과 교활함으로 요약됩니다. 경매시장의 과열과 수익 악화를 탓하며 이들은 정당한 경쟁 대신 법의 틈새를 악용한 편법을 선택합니다. 법과 제도를 정의나 원칙으로 여기기보다 넘어야 할 장애물 정도로 취급하고, 자기들만 아는 비밀스러

대법원 2021. 3. 11. 선고 2020다253836 판결

운 방식으로 이익을 독점하면서 우월감을 느낍니다.

이들은 '남들도 돈 벌려고 경매에 뛰어드니, 나만 이런 편법을 쓰는 게 무슨 문제냐'는 식으로 자기 행동을 합리화합니다. 공범과 서로 의지하며 범행을 치밀하게 계획하고, 매매계약서 위조와 자금 이동 연출까지 해가며 겉보기에 합법처럼 보이도록 꾸밉니다. 죄책감은 찾아보기 어렵고, 들키지 않고 한몫 챙기는 데서 오는 쾌감을 더 중시합니다. 정보 비대칭과 자본력을 무기로 삼아 일반 참가자들을 속이고 짓밟는 것에 대한 거리낌도 거의 없습니다.

4) 법과 제도의 허점

공유지분 가등기 수법이 통하는 이유는 현행 법률과 경매 절차상의 몇 가지 허점이 존재하기 때문입니다. 우선 공유물 분할 제도가 악용됩니다. 민법상 공유자는 누구나 공유물 분할을 청구할 수 있고, 협의 분할이 어렵다면 법원이 경매로 팔고 금전을 지분대로 나누는 대금 분할을 허용합니다. 이는 원래 정당한 권리 구제 절차입니다. 그러나 A 씨 같은 사람이 의도적으로 지분을 사들여 이 경매 분할을 악용하면 공유자 중 한 명이 전체를 좌지우지하는 결과가 됩니다.

다음으로 소유권이전청구권 가등기 제도 역시 허점이 있습니다. 본래 매매예약 등 향후 소유권이전을 보장하려는 목적으로 만들어졌지만 허위 계약에도 동일하게 등기가 가능하다는 문제가 있습니다. 등기관은 서류 형식을 갖추면 가등기를 받아주기에 실제 거래가 없었더라도 등기부에는 똑같이 가등기가 올라갑니다. 비록 경매 후 매수인이 대금을 모두 납부하면 가등기 권리가 소멸된다는 판례가 나와 있지만, 그때까지 경매 진행은 방해를 받습니다. 말하자면 나중에 말소될 가등기지만 경매 과정에서는 그대로 유효한 셈입니다. 그 사이 입찰자는 혼란에 빠지고, 여러 차례 유찰이 되면 가격이 폭락하는 돌이킬 수 없는 피해가 발생합니다.

경매 절차상의 정보 비대칭도 한몫합니다. 입찰자들이 등기부의 가등기 사실을 미처 확인하지 못하거나 의미를 정확히 파악하지 못하면 더 큰 위험을 떠안을 수 있습니다. 반대로 그 존재를 알면 앞서 설명한 대로 입찰을 포기하니 어느 쪽이든 정상적인 가격 형성이 왜곡됩니다. 수상함을 느껴 경찰 수사나 형사 고소를 하더라도 가등기 자체는 서류상 매매계약과 대금 지급의 외관을 완벽히 갖춘 경우가 많아 사기죄 등으로 처벌하기 어렵습니다. '누가 보더라도 통정허위인 것이 분명하지만, 서류상 매매대금 지급 등 증거를 갖추면 형사적 판단이 쉽지 않다'는 취지의 법원 판례도 있습니다. 결국 피해자가 민사소송을 내어 허위 가등기임을 입증해 내야 하는데 이러한 사후 구제에는 많은 시간과 비용이 소요됩니다. 최근 대법원 판례는 공유물 분할 소송 변론종결 후에 설정된 가등기의 경우 매수인 완납 시 권리가 소멸한다고 하여 이 수법에 제동을 걸었습니다. 그러나 이것도 절반의 해결책에 불과합니다. 사기꾼들이 아예 분할 소송을 제기하기 전에 가등기를 해두거나 소송 진행 중 일찍 가등기를 설정하면 위 판례가 적용되지 않아 여전히 가등기가 경매를 방해할 수 있습니다. 결국 제도가 존재하는 한 그 틈새를 완전히 막기는 어려운 상황입니다.

5) 경매시장의 왜곡과 교훈

공유지분 가등기 수법이 보여주는 부조리의 본질은 탐욕이 법의 빈틈을 먹이 삼아 번식한다는 점입니다. 공개경쟁을 통해 공정한 가격을 찾도록 설계된 경매 제도가 이들의 농간으로 밀실 거래장처럼 변질됩니다. 그

| 대법원 2021. 3. 11. 선고 2020다253836 판결

결과 경매의 신뢰성과 투명성은 심각하게 훼손되고, 선의의 투자자들은 좌절감을 느끼게 됩니다. '법을 지켜서는 투자에 성공하기 어렵다'는 냉소까지 퍼진다면 시장 전체의 건전한 질서가 무너질 위험도 있습니다.

이러한 사건은 단순히 경매 현장의 한구석에서 벌어진 작은 음모가 아니라 부동산 시장과 법 제도의 구조적 왜곡을 일으키는 교란 행위입니다. 돈의 힘이 법의 정의보다 앞서는 듯한 현실을 보여주며 모두에게 경각심을 일깨웁니다. 경매에 참여하는 일반인들은 등기부상의 이상 징후를 꼼꼼히 살피고, 섣부른 낙찰 욕심을 버리고 리스크를 충분히 인지해야 합니다. 동시에 제도 운영자들도 이런 편법이 발붙이지 못하도록 법의 미비점을 보완하고 감시를 강화할 필요가 있습니다. 편법의 달콤함은 잠시일 뿐 투명한 절차와 공정한 경쟁만이 시장의 신뢰를 지키는 길임을 유념해야 합니다.

(5) 사기 방지를 위한 제도 개선 방향

경매시장의 신뢰성을 높이고 낙찰자와 임차인의 피해를 예방하기 위해서는 제도적 개선과 노력이 병행되어야 합니다. 다음은 전문가들이 제시하는 개선 방향입니다.

▶ **경매 정보 공개 확대**: 법원 등 관계 기관에서 제공하는 경매 정보에 지금보다 훨씬 더 많은 내용을 공개해야 합니다. 특히 등기부등본에 나오지 않는 권리까지 최대한 포함시키도록 제도를 바꾸라는 요구가 큽니다. 예를 들어, 집행관이 현황조사 과정에서 파악한 임차인 정보(전입일, 확정일자 유무, 실제 점유 상황 등)나 법정지상권 성립 가능 여부 등 실질적

인 권리관계를 매각물건명세서에 함께 기재하도록 해야 합니다. 경매 물건의 공시 정보가 더 투명하게 공개되어야 낙찰자의 '깜깜이' 피해를 막을 수 있습니다. 정보의 투명한 공개가 경매 안전의 출발점입니다.

▶ **경매 감정평가 제도 개선**: 감정가 산정 시점과 매각 시점의 시차로 인해 시세 괴리가 발생해 왔지만 현행 절차상 일괄 진행되는 경매 일정 때문에 감정평가 시기를 탄력적으로 조정하기 어렵다는 문제가 있습니다. 일부 전문가는 매각기일에 맞춰 감정평가를 최대한 임박하게 실시하도록 시스템을 개선하면 감정가와 실제 시세 간 격차를 줄일 수 있다고 제언합니다. 또한 시장 상황을 반영한 재감정 또는 감정가 보정 제도 도입도 검토해 볼 만합니다. 감정가 신뢰성이 확보되어야만 낙찰자와 채권자 모두 만족할 수 있기 때문입니다.

▶ **자료 오류에 대한 구제 강화**: 매각물건명세서나 현황조사서의 오류로 낙찰자가 피해를 볼 경우, 보다 실질적인 구제 절차를 마련해야 합니다. 지금은 매각불허가 신청을 통해서만 입찰보증금을 돌려받을 수 있습니다. 그러나 이 절차가 워낙 까다롭고 입증 부담도 큽니다. 따라서 공시 책임을 공적으로 보상하는 제도 즉, 기관의 과실로 잘못된 정보가 제공됐을 때 낙찰자의 손실을 보전해 주는 장치나 매각불허가를 보다 신속하고 쉽게 인정해 주는 기준을 마련할 필요가 있습니다. 한마디로 법원의 실수로 인한 낙찰자의 손해를 낙찰자에게 전가해서는 안 된다는 것입니다.

▶ **임차인 보호 및 정보 공유**: 세입자(임차인)의 권리 보호를 위해 경매 절차에서 배당요구 과정을 자동화·표준화하는 방안을 고려해야 합니다.

경매개시결정이 내려지면 임차인이 별도의 서류를 제출하지 않아도 자동으로 배당 신청이 되도록 하거나 최소한 확정일자 정보를 바탕으로 임차인의 권리 신고를 의무화하는 식입니다. 또한 임차인이 사전에 집주인의 세금 체납이나 담보대출 현황 등을 알 수 있게 제도를 손볼 필요가 있습니다. 이를 위해 임대인에게 세금 완납 증명서 제출을 의무화하거나 일정 규모 이상의 전세의 경우 임대인의 세금 체납 정보를 임차인에게 공개하는 방안 등이 거론됩니다. 이런 조치는 선순위 세금 채권 때문에 세입자가 보증금을 날리는 전세사기 피해를 막는 데도 기여할 것입니다.

▶ **초보자 대상 경매 교육 강화**: 공공기관이나 믿을 만한 민간단체가 주도하여 경매 교육 프로그램을 확대해야 합니다. 특히 실제 피해 사례, 권리분석 방법, 사기 수법 등을 정리한 경매 피해 사례 데이터베이스(DB)를 구축해 누구나 사전에 공부할 수 있게 제공할 필요가 있습니다. 전문가들은 '불과 이틀 정도만 투자해도 경매 기본기는 익힐 수 있다'고 조언합니다. 그만큼 쉽게 접근할 수 있는 교육 자료를 널리 제공하여 초보 입찰자의 진입 장벽을 낮추고 경각심을 높여야 합니다.

▶ **플랫폼 신뢰도 제고 및 데이터 연계**: 법원경매정보 시스템을 국토교통부나 지자체의 임대차 정보 시스템과 연계해 원스톱 종합 정보를 제공하는 방안이 제시됩니다. 예를 들어, 경매 사이트에서 물건의 등기부뿐 아니라 임차인의 전입신고 여부, 확정일자 부여 내역, 집주인의 국세·지방세 체납 내역 등 공공 데이터를 한 번에 보여준다면 정보 비대칭을 크게 줄일 수 있습니다. 공신력 있는 경매 플랫폼에서 이러한 통합 정보를 제공하면, 이용자들이 별도로 발품을 팔지 않고도 위험

요인을 파악할 수 있어 경매시장 전체의 신뢰도가 높아질 것입니다.

▶ **각종 악용 사례에 대한 제도 보완 및 규제 강화**: 가등기를 동원한 방어 입찰 방해나 낙찰 후 보증금 미반환 등 법망을 악용한 행위에 대한 규제 강화가 시급합니다. 임차인이 우선매수권을 행사하려 할 때 제3자의 가등기 악용을 제한하는 법적 장치, 경매 낙찰자의 임차보증금 인수 의무 이행을 담보할 수 있는 방안 등이 논의되어야 합니다. 일각에서는 경매 낙찰자에 대한 자격 요건 강화나 낙찰 후 임차보호 기금 예치 등의 아이디어도 제안합니다. 또한, 경매 시작 전에 임차인의 피해를 줄이기 위해 경매개시 유예나 채무조정 등의 방안도 검토되고 있습니다. 물론 채권자들의 권리와 충돌하는 민감한 사안이므로 신중한 접근이 필요하지만, 공공성과 형평성 제고 차원에서 논의가 이루어지고 있습니다. 궁극적으로 전세사기 피해자 보호와 경매시장 안정이라는 두 목표를 모두 달성하려면 보다 근본적인 정책 개선이 요구됩니다. HUG와 LH 같은 공공기관의 역할을 명확히 하고 시장 참여자 간 공정성을 해치는 요소를 개선해야 한다는 지적이 나옵니다. 나아가 전세사기 자체를 원천적으로 예방할 수 있도록 임대차계약 단계에서의 검증 강화, 임대인에 대한 금융기관의 사전 모니터링, 전세보증보험 가입 확대 등의 사전 예방 조치도 중요합니다. 최근 정부와 국회에서 논의되는 임대차 시장 투명화 방안과 피해 구제 입법들이 이런 방향으로 나아가는 노력들입니다.

경매는 부동산 거래의 최후 안전망이자 투자 기회이지만 현행 제도상 시장 변화에 대한 탄력성 부족, 임차인 보호 공백, 악의적 투자자 방지책 미흡 등의 문제가 드러나고 있습니다. 이를 개선하기 위해서는 제도의 세밀한 손질과 더불어 이해관계자의 공감대 형성이 필요합니다.

(6) 사기 예방 5계명

1. 법원 절차 우선: 인도명령 등 강제집행 수단을 적극 활용하라.
2. 서류 맹신 금물: 등기부·계약서만 믿지 말고 실제 점유 상태를 확인하라.
3. 사설 제안 경계: '이사비만 주면…', '대신 입찰…' 같은 말에 속지 말라.
4. 증거 확보: 협의 내용과 요구 사항은 기록으로 남겨라.
5. 정보 공유: 의심 사례는 즉시 공유하여 추가 피해를 막아라.

PART 6
결론

1. 경매 투자에 숨은 위험과 정보 비대칭

 마지막으로 경매·공매 투자를 바라보는 비판적 시각을 가져보겠습니다. 경매라고 하면 일반적으로 '시세보다 싸게 살 기회' 정도로 생각하지만 실상은 구조적으로 함정과 정보 비대칭이 존재하는 시장입니다.

(1) 제한된 정보와 전문성 부족으로 인한 착시

 표면적으로 법원경매는 투명한 절차 같지만 현실 경매장은 정보 비대칭과 각종 불법·편법 행위가 만연해 있어 기울어진 운동장이라는 말이 나올 정도로 불공정한 면이 있습니다. 매각물건명세서에 존재하지도 않는 임차인을 일부러 기재하게 만들어 입찰자들에게 혼란을 주거나 조직적으로 입찰 담합이 행해지기도 합니다. 위장 임차인은 명백한 범죄 행위로 법원도 이런 행위를 경매방해죄로 다스리겠다고 밝혔지만, 교묘히 이루어져 현실에서 적발은 쉽지 않습니다. 또한 지역 토착 브로커들이 돌아가며 낙찰받기로 짜고 외부인이 끼면 노골적으로 위협해 쫓아내는 방식의 식 경매 카르텔은 투명한 경쟁을 망치고 낙찰가를 왜곡하기 때문에 정직한 일반 투자자들만 피해를 봅니다.

경매 공고에는 해당 부동산의 기본 정보와 권리관계 정도만 제공될 뿐 시세나 내부 상태 등의 세부 정보는 매우 제한적입니다. 일반 매매라면 중개인을 통해 집 안 구석구석 상태를 확인하고 협상하지만 경매는 '있는 그대로' 사야 하므로 보이지 않는 위험을 안고 가야 합니다. 감정평가액도 실제 시세와 시차가 있을 수 있고, 감정평가사가 찾지 못한 하자가 숨어 있을 수 있습니다. 투자자는 흔히 '낙찰가율 80%' 같은 수치에 혹해 싸게 샀다고 생각하기 쉽지만 막상 수리비나 체납비용 등을 합치면 실제 취득가율이 100%를 훌쩍 넘기는 경우도 드물지 않습니다. '시세 대비 싸게 샀다'는 착각에 빠지지 않도록 모든 부대비용과 리스크를 감안한 순투자금 계산을 반드시 해야 합니다.

경매시장에서는 채무자나 점유자 혹은 지역 전문 투자자들이 신규 입찰자보다 유리한 정보를 갖고 있는 경우가 많습니다. 해당 부동산의 실제 시세나 하자 여부, 점유자의 성향 등을 잘 아는 현지 업자들이 초보자보다 정확한 판단을 할 수 있습니다. 반면 초보자는 제한된 서류와 겉모습만 보고 추측에 의존해야 하니 불리합니다. 경매 절차에서 법원이 제공하는 매각물건명세서와 현황조사서 등은 투자자들이 믿고 보는 기본 정보원입니다. 그러나 믿는 도끼에 발등 찍히는 격으로 이 공식 자료들조차 중대한 누락이나 오류를 포함한 사례가 적지 않습니다.[1] 또한 법률 지식이 부족하면 매각물건명세서에 적힌 법정지상권 가능성, 가등기 존재 등도 제대로 해석하지 못해 위험에 노출될 수 있습니다. 반드시 현장을 답사하

---

[1] 현행 「민사집행법」 제121조 제5호에서는 '매각물건명세서의 작성에 중대한 흠이 있는 경우'를 매각불허가(낙찰 취소) 사유로 규정하여 이러한 경우 낙찰자가 입찰보증금을 돌려받을 길을 열어두고 있습니다. 그러나 낙찰자 본인이 그 사실을 입증하느라 복잡한 법정 다툼을 벌여야 합니다.

고 인근 부동산중개사나 관리사무소 등에 물어 물건 정보를 최대한 수집해야 합니다. 또한 법률관계가 복잡한 물건은 전문가(변호사, 경매 컨설턴트 등)에게 자문을 구하는 것이 안전합니다. 경매 정보지의 전문가 해설, 인터넷 카페의 사례 등을 꼼꼼히 참고해 보는 것도 좋습니다.

(2) 낙후된 경매 현장 입찰: 브로커들의 놀이터

대한민국이 IT 강국이라지만 법원경매만은 여전히 수십 명이 평일 오전 법정에 모여 종이봉투에 금액을 써내는 아날로그 현장 입찰을 고수하고 있습니다. 코로나19 팬데믹 시기에도 전자경매를 도입하지 않아 밀집 입찰을 강행했던 유명한 일화도 있습니다. 해외 선진국들은 이미 부동산 경매에 '전자입찰(E-auction)'을 속속 도입했습니다. 유럽 27개국이 온라인 경매를 활용 중이고, 미국은 주별로 '비사법 경매(Non-judicial Foreclosure)'가 일반화되어 Auction.com 같은 민간 플랫폼에서 쉽게 입찰이 가능합니다. 반면에 한국은 2017년 전자경매 도입을 시도했다가 이해관계 조정 실패로 무산된 이후 진전이 없습니다. 전자경매 도입은 더 이상 미룰 수 없는 과제입니다. 공정성과 효율성을 위해서는 원격지에서도 안전하게 입찰할 수 있는 시스템 구축이 필요합니다.

(3) 모든 리스크는 낙찰자의 몫

경매 제도의 허점은 낙찰자에게 모든 리스크를 전가하는 구조로 나타납니다. 법원은 매각물건명세서, 현황조사서 등을 제공하지만 정보가 불완전하여, 낙찰자가 일일이 추가 조사하지 않으면 안 됩니다. 유치권처럼 등기에 드러나지 않는 권리는 사전 파악이 불가능한 경우도 있습니다. 실제로 많은 낙찰자들이 예상 못 한 유치권자와 합의하느라 추가 비용을 지출하거나 허위 유치권을 떼어내려 소송전을 치릅니다. 또 명도 문제도 낙찰자 몫입니다. 법원경매에서는 인도명령 제도가 있지만, 점유자가 복잡한 권리관계에 있으면 결국 협상이나 소송으로 풀어야 합니다. 공매는 명도 지원이 전무하므로 더 힘듭니다. 한편 경매 낙찰 후 소유권이전등기 역시 낙찰자가 취득세, 채권 매입 등 온갖 행정 절차와 비용을 감당해야 완료됩니다. 등기 이전이 지연되면 그사이 전 소유자가 버티거나 추가로 문제를 일으킬 여지도 이론상 존재합니다. 결국 낙찰자는 끝까지 긴장의 끈을 놓을 수 없는 게 현실입니다.

(4) 가계 파산과 눈물

경매 물건 폭증은 한편으로 새로운 매수자에게 기회일 수 있지만, 그 이면에는 수많은 가계의 파산과 눈물이 있습니다. 또한 경매 과정에서 낙찰자들이 연이어 피해를 보면 사법 시스템에 대한 신뢰도 하락합니다. 사람이 궁지에 몰려 법원에서 마지막 해결을 구하려 할 때, 그곳마저 불공정과 함정투성이란 인식이 퍼지면 사회적 불안이 커집니다. 한국의 노인 빈곤율이 40%에 육박해 OECD 최고 수준이고, 사회안전망이 부실한 탓에 빚에 기댄 생계가 흔합니다. 고령층 두 명 중 한 명이 빈곤층인 현실에서, 집 한 채가 마지막 보루였던 분들이 경매로 집을 잃으면 곧장 빈곤의 늪에 빠집니다. 안타깝게도 현재 한국의 연금·복지 수준은 이들을 지켜주지 못하고 있습니다. OECD 자료에 따르면 한국 66세 이상 인구의 상대적 빈곤율은 39.8%로 회원국 중 최악입니다. 그동안 국민연금 사각지대와 낮은 급여가 방치된 결과이기도 합니다. 이런 취약한 사회구조에서 경매시장으로 내몰리는 사람들은 더욱 보호받지 못합니다.

한편 가계부채 문제도 심각합니다. 한국의 가계부채는 GDP 대비 100% 안팎으로 세계 최고 수준인데, 이는 캐나다·호주 등 고부채 국가들과 비슷합니다. 이들 나라는 최근 금리 인상기에 부동산 시장이 급속 냉각되고 대출 부실이 늘어나자 정부가 상환유예, 재융자 프로그램 등을 가동했습니다. 캐나다의 경우 2023년 토론토 주택 판매량이 전년 대비 12%가 줄어 23년 만의 최저치를 기록했고, 호주 시드니는 2022년 말 경매 낙찰률 50%대 초반까지 떨어지는 등 충격을 받았습니다. 고부채 구조에서는 금리 충격 시 부동산 거래가 얼어붙고 차압·경매가 속출하는 보편적 현상이 확인된 것입니다. 한국 역시 2022년 이후 비슷한 국면을 맞고 있기에 선제적 연착륙 대책이 필요한 시점입니다.

(5) 과열 경쟁과 고가 낙찰

경매가 무조건 싸다는 인식은 과거 이야기이고, 인기 물건은 일반 매매처럼 경쟁이 붙어 시세 이상으로 낙찰되기도 합니다. 실제 2023년 서울 아파트 경매시장에서는 평균 낙찰가율이 90%를 넘고, 일부 인기 단지는 감정가를 웃도는 낙찰 사례도 속출했습니다. 이처럼 경쟁이 심하면 예상 수익이 줄어들 뿐 아니라 자칫 시세보다 비싸게 낙찰을 받아 실질적 손실을 볼 위험도 있습니다. 경매 초보자일수록 꼭 낙찰받겠다는 승부욕에 예산을 초과해 써내기 쉬운데, 반드시 본인의 상한가 원칙을 정해놓고

박신원, ""한국 어쩌다 이 지경까지"…노인 빈곤율 'OECD 1위'." 서울경제, 2025. 3. 24.

이를 넘기면 미련 없이 포기해야 합니다. 낙찰을 못 받아도 입찰보증금 외에 손실은 없지만 잘못 낙찰을 받으면 거액의 손실 가능성이 생깁니다.

(6) 담합과 시장 교란

경매시장에는 과거부터 담합의 위험이 지적되어 왔습니다. 일부 세력이 짜고 낙찰을 받은 후 이익을 나누는 불법 담합 행위는 처벌 대상이지만 은밀히 이뤄지는 경우 추적이 어렵습니다. 담합이 이뤄지면 외부 입찰자의 접근을 방해하고, 가격을 왜곡시키므로 공정성을 해칩니다. 특히 지역 토착 세력이 특정 법원경매 물건에 대해 외지인이 들어오지 못하도록 압력을 넣는 일도 드물게 보고됩니다. 이는 초보 투자자가 알게 모르게 불리한 싸움을 할 수 있음을 의미합니다. 법원과 수사기관이 단속을 강화하고는 있지만 완전히 근절되었다고 보긴 어렵습니다. 현장에서 수상한 움직임이나 '밀어주기' 분위기를 느낀다면 깨끗이 물러나는 것도 방법입니다. 공연히 그런 세력과 경합하다 심리전이나 신체적 위협에 휘말리면 곤란합니다.

(7) 절차상의 변동 위험

경매 진행 중 또는 낙찰 후에 절차 자체가 취소되거나 지연되는 경우도 있습니다. 대표적으로 채무자가 낙찰 직전 채무를 모두 변제하고 경매 취소를 시키는 경우입니다. 낙찰자 입장에서는 다 이긴 경매가 무산되어 허탈하겠지만 법적으로 어쩔 수 없습니다. 또는 낙찰 후 매각허가결정이

나기 전에 채무자가 이의를 제기하거나 제3자가 소송을 통해 경매 절차를 정지시키는 경우도 있습니다. 이런 일이 발생하면 낙찰자는 이미 들인 노력과 자금을 한동안 묶어두게 되고, 최악의 경우 경매가 취소되어 기회를 잃을 수도 있습니다. 2020년대 들어 생활고로 인한 특별매각허가취소(재매각) 제도가 신설되어, 채무자가 일정 요건을 갖추면 낙찰 후에도 경매를 취소하고 소유권을 되찾을 수 있게 한 사례도 있습니다. 이러한 절차적 리스크는 흔치 않지만 배제도 할 수 없습니다.

(8) 법률 분쟁 가능성

경매로 낙찰을 받았다고 해서 모든 법적 분쟁이 끝난 것은 아닙니다. 낙찰자는 때때로 잔여 권리자들과 추가 분쟁을 겪기도 합니다. 선순위 가등기권자가 낙찰 후 본등기를 주장하거나, 유치권자가 추가 돈을 요구하며 점유를 계속하거나, 점유자가 명도 거부하며 각종 소송을 제기하는 경우 등이 있습니다. 이러한 분쟁을 해결하려면 시간과 비용, 법률적 대응이 필요합니다. 초보 투자자가 이런 상황에 맞닥뜨리면 크게 당황하게 되므로 복잡한 권리가 개입된 물건은 피하는 것이 상책입니다.

이상 살펴본 위험 요소들을 고려할 때, 경·공매 투자를 계획한다면 '모르는 리스크가 있을 수 있다'는 가정하에 항상 여유 마진을 확보하라는 것이 전문가들의 조언입니다. 예상 수익이 충분하지 않은 물건은 과감히 포기하고, 수익률을 높이려 지나치게 레버리지를 쓰는 것도 지양해야 합니다. 자금 조달 계획도 확실히 세워서, 낙찰 후 잔금을 제때 납부하지 못해 입찰보증금을 몰수당하는 최악의 상황을 피해야 합니다. 또한 낙찰 후 플랜(임대할 것인지, 바로 되팔 것인지 등)을 미리 구상하고 세금까지 포함한 손익 계산을 해봐야 합니다. 경매 물건의 인수 권리와 추가 비용을 모두 체크해 보수적으로 계산해 보는 습관이 필요합니다. 마지막으로, 처음에는 위험 요인이 적은 물건부터 소액으로 경험해 보면서 시행착오를 줄여나가는 것이 좋습니다.

요컨대 경매·공매도 시세보다 저렴하게 부동산을 취득하는 하나의 방법이 될 수 있지만 성급한 낙찰은 금물이고 철저한 준비와 분석이 선행되어야 합니다. 이러한 원칙을 지킨다면 경매 투자에서 성공 확률을 높일 수 있을 것이고, 시장의 구조적 함정에도 빠지지 않을 것입니다. '세상에 공짜는 없다'는 투자 격언을 항상 명심하면서 합리적 판단으로 접근해야 할 것입니다.

2. 영끌의 눈물과 경매의 함정들

경매시장 데이터 뒤에는 수많은 개개인의 비극과 교훈이 숨어 있습니다. 몇 가지 대표 사례를 통해 현실에서 어떻게 드러나는지 알아보겠습니다.

▶ **사례 1 – 영끌족 A 씨의 경매行**: A 씨는 2021년 부동산 붐 때 서울 외곽 신축 아파트를 자기 집 겸 투자용으로 샀습니다. 금리가 1%대라 '대출을 안 받으면 바보다'는 분위기에 편승해, 부족한 자금을 은행 빚과 전세보증금으로 충당했습니다. 소득 대비 부채 비율이 한계치였지만 집값이 계속 오를 거란 기대에 영혼까지 끌어모은 대출을 감행한 것입니다. 그러나 2022년부터 금리가 급등하면서 A 씨의 상황은 급변했습니다. 1~2년 전 월 80만 원이던 대출이자가 2배 이상으로 불어 월급의 절반 이상이 이자로 나갔습니다. 설상가상 집값이 하락해 세입자가 전세보증금 인하나 이사를 요구하는 역전세까지 닥쳤습니다. 더 이상 버티지 못한 A 씨는 결국 대출 이자를 수개월 연체했고, 채권은행은 부

득이 법원경매를 신청했습니다. A 씨 집은 감정가 대비 85% 수준에 낙찰되었지만 남은 대출원금과 이자를 갚고 나니 수천만 원의 빚이 남았습니다. 결국 집도 잃고 빚만 남은 하우스푸어가 되고 말았습니다. 이 사례는 금리와 집값 변동이 가계에 얼마나 치명적인 타격을 줄 수 있는지 보여줍니다. '영끌족'이라 불리던 이들이 금리 상승과 부동산 경기 급변에 속속 경매로 내몰리고 있는 현실을 A 씨의 눈물을 통해 실감할 수 있습니다.

▶ **사례 2 – 낙찰자 B 씨가 겪은 위장 임차인과 유치권 함정**: 투자 경험이 적었던 B 씨는 시세보다 저렴한 빌라 경매에 낙찰되어 쾌재를 불렀습니다. 그러나 그 기쁨은 오래가지 않았습니다. 잔금을 내고 보니 집에 낯선 임차인이 한 명 살고 있었습니다. 전 소유자의 친척으로 경매로 집이 넘어갈 것을 대비해 허위 임대차계약을 꾸며놓은 일종의 '가짜 세입자'였습니다. 전입신고도 갖춰 대항력이 있는 세입자처럼 보였기에 B 씨는 강제 명도를 위해 소송을 해야 했습니다. 몇 달 동안 법정 다툼과 비용을 들여 가까스로 이 사람을 쫓아냈지만 그사이 시간은 흘러갔습니다. 그런데 이번에는 뜬금없이 유치권을 주장하는 사람이 나타났습니다. 이전 소유자가 지인과 짜고 허위 공사계약서를 만들어 놓고, 경매 낙찰 직후 지인이 '공사대금 못 받았다'며 집에서 안 나가겠다고 버틴 것입니다. 등기부에는 드러나지 않던 이 숨은 유치권 때문에 B 씨는 다시 소송에 휘말렸습니다. 다행히 허위임을 밝혀내 문제를 해결했지만 그 과정에서 B 씨는 엄청난 스트레스와 시간, 비용 손실을 겪었습니다. 이 사례는 경매 낙찰자의 보이지 않는 위험을 단적으로 보여줍니다. 일반인은 미처 알기 어려운 위장 임차인, 가짜 유치권, 법정지상권 등의 함정이 도사리고 있고, 잘못 걸리면 낙찰자가 큰 손해를 볼

수 있다는 교훈입니다.

▶ **사례 3 – 온비드 공매 낙찰자 C 씨의 고충**: C 씨는 굳이 법원에 가지 않아도 온라인으로 편하게 참여할 수 있다는 점에 끌려 온비드 공매에 도전했습니다. 운 좋게 아파트 한 채를 적당한 가격에 낙찰을 받았지만 그 후가 문제였습니다. 낙찰과 동시에 C 씨는 그 집에 얽힌 모든 짐까지 지게 되었던 것입니다. 먼저 전 소유자가 밀려둔 체납 지방세 수천만 원을 내라는 고지서가 날아왔습니다. 공매 공고문에 작은 글씨로 적혀 있어 C 씨가 놓쳤던 부분입니다. 게다가 그 집에 살던 세입자는 집이 공매로 넘어간 데 분노해 명도를 완강히 거부했습니다. 법원의 인도명령 같은 절차가 없으니, C 씨는 직접 협상하고, 소송을 해서 강제집행을 해야 했습니다. 엎친 데 덮친 격으로 잔금 납부를 준비하던 중 채무자가 뒤늦게 돈을 갚으면서 공매 진행이 돌연 취소되는 일까지 벌어졌습니다. 이미 계약보증금을 낸 C 씨는 황당했지만 별다른 조치를 취할 수 없었습니다. 보증금은 나중에 돌려받았지만 환불까지 시간이 걸려 자금 운용에 차질을 빚었습니다. 결국 C 씨는 '공짜로 편한 경매는 없다'는 사실을 뼈저리게 깨달았습니다. 이 사례는 공매 초심자들이 간과하기 쉬운 함정을 잘 보여줍니다. 숨겨진 채무 인수, 점유자와의 갈등, 절차 취소 가능성 등 공매 낙찰자가 떠안을 수 있는 위험을 명심해야 한다는 교훈입니다.

3.
안전한 경매 투자를 위한 조언

부동산 경매는 겉보기에는 일반 부동산 거래보다 저렴하게 살 수 있는 매력적인 수익 기회입니다. 그러나 그 이면에는 복잡한 법률적 위험과 정보의 함정이 숨어 있습니다. 지식과 경험이 요구되는 분야로 남에게 모든 것을 맡겨 쉽게 돈을 벌 수 있는 길은 절대 아닙니다. 경매 컨설팅은 말 그대로 자문 역할일 뿐 투자 결과에 대한 책임은 지지 않습니다. 오히려 일부 컨설턴트는 이러한 정보 비대칭과 초보자의 조급함을 악용해 자신들의 수익 창출 수단으로 삼습니다. 경매 투자로 성공하려면 남의 말만 믿고 움직여서는 안 됩니다. 컨설턴트 도움을 받더라도 최종 결정과 책임의식은 본인에게 있어야 합니다. 마지막 방패막이는 결국 낙찰자 본인의 노력과 판단입니다. 낙찰이 곧 손실의 시작이 되지 않게 하려면 다음 원칙을 꼭 기억하세요.

> 첫째, 등기부등본에 적힌 물건의 권리관계, 시세, 예상 비용 등을 하나하나 직접 확인하고 이해할 것

둘째, 모든 부대비용을 보수적으로 계산해 수익이 확실한지 따져볼 것
셋째, '무조건 된다'는 달콤한 말에 휘둘리지 말고 냉정함을 유지할 것

초보라면 서두르지 말고 작은 성공과 실패를 통해 경험치를 쌓으십시오. 그 과정에서 얻은 내공만이 어떤 사기 수법에도 흔들리지 않는 든든한 방패가 되어줄 것입니다. 그리고 '낙찰만 되면 큰돈 번다'는 식의 비정상적으로 높은 수익을 장담하는 달콤한 말에 절대로 현혹되어서는 안 됩니다. 항상 합리적인 입찰가를 세우고, 추가 비용이 들 상황까지 감안하여 여유 자금을 확보하는 등 자기만의 안전장치를 마련해야 합니다. 철저한 준비와 신중한 접근만이 경매사기를 예방하는 최선의 길입니다. 결국 경매 투자는 '싸게 사는 기술'이 아니라 '법적 위험을 정밀하게 해석하고 관리하는 능력'에 달려 있다는 사실을 명심해야 합니다. 투자자가 자신의 책임 아래 충분한 정보를 분석하고 신중히 결정하는 주도성을 가질 때에야 비로소 법원경매시장이 안전하고 투명한 기회의 장이 될 수 있을 것입니다.

그러나 개인의 주의만으로는 한계가 있습니다. 궁극적인 해결은 법·제도의 개선에 달려 있습니다. 최근 불거진 수도권 이중 임차인 전세사기 사건은 이를 명확히 보여줍니다. 선의의 임차인이 자신의 전 재산을 날리고도 법적으로 보호받지 못하는 현실, 경매로 피해를 본 낙찰자가 '이중 피해자'가 되는 현실은 우리의 제도가 얼마나 허술한지를 드러냅니다. 현행 제도에는 구멍이 숭숭 뚫려 있어, 주택 임차인도 경매 투자자도 충분히 보호받지 못하고 있습니다. 정보 비공개 관행, 부실한 권리 공시, 임대인에 대한 책임 부족 등 구조적 문제들이 전세사기를 양산하는 토양이 되고 있습니다. 따라서 경매 참여자는 단순히 내 권리만 챙기는 데 그치지

말고 이러한 제도적 개선 필요성에도 관심을 가져야 합니다. 우리가 겪은 위험과 피해 사례를 모아 목소리를 내고, 입법과 정책 변화에 요구를 전달해야 합니다.

또한 낙찰자 보호 장치를 강화해야 합니다. 가령 공매의 권리 인수주의로 인한 피해를 줄이기 위해 공매 물건 권리 인수 가이드라인을 개선하고 정보 제공을 의무화할 필요가 있습니다. 위장 임차인이나 허위 유치권 같은 경매 방해 행위에 대한 처벌도 더욱 엄격히 해 실효성을 높여야 합니다. 정부 역시 일부 땜질식 대책만 내놓을 게 아니라 임차인 보호를 위한 정보 공개 강화, 보증보험 의무화, 경매 절차상 임차인 권리 공시 명확화 등 근본적인 방어막을 마련해야 할 것입니다. 그래야만 '전세사기가 반복되는 구조'를 끊어낼 수 있습니다.

마지막으로 부당한 피해를 당했다면 주저 말고 대응해야 합니다. 허위 유치권으로 손해를 봤다면 즉시 경찰에 고소하고 유치권부존재 확인소송 등을 제기해 법적 구제를 받습니다. 위장 임차인에게 당했다면 관련 증거를 모아 손해배상 청구도 검토해야 합니다. 이러한 선례가 쌓여야 비로소 사법당국과 입법부도 문제를 인식하고 제도 개선에 나설 것입니다.

투자자는 결국 사람과 제도를 상대로 싸우는 것입니다. 똑똑한 투자자는 사람의 속임수에 당하지 않도록 공부하고, 현명한 투자자는 잘못된 제도로 피해 보지 않도록 변화에 앞장섭니다. 이 글을 읽은 독자 여러분들이, 안전한 경매 투자를 실천함과 동시에 더 나은 부동산 거래 환경을 만드는 데에도 힘을 보태주시길 바랍니다. 내 재산을 지키는 일은 곧 우리 모두의 권리를 지키는 일이 될 수 있습니다. 부디 철저한 권리분석으로 안전한 수익을 거두시고, 나아가 건전한 시장 형성에 일조하는 멋진 투자자가 되시기를 바랍니다.

4. 경공매 실전 10계명

(1) 준비 없이 경매장에 서지 마라

아무 준비 없이 법원경매에 뛰어드는 것은 위험천만한 일입니다. 요즘 경매를 '누구나 할 수 있는 재테크'로 포장하지만, 초보자에게는 진입 장벽이 큰 시장입니다. 유튜브 영상 몇 편을 보고 얕은 지식으로 덤볐다가는 낭패를 보기 십상입니다. 경매 입찰 실수로 몰수당한 보증금이 연평균 700억 원이 넘습니다. 경매장에 서기 전에 관련 용어, 절차, 법률을 철저히 숙지하고, 여러 사례를 통해 충분히 연구해야 합니다.

2016년부터 2019년까지 몰수당한 보증금은 2016년 847억 원, 2017년 789억 원, 2018년 682억 원, 2019년 약 554억 원이다. 국중환, "'0' 하나 더 써서…지난해 경매 입찰보증금 몰수액 500억 넘어," 뉴스1, 2020. 2. 1.

(2) 권리분석은 생명선이다

부동산 등기부등본과 매각물건명세서에 적힌 권리관계를 한 줄 한 줄 놓치지 말고 분석해야 합니다. 선순위 저당권, 전세권, 대항력 있는 임차권, 법정지상권, 유치권, 분묘기지권 등 어느 하나라도 간과하면 '싸 보였던 물건'이 한순간에 지뢰로 돌변합니다. 권리분석에 확신이 서지 않으면 애초에 입찰하지 않는 편이 상책입니다.

(3) 현장 임장은 선택이 아닌 필수다

서류와 사진만 믿고 입찰하는 것은 보호 장비를 하지 않고 번지 점프하는 것이나 다름없습니다. 현장 답사를 해야만 감정평가서에 없는 문제점을 발견할 수 있습니다. 직접 가서 보지 않으면 결코 알 수 없습니다. 현장에서 진입로 유무, 건물 상태, 주변 환경과 시세, 거주자 상황까지 꼼꼼히 살펴야 합니다. '현장 임장 없이는 입찰 없다'는 원칙을 반드시 지키십시오.

(4) 감정 버리고 숫자로 승부하라

경매에서는 감정적 승부욕을 버려야 성공합니다. 꼭 낙찰받아야지 하는 순간 판단이 흐려져 어느새 계획에도 없던 금액을 써내고 있게 됩니다. 이렇게 감정에 이끌린 입찰은 패가망신의 지름길입니다. 워런 버핏(Warren Buffett)도 경매의 함정을 경고하며 "경매할 때는 최고 평가액에서 20% 정도

낮춰 부르고 그 이상은 한 푼도 더 써서는 안 된다"라고 조언했습니다. 이성적인 숫자로 승부해야 경매에서 최종 승자가 될 수 있습니다.

▎(5) 실탄부터 충분히 마련하라

자금 계획 없이 접근하는 것은 결국 화를 부릅니다. 경매 낙찰자는 정해진 기한 내에 잔금을 완납해야 하며, 기한을 어기면 통상 낙찰가의 10%인 입찰보증금을 몰수당합니다. 은행 대출도 일반 매매보다 심사가 깐깐하고 한도가 낮은 경우가 많으며, 최근 경락잔금대출에 대한 금융권의 태도가 더욱 보수적으로 변했습니다. '전부 내 돈으로 산다'는 각오로 보수적인 자금 확보를 해두어야 합니다. 또한 취득세와 각종 세금, 노후 건물 수리비, 명도 비용(이사비 등), 유지관리비와 대출 이자까지 추가 비용도 넉넉하게 계산해야 합니다. 실탄 없이 전쟁터에 나가지 말라는 말처럼 돈이 부족한 상태로 경매장에 들어서면 승산 없는 싸움을 하는 꼴입니다.

▎(6) 명도는 전쟁, 전략 없이 이기지 못한다

낙찰로 모든 게 끝난 게 아닙니다. 이제부터가 진짜 시작입니다. 점유하고 있는 전(前) 소유자나 세입자를 해결해야 비로소 내 부동산이 됩니다. 명도 단계에서 시간과 돈이 예기치 않게 많이 들 수 있다는 점을 각오해야 합니다. 명도 비용도 투자비용의 일부라는 인식을 가지는 것이 중요합니다. 특히 세입자가 전세사기 등의 피해자일 경우 무턱대고 쫓아냈다가는 사회적 비난과 장기 분쟁을 초래할 수 있습니다. 현실적으로는 법적으로 내 권리라 해도 유연하고 현실적인 접근이 필요합니다.

(7) 시장 흐름과 입지를 무시하지 마라

부동산 경매라고 해서 시장 논리가 다르게 작용하지 않습니다. 경매로 싸게 샀다고 무조건 이익을 보는 게 아니며, 감정가를 맹신하지 말라는 경고도 새겨들어야 합니다. 감정가는 이미 과거 시세일 뿐이고 하락장에서는 현실과 큰 괴리가 생깁니다. 하락장에서는 감정가격이 시세보다 높을 수밖에 없으므로 경매 감정가를 시세라고 착각하면 절대 안 됩니다. 경매도 결국 경제 사이클의 영향을 그대로 받습니다. 시장 금리, 부동산 정책 변화, 지역 개발 호재 또는 악재 같은 거시적 흐름을 읽고 타이밍을 재는 안목이 필요합니다.

(8) 제도의 허점까지 계산에 넣어라

법원이 주관한다고 해서 경매가 언제나 공정하고 안전할 것이라고 믿는다면 오산입니다. 경매 제도 뒤에는 여러 구조적 맹점과 보이지 않는 함정이 존재합니다. 그러므로 제도 변화에 항상 촉각을 곤두세우십시오. 세입자 보호 강화, 경매 절차 개편, 대출 규제 등 정책 한 줄에 수익 구조가 송두리째 바뀔 수 있습니다. 정부 정책과 제도의 움직임을 모니터링하고 미리 대비하는 것이 리스크 관리의 핵심입니다. 은행이나 경매 정보업체가 제공하는 정보도 그대로 믿지 말고 반드시 교차 검증하십시오. 경매 제도를 활용하되 맹신하지 말고, 법과 시스템의 빈틈까지도 내 전략 속에 고려해야 살아남습니다.

(9) 달콤한 유혹과 거짓말에 속지 말라

경공매 판에도 사기와 과장이 판을 칩니다. '가입만 하면 특급 매물 제공', '이번 경매로 100% 수익 보장' 같은 달콤한 말은 모두 함정입니다. 세상에 공짜는 없습니다. 실력 없는 컨설턴트일수록 장밋빛 약속을 남발하고, 유튜브의 성공담일수록 감춰진 실패담이 많습니다. 달콤한 마케팅과 고수들의 자랑에 흔들리지 말고, 어디까지나 내 눈과 판단으로 사실을 확인하며 움직이십시오.

(10) 탐욕을 버리고 생존을 우선하라

마지막 계명은 투자자의 마음가짐에 관한 것입니다. 경공매 투자는 단거리 경주가 아니라 마라톤입니다. 한 방에 큰돈 벌겠다는 탐욕과 조급함은 파멸의 지름길입니다. 수익 극대화보다 리스크 관리와 생존을 먼저 생각하십시오. 열 번 낙찰을 받아 두 번 대박 난 투자자보다 열 번 입찰해서 한 번도 쪽박 차지 않은 투자자가 결국 웃는 법입니다. "잃지 않고 살아남는 것" 이것이 경공매 실전에서 궁극적인 승리임을 마음에 새겨두십시오.

부록 1.
경매 절차 종합: 11단계

부동산 경매 전체 흐름을 11단계로 정리하면 다음과 같습니다.

1단계 물건 조사 및 자료 수집

법원경매정보 사이트, 온비드 등에서 관심 물건을 선정합니다. 관련 등기부등본, 매각물건명세서, 현황조사서, 감정평가서를 입수하여 기본 정보를 파악합니다.

2단계 등기부등본 분석

등기부를 분석해 말소기준권리를 확인합니다. 말소기준권리보다 앞선 권리(선순위 전세권, 지상권 등)가 있는지 체크하고, 말소기준권리 이후의 후순위 권리들은 나열해 봅니다. 가처분이나 임차권 등 특수한 권리도 놓치지 않고 검토합니다.

3단계 정밀 권리분석

임차인이 있다면 전입일, 확정일자, 보증금과 배당요구 여부를 확인합니다. 배당요구를 하지 않은 대항력 있는 임차인은 매수인 인수로 남을 위험이 있습니다. 유치권 신고가 있다면 그 성립 요건(피담보채권 존재, 공사와 목적물 관계 등)을 검토합니다. 토지와 건물 소유자가 다르면 법정지상권 성립 가능성을, 묘지가 있으면 분묘기지권을 고려합니다. 물건이 공유지분 경매이면 공유자 우선매수권 행사 가능성도 매각물건명세서로 확인해야 합니다.

4단계 감정가와 시세 분석

감정평가서의 평가 시점이 오래되지는 않았는지 확인하고, 인근의 최근 실거래가나 유사 경매 물건 낙찰 사례를 조사합니다. 감정가와 현재 시세의 차이가 크다면 감정 오류나 시세 급변 가능성을 염두에 둡니다.

5단계 현장 답사(임장)

현장을 방문해 건물 외관과 관리 상태, 누수나 균열, 불법 건축 여부 등을 살핍니다. '실제 거주자(점유자)'를 만나볼 수 있다면 세입자인지, 소유자 본인인지, 무단 점유인지 등을 직접 확인합니다. 현관이나 건물에 '유치권 행사 중' 같은 안내문은 없는지 체크합니다. 부동산까지의 접근 도로 상황, 토지의 경우 분묘 존재 여부나 지목(용도) 불일치 사항도 확인합니다. 관리사무소나 이웃에게 관리비 체납, 향후 수리 필요 여부도 물어봅니다.

6단계 입찰 전략 수립

조사 내용을 바탕으로 예상 낙찰가를 산정합니다. 일반적으로 시세에서 권리 인수 위험이나 하자 보수비 등을 감안한 할인을 적용해 목표 입찰가를 정합니다. 최대 투자 가능 금액(상한선)을 정하고 플랜 A, B식으로 여유 범위를 생각해 둡니다. 경쟁이 심해 유찰 가능성이 높다면 굳이 무리해서 입찰하지 않는 등 전략을 세웁니다. 입찰보증금으로 사용할 수표, 신분증과 도장을 준비합니다.

7단계 입찰 실행(매각기일)

정해진 매각기일에 법원에 가서 입찰표를 작성합니다. 물건 표시, 입찰가, 자기 신원 등을 정확히 기재하고, 준비한 보증금 수표의 일련번호도 표에 씁니다. 입찰봉투에 입찰표와 보증금을 넣어 봉인한 뒤, 지정된 입찰함에 제출합니다. 마감 후 개찰 때 집행관이 최고가 낙찰자를 발표합니다.

8단계 매각허가 및 잔금 납부

며칠 후 매각결정기일에 매각허가가 확정되면, 보통 1~2주 내에 항고기간을 거쳐 허가결정이 확정됩니다. 낙찰자는 법원이 정한 기한 내에 잔금을 납부해야 합니다. 잔금 납부 시 취득세, 등록면허세 등 세금도 함께 준비하고, 일부는 국채 매입 등으로 납부해야 할 수 있으므로 미리 확인합니다.

9단계 소유권이전 및 배당

대금 완납 후 법원이 발급한 매각대금완납증명원을 받아 등기 절차를 진행합니다. 경매부동산의 소유권이전등기는 법원이 등기촉탁을 통해 해주지만, 필요한 서류(신분증, 인감증명 등)와 세금 납부 영수증을 준비해 제출해야 합니다. 등기 완료 후 법원은 배당기일을 열어 채권자들과 임차인에게 돈을 배당합니다.

10단계 명도 절차

낙찰 부동산에 점유자가 있다면 인도의 과제가 남습니다. 가장 좋은 것은 협의 명도로 적절한 이사비 등을 제공하고, 서로 합의하여 자발적으로 이사하도록 하는 방법입니다. 협의가 안 될 경우 법원에 인도명령을 신청하여 강제집행을 준비합니다. 유치권자나 점유자가 있을 경우 소송을 통해 복잡한 권리관계를 정리해야 할 수도 있습니다. 상황에 따라 해당 권리를 인수하고 해결할지, 법적으로 배제시킬지 판단해 대응합니다. 명도가 완료되면 비로소 부동산을 온전히 인도받게 됩니다.

11단계 사후 관리 및 수익 회수

부동산을 넘겨받은 후에는 전체 투자비용 정산을 해봅니다. 낙찰가 외에 들어간 수리비, 명도비용, 세금, 소송비 등이 모두 포함된 실투자금을 계산합니다. 물건을 임대할지 재매각할지 전략을 세워 수익을 회수합니다. 임대하면 예상 임대수익률을 따져보고, 매각한다면 매도가를 결정합니다. 마지막으로 이번 경매에서 배운 교훈을 정리하여 다음 투자 전략에 반영하면 좋겠습니다.

부록 2.
경매 10문 10답

문 1: 대항력은 무엇이고, '빠르면 인수/늦으면 소멸'은 어떻게 갈리나요?

답 1: 대항력은 집주인이 바뀌거나 집이 경매로 낙찰되더라도 계속 거주할 수 있는 권리입니다. 임차인의 전입일이 말소기준권리 설정일보다 빠르면(선순위) 낙찰자가 인수하고 늦으면(후순위) 경매로 소멸됩니다. ⇒ PART 3-2 참고

문 2: 임차권 등기가 보이면 낙찰자는 무엇을 인수하나요?

답 2: 임차권 등기(임차권 등기명령 포함)는 대항력과 우선변제권 유지용 표지판입니다. 등기일이 말소기준권리보다 빠르면 잔존보증금 인수 위험이 있고, 늦으면 소멸합니다. ⇒ PART 3-3 참고

문 3: '배당요구종기'를 놓친 선순위 임차인은?

답 3: 배당요구종기를 놓치면 원칙적으로 배당을 받을 수 없지만, 선순위 임차인처럼 대항력을 가진 채권자는 낙찰자에게 자신의 권리를 주장할 수 있습니다. 배당을 받지 못하므로 낙찰자에게 보증금을 받아야 합니다.

문 4 : 감정가를 믿으면 왜 망하나요?

답 4: 감정가와 시세 간 차이가 벌어지는 주된 원인은 감정평가 시점에 있습니다. 경매 감정평가는 보통 첫 매각기일(입찰일) 기준 3~4개월 전에 이루어집니다. 그 사이 부동산 시장이 급변하면 현재 시세를 반영하지 못하기 때문에 참고자료로만 활용해야 합니다.

문 5 : 사해행위 취소 가처분이 있으면?

답 5: 대부분의 '처분금지가처분'은 경매로 소멸하지만 소유권 자체를 다투거나 철거 · 사용금지 등 특정 목적의 가처분은 예외적으로 잔존할 수 있습니다. 공고문과 등기부의 가처분 목적을 정확히 파악해서 전략을 세워야 합니다. ⇒ PART 4-4 참고

문 6 : 공유자 우선매수권 대응은?

답 6: 지분 경매에서는 공유자가 최고가매수신고인과 같은 가격으로 우선매수권을 행사하여 우선 취득할 수 있습니다. 취향 물건이면 공유자 의사를 확인한 후 입찰에 참여하고, 공유자의 참여 가능성이 높으면 차순위매수인으로 묶이지 말고 빠르게 철수하는 게 좋습니다. ⇒ PART 4-3 참고

문 7 : 위장임차인 · 유치권을 피하는 법은?

답 7: 위장임차인의 경우, 전입세대열람 + 확정일자 + 계약서 원본으로 삼중으로 확인합니다. 유치권의 경우 현수막이 있는지 확인하는 등 점유 여부를 확인합니다. ⇒ 위장임차인은 PART 5, 유치권은 PART 4-1 참고

문 8 : '살아 있는 건축허가' 함정은?

답 8: 건축허가는 대체로 대물적 성격이지만, 승계 절차·기한·조건 미이행 시 허가 효력 상실/이행강제금 등으로 활용이 봉쇄될 수 있습니다. 개발·증축 목적의 매수라면 허가 조건·연장 가능성·이행보증·위반건축 여부를 행정서류로 사전에 확인합니다. ⇒ PART 4-2 참고

문 9 : 전세사기와 HUG/LH는 경매에서 어떤 역할을 해야 하나요?

답 9: 전세사기 관련 경매 절차에서 HUG(주택도시보증공사)와 LH(한국토지주택공사)는 피해자들의 보증금 손실을 최소화하고 주거 안정을 지원하는 핵심적인 역할을 합니다. HUG/LH의 경매 참여·공공매입을 통해 피해주택을 흡수·활용하고, 대항력 포기각서 등으로 낙찰 가능성을 높이는 시도를 합니다. 다만 낙찰가율 상승·시장 왜곡 우려가 있어 명확한 기준과 정보 공개가 필요합니다. ⇒ PART 5-1 참고

문 10: 낙찰 후 명도·체납 관리비 실무 포인트?

답 10: 협의 명도 시 이사비를 예산에 포함시키고 날짜·조건을 문서화합니다. 불응 시 인도명령을 받아 강제집행을 합니다. 관리비는 원칙적으로 공용 부분 최근 3년분만 승계되고, 전용분·연체료는 상이하니 관리사무소와 서면으로 정산하는 것이 안전하고, 전기·가스·수도 명의 변경을 동시에 처리하는 것이 좋습니다. ⇒ PART 2-2 참고

부록 3.
<법정지상권> 주요 판례 및 사례 요약

판례 1: 신축 건물의 법정지상권 불인정(대법원 2003. 9. 5. 선고 2003다 26051 판결)

토지에 근저당권을 설정한 후 토지 소유자가 그 위에 건물을 새로 지은 경우에 대해, 비록 채권자가 건축에 동의했더라도 낙찰자가 알 수 없는 사정이므로 법정지상권을 인정하지 않았습니다. 즉, '저당권 설정 당시 토지 위에 건물이 없었다면 이후 지어진 건물은 보호되지 않는다'는 취지로 경매 투자자는 반드시 '건물이 언제 지어졌는지' 확인해야 함을 시사한 판례입니다.

판례 2: 무허가 가건물도 보호(대법원 1964. 9. 22. 자 63마62 결정)

'건물 요건만 갖추고 있으면 무허가건물이든 미등기건물이든 법정지상권이 인정된다'고 판시했습니다. 즉, 담보권자가 불법 건물이라 해서 함부로 철거할 수 없다는 뜻입니다. 실제 경매 실무에서도 비록 등기부에는 없는 무허가 건물이라도 현황조사에 건물이 존재하면 그 자체로 법정지상권 가능성을 고려해야 합니다.

판례 3: 철거 특약의 효력(대법원 2000. 1. 18. 선고 98다58696 판결)

아버지가 아들에게 토지를 증여하면서 '기존 건물을 철거하고 새 건물을 짓기로 합의'했지만, 대법원은 이를 법정지상권 배제를 위한 명시적 철거 특약으로 보지 않았습니다. 그 결과 기존 건물주(아버지)에게 법정지상권을 인정했습니다. 이 사례는 철거 약정은 아주 명확한 형태가 아니면 효력이 인정되기 어렵다는 것을 보여줍니다.

판례 4: 대법원 2013. 4. 11. 선고 2009다62059 판결

관습법상 법정지상권 성립 요건을 재확인하며 '토지와 건물이 처음에 동일인 소유였는지 여부'를 엄격히 따짐을 판시하였습니다.

판례 5: 대법원 2011. 1. 13. 선고 2010다67159 판결

토지는 단독소유, 건물은 공유인 경우 특정 지분 변동만으로는 법정지상권이 성립하지 않는다고 판단(2022년 전합 판결에서 원칙 재확인)하였습니다.

판례 6: ○○지방법원 20■■가단***** 사건

법정지상권이 없던 건물을 낙찰받은 초보 투자자가 법정지상권이 당연히 있는 줄 알고 방심했다가 소유권이전 후 토지주와 소송 끝에 건물을 철거당해 투자금을 날린 사례입니다. 권리분석 미흡의 위험성을 보여주는 사건으로 회자됩니다.

판례 7: 대법원 1991. 4. 26. 선고 90다19985 판결

'저당권 설정 당시 건물이 존재한 이상, 이후 건물 개축이나 멸실 후 재건축해도 법정지상권은 인정된다. 다만 그 범위와 존속기간은 구건물을 기준으로 제한된다'고 판시하였습니다. 즉, 건물을 새로 지어도 옛 건물 범위 내에서는 권리가 유지된다는 원칙을 확인하였습니다.

판례 8: 대법원 2003. 12. 18. 선고 98다43601 전원합의체 판결

토지와 건물에 공동저당 설정 후 채무자가 건물을 철거하고 경매 직전에 가건물을 신축한 사건에서 '그 신축 건물에는 법정지상권이 성립하지 않는다'고 판단하였습니다. 경매 임박해 허물고 새 건물을 세워 권리를 주장하는 악용을 차단한 판결로 유명합니다.

경매 100계명

초판 1쇄 발행 2025. 11. 26.

지은이 박홍기
구성·편집 한지오
펴낸이 김병호
펴낸곳 주식회사 바른북스

편집진행 김재영
디자인 김효나
마케팅 송송이 박수진 박하연

등록 2019년 4월 3일 제2019-000040호
주소 서울시 성동구 연무장5길 9-16, 606호 (성수동2가, 블루스톤타워)
대표전화 070-7857-9719 | **경영지원** 02-3409-9719 | **팩스** 070-7610-9820

•바른북스는 여러분의 다양한 아이디어와 원고 투고를 설레는 마음으로 기다리고 있습니다.
이메일 barunbooks21@naver.com | **원고투고** barunbooks21@naver.com
홈페이지 www.barunbooks.com | **공식 블로그** blog.naver.com/barunbooks7
공식 포스트 post.naver.com/barunbooks7 | **페이스북** facebook.com/barunbooks7

ⓒ 박홍기, 2025
ISBN 979-11-7263-674-6 03320

•파본이나 잘못된 책은 구입하신 곳에서 교환해드립니다.
•이 책은 저작권법에 따라 보호를 받는 저작물이므로 무단전재 및 복제를 금지하며,
 이 책 내용의 전부 및 일부를 이용하려면 반드시 저작권자와 도서출판 바른북스의 서면동의를 받아야 합니다.